高职高专"十二五"规划教材

物流仓储管理

总策划　陈露晓　高巍然

主　编　周学勤

副主编　赵　斌

吉林大学出版社

内容提要

现代意义上的物流管理出现于 20 世纪 80 年代。人们发现利用跨职能的流程管理方式去观察、分析和解决企业经营中的问题非常有效，通过分析物料从原材料运到工厂，流经生产线上每个工作站，产出成品，再运送到配送中心，最后交付给客户的整个流通过程，企业可以消除很多看似高效率实际上却降低了整体效率的局部优化行为。在这个阶段，物流管理的范围扩展到除运输外的需求预测、采购、生产计划、存货管理、配送与客户服务等，以系统化管理企业的运作，达到整体效益的最大化。

本书主要以物流仓储管理中涉及的几个方面为研究对象，讲述物流仓储管理应该具备的最基本的知识。本书主要内容有：物流仓储管理概论、仓库管理、仓储规划与仓库布局、仓储作业管理、库存管理、仓储安全与信息管理、仓储包装技术、仓储成本与经济效益分析、仓储人员管理和绩效考评。希望对从事物流领域工作的读者有很好的参考价值。

图书在版编目（CIP）数据

物流仓储管理／周学勤主编. —长春：吉林大学出版社，2009.1

（高职高专"十二五"规划教材）

ISBN 978 - 7 - 5601 - 4071 - 1

Ⅰ. 物… Ⅱ. 周 … Ⅲ. 物流—仓储管理—高等学校：技术学校—教材 Ⅳ. F253.4

中国版本图书馆 CIP 数据核字（2009）第 000903 号

书　名：高职高专"十二五"规划教材
　　　　物流仓储管理
作　者：周学勤　主编

责任编辑、责任校对：邵宇彤
吉林大学出版社出版、发行
开本：787×1092 毫米　1/16
印张：12　　字数：300 千字
ISBN 978 - 7 - 5601 - 4071 - 1

封面设计：超视觉工作室
北京市彩虹印刷有限责任公司　印刷
2009 年 1 月　第 1 版
2012 年 5 月　第 2 次印刷
定价：22.00 元

社址：长春市明德路 501 号　邮编：130021
发行部电话：0431 - 88499826
网址：http://www.jlup.com.cn
E - mail：jlup@mail.jlu.edu.cn

出 版 说 明

  作为高等教育的重要组成部分，高等职业教育是以培养具有一定理论知识和较强实践能力，面向生产、面向服务和管理第一线职业岗位的实用型、技能型专门人才为目的的职业技术教育，是职业技术教育的高等阶段。目前，高等职业教育教学改革已经从专业建设、课程建设延伸到了教材建设层面。根据国家教育部关于要求发展高等职业技术教育，培养职业技术人才的大纲要求，我们组织编写了这套《高职高专"十二五"规划教材》。本系列教材坚持以就业为导向，以能力为本位，以服务学生职业生涯发展为目标的指导思想，以与专业建设、课程建设、人才培养模式同步配套作为编写原则。

  从专业建设角度，相对于普通高等教育的"学科性专业"，高等职业教育属于"技术性专业"。技术性专业的知识往往由与高新技术工作相关联的那些学科中的有关知识所构成，这种知识必须具有职业技术岗位的有效性、综合性和发展性。本套教材不但追求学科上的完整性、系统性和逻辑性，而且突出知识的实用性、综合性，把职业岗位所需要的知识和实践能力的培养融会于教材之中。

  从课程建设角度，现有的高等职业教育教材从教育内容上需要改变"重理论轻实践"、"重原理轻案例"，教学方法上则需要改变"重传授轻参与"、"重课堂轻现场"，考核评价上则需改变"重知识的记忆轻能力的掌握"、"重终结性的考试轻形成性考核"的倾向。针对这些情况，本套教材力求在整体教材内容体系以及具体教学方法指导、练习与思考等栏目中融入足够的实训内容，加强实践性教学环节，注重案例教学，注重能力的培养，使职业能力的培养贯穿于教学的全过程。同时，使公共基础类教材突出职业化，强调通用能力、关键能力的培养，以推动学生综合素质的提高。

  从人才培养模式角度，高等职业教育人才的培养模式的主要形式是产学结合、工学交替。因此，本教材为了满足有学就有练、学完就能练、边学边练的实际要求，纳入新技术引用、生产案例介绍等来满足师生教学需要。同时，为了适应学生将来因为岗位或职业的变动而需要不断学习的情况，教材的编写注重采用新知识、新工艺、新方法、新标准，同时注重对学生创造能力和自我学习能力的培养，力争实现学生毕业与就业上岗的零距离。

  为了更好地落实指导思想和编写原则，本套教材的编写者既有一定的教学经验、懂得教学规律，又有较强的实践技能。同时，我们还聘请生产一线的技术专家来审稿，保证教材的实用性、先进性、技术性。总之，该套教材是所有参与编写者辛勤劳作和不懈努力的成果，希望本套教材能为职业教育的提高和发展作出贡献。

  这就是我们编写这套教材的初衷。

前　　言

我们的生产和生活每时每刻都离不开物流。物流是指为了满足客户的需要，以最低的成本，通过运输、保管、配送等方式，实现原材料、半成品、成品及相关信息由商品的产地到商品的消费地所进行的计划、实施和管理的全过程。社会越发展，生产技术和信息通信技术就越进步，物流也要同步进化，否则会受到很大的制约性。可以说，物流支撑着整个社会的发展。

在当今的电子商务时代，全球物流产业有了新的发展趋势，现代物流服务的核心目标是在物流全过程中以最小的综合成本来满足顾客的需求。电子商务的不断发展使物流行业重新崛起，物流公司提供的仓储、分拨设施、维修服务、电子跟踪和其他具有附加值的服务日益增加。物流服务商正在变为客户服务中心、加工和维修中心、信息处理中心和金融中心，根据顾客需要而增加新的服务是一个不断发展的观念。

相对于发达国家的物流产业而言，中国的物流产业尚处于起步阶段，其发展的主要特点：一是企业物流仍然是全社会物流活动的重点，专业化物流服务需求已初露端倪，这说明我国物流活动的发展水平还比较低，加强企业内部物流管理仍然是全社会物流活动的重点；二是专业化物流企业开始涌现，多样化物流服务有一定程度的发展。走出以企业自我服务为主的物流活动模式，发展第三方物流，已是中国物流业发展的当务之急。

物流作为一种生产实践活动早已存在，但是对于物流活动的科学管理，运用系统化的理论和方法指导物流活动则是近几十年的事情。现代物流管理最早运用于第二次世界大战期间的美国陆军，英文为 logistic。"二战"后，美国真正形成并发展了物流理论，其后物流理论随美国对日本的保护也传入了日本，日文因此产生了物流的词语与概念。我国在 20 世纪 80 年代改革开放后，因大批留日学者的带入和沿用了日文"物流"，从而引进了这门学科。

物流管理的发展经历了配送管理、物流管理和供应链管理三个层次。物流管理起源于第二次世界大战中军队输送物资装备所发展出来的储运模式和技术。这些技术在战后被广泛应用于工业界，极大地提高了企业的运作效率，为企业赢得了更多客户。

现代意义上的物流管理出现于 20 世纪 80 年代。人们发现利用跨职能的流程管理方式去观察、分析和解决企业经营中的问题非常有效，通过分析物料从原材料运到工厂，流经生产线上每个工作站，产出成品，再运送到配送中心，最后交付给客户的整个流通过程，企业可以消除很多看似高效率实际上却降低了整体效率的局部优化行为。在这个阶段，物流管理的范围扩展到除运输外的需求预测、采购、生产计划、存货管理、配送与客户服务等，以系统化管理企业的运作，达到整体效益的最大化。

本书主要以物流仓储管理中涉及的几个方面为研究对象，讲述物流仓储管理应该具备的最基本的知识。本书主要内容有：物流仓储管理概论、仓库管理、仓储规划与仓库布局、仓储作业管理、库存管理、仓储安全与信息管理、仓储包装技术、仓储成本与经济效益分析、仓储人员管理和绩效考评。希望对从事物流领域工作的读者有很好的参考价值。

编　者

2008 年 11 月

目　录

第一章　物流仓储管理概论

说到仓储管理,给人的第一印象就是仓库的管理,永远属于企业的附带部门。现在比较流行的一个术语是零库存,就是对于生产所涉及的原料、成品,进行即时运作——也就是俗话说的有多少订单,就生产多少产品、采购多少原料,使物料不以仓储的形式存在。这给人一种错觉,仓储成了落后的代名词,但是在实际操作中,很多管理者发现并不是这么简单。本章主要讲述仓储活动的产生、仓储的种类和功能、仓储管理的基本原则和要求、仓储管理的现代化等。通过本章的学习,能对现代仓储管理活动有一个总体的认识,掌握现代仓储管理的概念,熟悉现代仓储管理的性质,了解仓储管理的产生与发展,为进一步学习后续章节打下一定的基础。

章节要点

- 仓储、仓储管理的概念
- 仓储的功能
- 仓储管理的任务、基本原则和要求
- 仓储管理的现代化

第一节　仓储概述

话题引入

某跨国企业的仓储管理

某跨国 EMS(Electron Manufacture Serve)企业,全世界共有几十家工厂;数万不同国籍的员工为其服务;生产的产品种类上万种,小到电子玩具,大到汽车飞机上的电子设备;年销售额高达上百亿美元,在世界企业排行榜上稳居 500 强之列;在中国就有 3 家工厂,员工在 8 000人以上,其中仓库员工在 200 人以上,与其相关的物流部门员工更是多达上千人;通过的各种国际认证如 ISO9000、ISO14000 等不下数十个。但是,随着整个电子行业的利润率下降,其管理方面的不足之处开始体现出来。从 2000 年的世界前 200 多位迅速下跌至目前的 400 多位,也从整个行业老大退到第 5 位。企业先后进行了几次大规模的裁员,但收效甚微。

知识梳理

一、仓储的概念

仓储是指通过仓库对商品进行储存和保管。它随着物资储存的产生而产生,又随着生产力的发展而发展。仓储是商品流通的重要环节之一,也是物流活动的重要支柱,在社会分工和专业化生产的条件下,为保持社会再生产过程的顺利进行,必须储存一定量的物资,以满足一定时间内社会生产和消费的需要。

1

人类社会自从有剩余产品以来,就产生了储存。"积谷防饥"是中国古代的一句警世名言,意思是将丰年剩余的粮食储存起来以防歉年之虞。

仓储,在中国可以追溯到很久很久以前,大约在5 000多年前母系氏族的原始社会里就出现了"窖穴库"。据古籍记载,"仓廪充实"曾是各级官吏的工作目标。那时,"仓"是指专门用来储藏谷物的场所,而"廪"则是指专门藏米的地方。因此,专门储藏粮食的场所就被称为"仓廪"。也曾有人将专门储藏物品的地下室叫做"窦窖",其中椭圆形的储藏场所称为"窦",方形的储藏场所称为"窖"。在西安半坡村的仰韶遗址可以看到仓库的雏形。西汉时建立的"常平仓"是我国历史上最早的、由国家经营的仓库。可见,中国古代的"仓"是指储藏粮食的场所,而"库"则是指储存物品的场所。以后,人们逐渐将"仓"和"库"两个字连在一起用,表示储存各种商品、物资的场所。随着商品经济的飞速发展,现代意义上的仓库已完全是古代的意义了,它的含义要广泛得多。

新中国成立以来,随着工农业生产的发展,商品流通的扩大,商品储存量相应增加。由于原有的仓库在数量上和经营管理上都不能满足社会经济发展的需要,为此,国家采取了一系列措施,改革仓库管理工作。

小锦囊

"物流"的由来

"Distribution"一词最早出现于美国。1921年,阿奇萧在《市场流通中的若干问题》(Some Problem in Market Distribution)一书中提出"物流是与创造需要不同的一个问题",并提到"物资经过时间或空间的转移,会产生附加价值"。这里,Market Distribution指的是商流,时间和空间的转移指的是销售过程中的物流。

在第一次世界大战的1918年,英国犹尼里佛的利费哈姆勋爵成立了"即时送货股份有限公司"。其公司的宗旨是在全国范围内把商品及时送到批发商、零售商以及用户的手中,这一举动被一些物流学者誉为有关"物流活动的早期文献记载"。

20世纪30年代初,在一部关于市场营销的基础教科书中,开始涉及物流运输、物资储存等业务的"实物供应"(Physical Supply)这一名词,该书将市场营销定义为"影响产品所有权转移和产品的实物流通的活动"。这里所说的所有权转移是指商流,实物流通是指物流。

1935年,美国销售协会最早对物流进行了定义:"物流(Physical Distribution)是包含于销售之中的物质资料和服务,是从生产地到消费地流动过程中伴随的种种活动。"

上述历史被物流界较普遍地认为是物流的早期阶段。

日本在1964年开始使用物流这一概念。在使用物流这个术语以前,日本把与商品实体有关的各项业务,统称为"流通技术"。1956年,日本生产性本部派出"流通技术专门考察团",由早稻田大学教授宇野正雄等一行7人去美国考察,弄清楚了日本以往叫做"流通技术"的内容相当于美国叫做"Physical Distribution"(实物分配)的内容,从此便把流通技术按照美国的简称,叫做"P·D·","P·D·"这个术语得到了广泛的使用。1964年,日本池田内阁中五年计划制定小组成员平原谈到"P·D·"这一术语时说,"比起来,叫做'P·D·'不如叫做'物的流通'更好"。1965年,日本在政府文件中正式采用"物的流通"这个术语,简称为"物流"。

　　1981 年，日本综合研究所编著的《物流手册》对"物流"的表述是："物质资料从供给者向需要者的物理性移动，是创造时间性、场所性价值的经济活动。从物流的范畴来看，包括：包装、装卸、保管、库存管理、流通加工、运输、配送等诸种活动。"

　　我国使用"物流"一词始于 1979 年。（有人认为，孙中山主张"贸畅其流"，可以说是我国"物流思想的起源"。）1979 年 6 月，我国物资工作者代表团赴日本参加第三届国际物流会议，回国后在考察报告中第一次引用和使用"物流"这一术语。但当时有一段小的曲折，商业部提出建立"物流中心"的问题时，曾有人认为"物流"一词来自日本，有崇洋之嫌，乃改为建立"储运中心"。其实，虽是储存和运输物流的主体，但物流拥有更广的外延。而且物流是日本引用的汉语，物流作为"实物流通"的简称，提法既科学合理，又确切易懂，不久仍恢复称为"物流中心"。1988 年，台湾也开始使用"物流"这一概念。1989 年 4 月，第八届国际物流会议在北京召开，"物流"一词的使用日益普遍。

二、我国仓储的发展过程

　　纵观我国仓储活动的发展历史，大致经历以下四个阶段：

1. 我国古代的仓储业

　　中国古代商业仓库是随着社会分工和专业化生产的发展而逐渐形成和扩大的。"邸店"可以说是商业仓库的最初形式，它既具有商品寄存性质，又具有旅店性质。随着社会分工的进一步发展和商品交换的不断扩大，专门储存商品的"塌房"从"邸店"中分离出来，成为带有企业性质的商业仓库。

2. 我国近代的仓储业

　　随着商品经济的发展和商业活动范围的扩大，中国近代商业仓库得到了一定的发展。19世纪的商业仓库叫做"堆栈"，即指堆存和保管物品的场地和设备。堆栈业初期的业务只限于堆存货物，物品的所有权属于寄存人。随着堆栈业务的扩大，服务对象的增加，解放前的堆栈业已经具有码头堆栈、铁路堆栈、保管堆栈、厂号堆栈、金融堆栈和海关堆栈等专业划分。近代堆栈业的显著特点是建立起明确的业务种类、经营范围、责任业务、仓租、进出手续等。

3. 新中国成立以后的仓储业

　　新中国成立以后，国家接管并改造了旧中国留下来的仓库。当时采取对口接管改造的政策，如铁路、港口仓库由交通运输部门接管；物资部门仓库由全国物资清理委员会接管；私营库由商业部门对口接管改造；外商仓库按经营的性质，分别由港务、外贸、商业等有关部门接管收买。1962 年，国家物资储运局（后改为物资储运总公司）成立。1984 年，国家物资储运总公司在各地设有 14 个直属储运公司，下属 76 个仓库，主要承担国家掌握的机动物资、国务院各部门中转物资以及其他物资的储运任务，再加上各地物资局下属的储运公司以及仓库，在全国逐步形成了一个物资储运网。在这一阶段，无论是仓库建筑、装备，还是装卸搬运设施，都比旧中国商业仓库有了较大的发展。

4. 仓储业现代化发展阶段

　　中国在一个较长的时间里，仓库一直属于劳动密集型企业，即仓库中大量的装卸、搬运、堆码、计量等作业都是由人工来完成的。因此，仓库不仅占用了大量的劳动力，而且劳动强度大、劳动条件差，在一些危险品仓库，还极易发生中毒等事故。为迅速改变这种落后状况，政府在这方面下了很大力气。首先,重视旧式仓库的改造工作,按照现代仓储作业要求,改建旧式仓库,增加设备的投入,配备各种装卸、搬运、堆码等设备,减轻工人的劳动强度,改善劳动条件,提高仓储作业化的机械水平;另一方面,新建了一批具有先进技术水平的现代化仓库。我国从20世纪70年代开始建造自动化仓库,并普遍采用电子计算机辅助仓库管理,使中国仓储业进入了自动化的新阶段。

三、我国仓储的现状

20世纪60年代以后,随着世界经济发展和现代科学技术的突飞猛进,仓库在我国仓储业的性质发生了根本性变化,从单纯地进行储存保管货物的静态储存一跃而进入了多功能的动态储存新领域,成为生产、流通的枢纽和服务中心。特别是大型自动化立体仓库的出现,使仓储技术上了一个新台阶。发展过程中,仓储活动已经取得了巨大的飞跃,为经济发展起到了一定的后勤保障作用。就我国仓储业的现状讲,具有如下特点:

1. 具有明显部门仓储业的特征

自从我国确立了生产资料公有制为主体的社会主义经济制度后,在中央集中统一领导下,形成了以部门为主的管理体制。在高度计划经济体制下,我国的生产资料流通完全纳入了计划分配轨道,企业所需要的物资只能按照企业的隶属关系进行申请,经过综合平衡以后,再按各部门进行计划供应。而各部门为了储存保管好分配来的各种物资,就需要建立仓库,于是,层层设库的现象层出不穷,逐渐形成了部门仓储管理系统。

最初,各部门建设仓库的目的是为了满足本系统或本部门物资供应的需要。这些仓库大多分布在经济发达的地区和城市,而且大部分是平房仓库,占地面积大,储存效率低。仓库的重复建设不但加大了我国基建投资的负担,还占用了大量的土地。加之我国是一种部门仓储业,因此,出现同城同类仓库频繁的来回倒库问题,造成货物中转环节多、货物旅行长等不合理物流现象,浪费了大量的人力、物力和财力。而一些边远落后地区在发展经济急需建立仓库时,又由于资金不足或其他原因,不能及时修建到位。仓库布局的这种不平衡,直接影响了地区经济的发展,进而影响了城市或区域整体经济发展规划的实施。

2. 仓库的拥有量大,但管理水平较低

由于我国是以行政部门为系统建立仓库,不同部门、不同层次、不同领域为满足自身使用的方便都设立仓库,这就使我国的仓库拥有量居世界前列。但是,由于我国没有一个统一的仓储管理部门,也没有做过全国仓库拥有量的统计,所以仓库拥有量的底数并不十分清楚。

我国的仓库数目虽然很多,但是仓库管理水平却不高。究其原因,主要是在思想上对仓库管理不够重视,把主要精力放在如何争取货源上,一旦货物到手,往仓库里一放,就以为万事大吉了,至于如何管理好库存物资,就不太关心了。加之我国社会上普遍对仓库工作存在一种偏见,认为仓库管理不需要知识,也不需要技术,致使仓库人员的素质,尤其是文化素质不高;另一方面,仓储机械设备也较少,因而仓储管理水平较低。

四、我国仓储业的发展趋势

1. 仓储社会化

彻底改变目前利用率不高、效率低、自身发展能力低的不良状况,真正成为市场资源,促进仓储业的发展。

2. 功能专业化

通过专业化的发展提供个性产品,将企业资源充分利用到有特长的项目上,才能提高效益、形成竞争的优势。

3. 仓储标准化

仓储标准化是指在仓储中采用法律法规规定的仓储标准或者行业普遍实行的惯例。这不仅有助于实现仓储环节与其他环节的密切配合,也是提高仓库内部作业效率、充分利用仓储设施和设备的有效手段,是开展信息化、机械化、自动化仓储的前提条件。

仓储标准化主要包括:包装标准化、标志标准化、托盘标准化、容器标准化、计量标准化、条形码、作业工具标准化、仓储信息等技术标准化、服务标准、单证报表、合同格式等标准化。

4. 仓储自动化

仓储自动化是指对仓储作业进行计算机管理和控制。在仓储作业中通过物流条码技术、射频通信、数据处理、仓储信息管理等技术指挥堆垛机、传送带、自动导向车、自动分拣等自动设备完成仓储作业,同时完成报表、单证的制作和传送。对于危险品仓储、冷库、粮食等特殊仓储,采用温度、湿度自动控制技术和自动监控技术,确保仓储安全。

5. 仓储信息化

仓储信息化是指通过计算机和相关信息输入输出设备,对货物识别、理货、入库、保管、出库进行操作管理,进行账目处理、货位管理、存量控制,制作各种报表和提供实时的查询。物流中心和配送中心的存货品种繁多,存量差异巨大,出入库频率各不相同。要提高仓库利用率保持高效率的货物周转,实施精确的存货控制,必须进行计算机的信息管理和处理。仓储信息化管理是提高仓储效率、降低仓储成本的必要途径。

6. 仓储管理科学化

仓储管理科学化是指在仓储管理中采用合理、高效、先进的管理模式和方法。仓储管理科学化包括管理体制、管理组织、管理方法三个方面。采用高效化的组织机构,实行规章化的责任制度,建立动态的奖励分配制度,实施有效和系统的职工教育培训制度。仓储管理科学化是实现高效率、高效益仓储的保障。

五、仓储的种类

由于仓库经营主体的不同、仓储对象的不同、经营方式的不同、仓储功能的不同,使得仓库有不同的分类且不同的仓储活动具有不同的特性。

1. 按仓储经营主体划分

(1)企业自营仓储

自用仓储,不对外经营。

(2)商业营业仓储——专业仓储单位

提供仓储服务或场地租赁服务,收取仓储费。如:中储公司(中国物资运输公司)占地 $1.3 \times 10^7 m^2$,货场 $4.5 \times 10^6 m^2$,库场 $2 \times 10^6 m^2$,仓储面积居全国同类企业之首。

(3)公共仓储——公共事业单位

具有内部服务的性质:为车站、码头的运输和作业服务;具有营业仓储的性质:无仓储合同,仓储费包含在运费中。

(4)战略储备仓储——国家政府

用于国防安全,是社会稳定的需要。

2. 按仓储对象划分

(1)普通物品仓储

无特殊保管条件,普通生产、生活物质和用品。

(2)特殊物品仓储

需特殊保管条件,如:危险品仓储(需用监控、调温、防爆、防毒、泄压等装置);冷库仓储(一定温度);粮食仓储(恒温)。

3. 按仓储功能划分

(1)储存仓储

注意对物资的质量保管和维护。

(2)物流中心仓储

从事物流活动的场所和组织:主要面向社会服务;物流功能健全;完善的信息网络;辐射范围大;少品种,大批量;存储吞吐能力强;物流业务统一经营管理。

例:如北方集散地:天津新港;华东:上海;华南:广州、深圳;西南:成都;国际物流中心:香港、新加坡等。

(3)配送中心仓储

从事配送活动的场所和组织:主要面向特定用户服务;配送功能健全;完善信息网络;辐射范围小;多品种小批量;配送为主、存储为辅。

(4)运输转换仓储

衔接不同运输方式的仓储;注重货物的周转作业效率和周转率。

(5)保税仓储

用于存储保税货物:不用于国内销售、暂时进境、海关予以缓税。

4. 按仓储物的处理方式划分

(1)保管式仓储——原物返还

(2)加工式仓储

例:木材的加工仓储:针对造纸厂需要将树木磨成木屑;针对家具厂需要将原木加工成板材或剪切成不同形状的材料;针对木板厂需要将树枝、树杈、碎木屑、掺入其他材料制成复合木板。

(3)消费式仓储——替代物返还所有权转移

六、仓储的功能

仓储的主要功能有:储存和保管、调节供需、调节运输能力、降低物流成本、配送和流通加工、提供信息等。

● **储存和保管**

是仓储最原始、最基本的功能。它主要是对仓库中存放的物品进行管理,避免丢失、损坏。并对具体的操作如搬运、存放进行合理有效的规划和管理。

● **调节供需**

在生产和销售等流通过程中由于各种原因(如季节性、生产节奏、市场需求等),都可能造成或多或少的偏差。这时需要仓储的缓冲特性来调节,仓储是以改变"物"的时间状态来发挥作用的。

● **调节运输能力**

各种运输工具的运能不尽相同,而且运输成本和存货成本成相反变化。运输越快其产生的成本越高,运能低造成较高的仓储量,仓储成本就相对较高。

● 降低物流成本

科学合理的仓储决策和仓储管理,可以有效地降低整体仓储成本和物流成本。不同的生产类型、销售模式需要不同的策略和规划以及管理模式。

● 配送和流通加工

现代仓储逐渐演化为一个集流通加工和配送于一体的多功能的物流配送中心。

● 提供信息

仓储为所有相关的体系提供信息,这也是现代仓储的重要标志。

相关链接

仓储发展策略

传统仓储业承担着"蓄水池"、"中转站"的作用。随着市场经济的发展,仓储业面临着现代物流的冲击,过去那种"被动性、不连续性、不均衡性"的仓储运作已被打破,商品库存由过去批量大、品种少、周转慢向批量小、品种多、周转快的方向转化,特别是电子商务、连锁经营的发展,对仓储业、仓储条件提出了更高的要求。

1. 仓储发展要求

严格控制新建仓库,尤其是高投入的自动化仓库;加强对现有流通仓库的改造,逐步提高其管理和技术水平;集中力量举办各种形式的培训班,提高仓储工作人员的素质,健全仓库方面的法制法规;管理体制上,打破行业与行政区划,所有的流通仓库全部向社会开放,资源共享,有效地防止仓库的重复建设;充分发挥行业协会的作用,逐渐摆脱地方和部门的束缚;适度发展自动化仓库,适当建设高水平、高层次的物流配送中心;仓储建设重点应放在对现有仓库的挖潜改造上;加大技术改造力度,因地制宜地发展相应的仓储设施,提高仓储作业效率,改进作业方式和流程;通过各种渠道,举办各种形式的培训班,提高仓储工作人员的整体水平,提高仓储信息管理水平,建立仓库信息网络。

2. 仓储发展策略

(1)完善仓库的管理功能

传统仓储业对仓库的考核简单地定在库房利用率、出入库差错率、商品的完好率上,大部分标准的制定与统计都是人工操作,并不注重该商品流转何处,何时何地实现其使用价值,对于仓储企业来说,更无商品的时间价值、管理价值的概念。随着现代物流通和供应链管理的发展,传统的管理指标已不再是衡量仓储企业优劣的标准,而需要制定新的仓库管理标准。新标准要适应市场的变化,适应少批量、多品种、周转快的商品及商品技术参数的要求应注意改进并引用先进的管理技术,特别是在管理上体现出更深层次的服务,减少人为性、随意性,为商户提供一个良好的仓储平台。

加快实现仓库功能多元化是市场经济发展的客观要求,也是仓库增加服务功能、提高服务水平、增强竞争力、实现仓库社会化的重要途径。在市场经济条件下,仓库不应该再仅仅是存储商品的场所,而要承担商品分类、挑选、整理、加工、包装、代理销售等职能,还应成为集商流、物流、信息流于一身的商品配送中心、流通中心。

(2)注重仓库的信息化和标准化建设

随着电子商务、连锁经营业态的发展,现代物流必将有着更大的作为,特别是现代物流中信息流贯穿始终。如何衔接好厂家与商家、商家与使用者上下游之间的连接,快速、有效地实现这种连接,提供更深层次的服务,应搭建好仓储这个信息平台,实现仓库信息化功能。

现代物流的发展,对仓储标准化提出了许多新的要求,比如商品的码放、托盘的使用、仓库的恒温性,仓储技术术语的应用以及管理等等。近两三年,ISO9000 认证在物流仓储业的广泛展开,就是仓储业实施标准化的一个体现。

(3)注重仓库自动化、智能化建设

当前,仍有许多仓库沿袭着人工装卸或半人工装卸、人工验收、人工保管、人工发料、人工盘点等人力操作,不仅影响商品的验收、发货的准确率,也可能会间接影响到企业的诚信度。因此,必须注重仓库自动化和智能化建设,并把这两项作为基础工作来抓。

(4)积极主动建立网络

传统仓储业要实现现代物流,应积极主动参与到社会经济的大流通中去,与先进的物流企业、生产企业、营销企业主动结盟,不仅为他们提供自己的服务,同时从他们当中吸收、引进先进的管理理念,建立自己的网点、配送体系等,形成一个跨地区、跨地域的物流网络。

(5)制定人才战略,加快人才培养

随着科学技术的发展,机器设备的数量和品种也越来越多,人在操纵现代化设备中的作用就显得越重要。要实现仓储管理现代化,离不开有知识、懂管理、有操作能力的物流人才。从目前的情况来看,(从事仓储业工作人员中真正了解现代物流、有创新意识的)并不很多。因此,必须按现代化管理的要求,制定出相应的人才战略,尽快引进、培养所需人才。

第二节　仓储管理

话题引入

广州宝供物流公司的发展历程

那还是在 1997 年,当大多数国人还不清楚物流为何物时,宝供物流在广州举办了第一届中国物流技术与管理发展高级研讨会,除了外资企业极为关注这一动态之外,国内企业大都抱着"与己无关"的态度,反应冷淡。结果,一群外国人在会上发表着对中国物流的看法。

1997 年之前,中国物流企业大多还不了解第三方物流的新概念,更缺少勇气把自己的商品储运业务外包出去,同时,自身缺乏专业性,既分散了精力又影响了企业的快速成长。宝供洞悉了行业发展的瓶颈,在第一届中国物流技术与管理发展高级研讨会上提出了"转变观念,推动现代物流体系的建立"的口号,呼吁破除旧观念,为中国现代物流体系的建立扫除思想上的障碍。这届大会吸引了国内对于物流的关注,越来越多的人开始谈论现代物流。解开了"为什么要做"这一思想症结之后,第二届物流会又提出了"物流系统的规划与设计"这一技术性的问题,真正把现代物流的探讨引入物流操作的实践过程,着手解决"怎么去做"的实际问题。

1999 年开始,国内物流业开始"火"了起来。在中国物流从概念走向实践的时候,第三届研讨会又提出了"物流服务与供应链关系"这一主题,宝供率先把供应链管理理念引入国内物流界,把物流研讨会提高到了一个新的理论层次。随后几年,宝供始终围绕物流信息化和供应链管理两个热门议题,主导业界在研讨会上进行广泛交流和传播。

伴随着物流研讨会与日俱增的影响力,宝供物流在这十年里也获得了长足的发展,成为中国物流业的一面旗帜:从 1997 年的储运公司发展成为了现在的物流企业集团,从第三方物流发展成为优秀的供应链一体化服务商。目前,公司已在全国 65 个城市设有 7 个分公司、8 个子公司和 50 多个办事处,形成了一个覆盖全国并开始向美国、澳大利亚、泰国、中国香港等地延伸的国际化物流运作网络和信息网络,与国内外近百家著名大型工商企业结成战略联盟。2002 年 12 月,宝供集团被中国物流与采购联合会命名为"中国物流示范基地",成为入选的唯一一家第三方物流企业。在"中国 A 级物流企业"和"2006 年度中国物流百强企业"评选活动中,宝供集团被中国物流与采购联合会正式评定为"中国 5A 级物流企业",被中国交通运输协会等九大行业协会连续三年评定为"中国物流百强企业",排名节节攀升。宝供模式已成为中国现代物流发展的主流模式,也成为许多教科书的典型案例和物流专业的必修课。

宝供集团还在 2000 年独家发起成立了中国第一个,也是唯一一个行业公益基金——"宝供物流奖励基金",每年斥资 50 万元无偿奖励在物流科技、物流理论、物流管理、人才培养以及物流宣传普及方面做出突出贡献的各类人才,旗帜鲜明地推动物流行业的理论、科技及实践创新。鉴于目前国内物流人才短缺的现象,宝供物流还与清华大学珠海科技园合作,共同创办了物流管理培训中心,为社会培养并输送了大量优秀的物流人才。

展望未来,宝供将稳步推进运输网络、基地、科技、人才和代理分销的五大战略。特别是为了适应中国加入 WTO 所带来的机遇以及生产、营销模式的变化,宝供集团拟在全国 15 个经济发达城市投资建设大型现代化的基于支持全球供应链一体化的综合性物流基地。每个基地占地面积 $20 \times 10^5 \sim 60 \times 10^5 \, \text{m}^2$,形成一个以现代化物流基地为节点的运作网络。建成后的物流基地不仅仅是现代化的储存、运输、分拨、配送、多种运输交叉作业的中心,同时也是加工增值服务中心、商品展示中心、贸易集散中心、金融结算中心、信息枢纽及发布中心、国内采购集团的采购中心以及国内外著名品牌在不同区域的分销中心。基地还为客户提供一关三检、物流科研培训服务,为生产制造及流通产品、进出口产品提供集商流、物流、资金流、信息流为一体的全球化供应链服务。

知识梳理

一、仓储管理的概念

仓储管理就是对仓库及仓库的物质所进行的管理,是仓储机构为了充分利用所具有的仓储资源(包括仓库、机械人、资金、技术)提供高效的仓储服务所进行的计划、组织、控制和协调的过程。

二、仓储管理的任务

1. 利用市场经济的手段获得最大的仓储资源的配置
配置包括选址、规模、专业性和功能、布局及设备配备等。

2. 以高效率为原则组织管理机构
(1)概念

● 管理层次:管理层次是指组织内纵向管理系统所划分的等级数。管理层次越多,企业的各项政策、指令传达的时间越长,失真的可能性越大,最理想的状态是消除管理层次,实现信息纵向"短路"。因此,提倡尽可能地减少管理层次。现代化的企业组织更倾向于管理幅度宽,少层次,即扁平化管理。

● 管理幅度:管理幅度是指一个管理人员直接管理的下属有多少,也就是他直接控制的幅度。太大则无暇顾及,太小则可能没有完全发挥作用。一般以 6～12 人为宜。

（2）形式

● 直线型:上下级职权贯穿于组织的最高层到最低层,从而形成指挥链的组织结构形式,比较小的企业不再设诸多部门,由领导直接管理;

● 事业部型:是由通用汽车公司总裁瓦格提出的,被称之为组织管理的一次革命。它是按照产品地区或顾客划分,并依据划分的结果成为一项独立的事业部。

事业部的特点是独立经营、独立核算,有自己的经营自主权,但它不是法人,不是独立的公司,不能独立签合同。一定要获得公司的委托才能签合同,这样使其有独立核算的压力。它本身是利润中心,自己承担产品的经营责任。事业部制特别适合规模大,产品多,市场分散的企业,例如海尔、联想、长虹大部分都实行事业部制,比如海尔有海尔洗衣机事业部、电冰箱事业部等。

（3）原则

包括管理幅度、因事设岗、责任对等原则。

3. 以不断满足社会需要为原则开展商务活动

所谓商务活动,是指对外的经济联系,包括市场定位(调查、分析)、市场营销(与消费者、媒体、政府)、交易合同关系(与消费者、存货人)、客户服务(与存货人,如信息反馈与提供查询)、争议处理等。

满足社会需要包括权益上满足和质量上满足两个方面,不断开展创新,提供适合经济发展的仓储产品。

例:广州宝供物流公司的发展历程。

4. 以高效率、低成本为原则组织仓储生产

仓储生产包括货物入仓、堆存、保管、出仓的作业。

高效是指实现快进快出、提高仓储利用率、充分利用机械设备、低成本。

5. 以优质服务、诚信建立企业形象

企业形象是指企业展现在社会公众面前的各种感性印象和总体评价的整合。

包括:

● 企业理念;

● 环境形象;

● 产品形象,服务形象;

● 职工形象——敬业;

● 领导形象——清正;

● 诚信和良好合作。

6. 通过制度化,科学化的先进手段不断提高管理水平

仓储管理的动态化和管理变革,是指:

● 不断补充、修正、完善、不断提高;

● 吸收先进经验;

● 一定要制度化、科学化,否则将出现混乱和倒退。

7. 从技术到精神领域提高员工素质

技术素质:通过不断地、系统地培训、考核。

精神素质:企业氛围和谐,有效激励,以及针对性精神文明教育,信赖中约束,激励中规范,使员工感受到人尽其材,劳有所得,人格被尊重,形成热爱企业、自觉奉献、积极向上的精神面貌。

三、仓储管理的基本原则

1. 效率原则——经营效益的基础

效率是指在一定劳动要素投入时的产品产出量。只有较小的劳动要素投入和较高的产品产出量才能实现高效率。高效率就意味着劳动产出大,劳动要素利用率高,是现代生产的基本要求。仓储的效率表现在仓容利用率、货物周转率、进出库时间、装卸车时间等指标上,表现为"快进、快出、多存储、保管好"的高效率仓储。

仓储生产管理的核心就是效率管理,实现最少的劳动量投入,获得最大的产品产出。劳动量的投入包括生产工具、劳动力的数量以及他们的作业时间和使用时间。效率是仓储其他管理的基础,没有生产的效率,就不会有经营的效益,就无法开展优质的服务。

高效率的实现是管理艺术的体现,通过准确地核算、科学地组织、妥善地安排场所和空间、机械设备与人员合理配合,部门与部门、人员与人员、设备与设备、人员与设备之间默契配合,使生产作业过程有条不紊地进行。

高效率还需要有效管理过程的保证,包括现场的组织、督促,标准化、制度化的操作管理,严格的质量责任制的约束。现场作业混乱、操作随意、作业质量差甚至出现作业事故,显然不可能有效率。

2. 经济效益的原则——利润是其表现

厂商生产经营的目的是追求最大化利润,这是经济学的基本假设条件,也是社会现实的反映。利润是经济效益的表现。

利润 = 经营收入 − 经营成本 − 税金

实现利润最大化需要做到经营收入最大化和经营成本最小化。

为了追求利润最大化,作为参与市场经济活动主体之一的仓储业,应围绕着获得最大经济效益的目的进行组织和经营。同时也需要承担部分社会责任,履行环境保护、维护社会安定,满足社会不断增长的需要等社会义务,实现生产经营的社会效益。

3. 服务的原则——影响经济效益

仓储活动本身就是向社会提供服务产品。服务是贯穿在仓储中的一条主线,从仓储的定位、仓储具体操作、对储存货物的控制都围绕着服务进行。仓储管理需要围绕着服务定位,如何提供服务、改善服务、提高服务质量开展的管理,包括直接的服务管理和以服务为原则的生产管理。

仓储的服务水平与仓储经营成本有着密切的相关性,两者互相对立。服务好、成本高,收费则高,仓储服务管理就是在降低成本和提高(保持)服务水平之间保持平衡。仓储企业进行服务定位的策略:

- 进入或者引起竞争时期:高服务低价格且不惜增加仓储成本;
- 积极竞争时期:用较低的成本实现较高的仓储服务;
- 稳定竞争时期:提高服务水平维持成本不变;
- 已占有足够的市场份额处于垄断竞争(寡头):服务水平不变,尽力降低成本;
- 退出阶段或完全垄断:大幅降低成本,但也降低服务水平。

小锦囊

仓储管理世说新语

1. 维护品质——没有破箱破包,恒温恒湿,倒流区隔。
2. 安全性——高度压力,走道净空。
3. 空间的利用——频率与省力。
4. 节省人力——驾车打单盘点多能工。
5. 降低成本——自修托盘,包材转卖,临时工。
6. 库存转嫁供货商——免费存放的 VMI 制度。

相关链接

香港和记黄埔港口集团旗下的大型仓储基地
——观澜内陆集装箱仓储中心

和记黄埔港口集团旗下的深圳和记内陆集装箱仓储有限公司在深圳观澜设立了大型物流仓储基地"观澜内陆集装箱仓储中心",以配合华南地区的进出口贸易发展。目前已建成两座面积为 $2 \times 10^4 m^2$ 的大型出口监管仓、$4 \times 10^4 m^2$ 的货柜堆场,以及与之相配套的报关楼、验货中心及办公场所。

观澜内陆集装箱仓储中心实现高科技智能化出口监管仓及堆场操作,包括采用 WIS(仓储管理系统)和 TOMS(堆场管理系统)管理仓储运作及堆场操作;全球海关、船公司、租箱公司及客户查询库存资料,了解货物进出仓的情况;IC 卡闸口自动识别验放 CTV 全方位监控;电子系统报关,为客户提供方便快捷的报关服务。

同时,与和黄投资的南方明珠盐田国际集装箱码头有限公司联手,采用 GPS 卫星定位系统。在盐田与观澜之间进行途中监控,并在盐田港入闸处为货柜车开辟专门的"绿色通道",以达到信息共享、统一协调、分工合作,充分发挥港口与仓储运作的优势,将盐田码头服务功能延伸至更靠近各生产厂家的内地。

观澜内陆集装箱仓储中心目前为国外销售商、集运公司、货运代理、生产厂家、船公司及租箱公司提供优质监管仓拼柜集运、国内配送、货柜堆存等服务,对推动华南地区的物流发展做出了贡献。

第三节 仓储与现代物流

话题引入

仓储业发展的有效途径:网络化、信息化和先进的信息技术

我国的仓储业将在建设与需求同步增长的和谐氛围中发展壮大,而网络化、信息化和先进的信息技术将成为其发展的有效途径。

在西方发达国家,仓储业的现代化程度为企业获取高额利润创造了条件。而在我国,在大多数物流企业、仓储企业中体现最多的信息化也只是单一的信息模块的建设,或局部信息技术的使用和部分先进装备的操作。有的甚至还停留在原始的仓库租赁的简单业务中,除了一纸

租赁合同外就什么都不用做了。信息技术和高科技设施操作人员的缺乏,已经影响了现代化仓储的发展。不注重机械操作人员和维修人员的培训,操作维修人员缺乏,使一些仓储企业现有装备发挥不出应有的作用。在新建库房设计时没有考虑后续的维护和开发,限制了设备的使用、自动化水平的提高。安装后,部分系统失灵损坏,配件和售后服务跟不上,维修十分困难。

尽管如此,我国也有仓储的一些大的物流企业正在实践并享受着先进信息化带来的快意。如中国物资储运总公司,三年前对其仓储业务进行信息系统的建设和改造,为企业提供科学规范的业务管理、实时的生产监控调度、全面及时的统计分析、多层次的查询对账功能包括网上查询在内的多渠道方便灵活的查询方式、新型的增值业务的管理功能。中储以仓储信息化管理系统为支撑,整合物流组织体系,重构仓储管理模式,有效地降低了运营成本,取得了明显的经济效益,良好的信息系统大大提高了服务水平,赢得了客户的尊敬与信赖。

又如海尔按订单来进行采购、制造等活动,目前,海尔集团每个月平均接到6 000多个销售订单,这些订单的品种达7 000多个,需要采购的物料品种达26万余种。在这种复杂的情况下,海尔通过合理的信息化管理,使呆滞物资降低了73.8%,仓库面积减少50%,库存资金减少67%。

由此可见,在现代化的仓储模式中,从先进技术的应用到作业流程的管理,从货物的入库到接单配送等各个环节,信息技术及管理系统的应用已成为现代化仓储的重要支柱。

专家预计,我国仓储业将向着更加综合化、专业化、国际化的方向发展;品牌仓储企业将成为客户的首选对象;仓储业将会与运输业日益密切结合。笔者认为,今后我国仓储企业应朝着这一趋势发展,居安思危,以服务制胜,以先进的信息技术,提高仓储业的现代化水平。

知识梳理

一、现代物流中仓储的必要性

1. 降低运输和生产成本
虽然建立产品的仓储会增加费用,但它同时也可以提高运输和生产的效率,相对降低了两者的成本,在市场需求难以预测的情况下,储备一定量的产品可以有效地防止缺货成本的产生,并在一定程度上保证了生产的节奏运行,使得生产计划能够很好地实施,降低了生产成本,同时仓储可以将小批量、分散的产品运输任务集中整合,有利于形成整担运输以及运输线路的整体优化,从而降低了运输成本。因此,虽然建立仓储会形成新的成本,但它同时会减少其他方面的运作成本,只要最终的成本降低,仓储的设立就有必要。

2. 调节供求
某些产品的生产由于原材料等方面的原因而具有季节性的特点,但产品需求却是连续的,因此仓储在这里就有助于调节这一供需之间的矛盾。例如,当产品生产所需的某种原材料在某一时间内价格较低,那么产品生产商可以预先购买一定量的原材料进行储存以备往后生产的需要。

3. 生产的需要
不仅仅是在产品流通的过程中需要仓储,在产品生产过程中同样存在仓储。仓储同样是生产物流所不可缺少的环节。例如,在生产物流中,我们经常会提到在制品的暂存、原材料的储存等等。

4. 营销的需要

现代企业为了赢得消费者并且获得消费者的长期信赖,一般都会采取快速客户反应战略,而这项战略的实施必须借助仓储的作用。因为将产品在靠近顾客的地方进行储存能够有效地防止缺货现象的发生,缩短了货物运送时间,从而有力地提高了客户服务质量。

二、仓储在现代物流中的作用

- 仓储是物流系统中的重要环节;
- 仓储设施作为物流节点的作用越来越重要;
- 仓储管理在物流管理中占据着核心的地位;
- 仓储成本控制是降低物流成本的重要手段。

三、中国发展现代物流的必要性与紧迫性

随着世界经济的持续发展和科学技术的突飞猛进,现代物流作为现代经济的重要组成部分和工业化进程中最为经济合理的综合服务模式,正在全球范围内得到迅速发展。经过改革开放20年的经济高速发展时期,我国政府有关部门和广大企业也越来越深刻地认识到现代物流对于经济发展的促进作用。

1. 实现市场经济体制改革的目标需要发展现代物流

我国经济体制改革的目标,是建立社会主义市场经济体制。建立社会主义市场经济体制,必须发展社会化大生产,形成大市场、大流通、大交通,与之相适应,必须要有社会化的现代物流体系作为保障。传统的物流从后勤服务、实物配送起源,发展到今天将生产与消费之间的供应链全过程实现一体化,本身就是市场经济的产物。现代物流含有先进的组织管理方式和现代科技智能、信息手段、专业人才等,更是建立社会主义市场经济体制所不可缺少的。

2. 继续坚持对外开放的基本国策需要发展现代物流

实行改革开放以来,中国经济与世界经济越来越紧密地融合在一起。据统计,到1999年8月底,中国累计批准设立外商投资企业33.5万家,世界500强企业已有300多家进入中国市场。外资企业的进入,一方面,带来了现代物流的观念和先进的运作方式;另一方面,也迫切要求中国能有方便、及时、低成本、高效率的现代物流系统作为其跨国生产和营销的服务保障。过去主要依靠减免税收等优惠政策吸引外资的做法,已不能完全满足境外投资者的需求。

3. 加快国有企业改革和发展需要发展现代物流

现代物流已被广泛认为是企业在降低物质消耗、提高劳动生产率以外创造利润的第三重要源泉,也是企业降低生产经营成本,提高产品竞争力的重要环节。我国企业长期以来重生产、轻物流,对生产领域内的各个环节和企业内部管理比较重视,也有一定的基础,但对生产领域以外的采购、运输、仓储、代理、包装、加工、配送等环节顾及甚少,可控能力十分有限。加上历史形成的条块分割体制,大而全、小而全、自成体系等传统观念,在采购黑洞、物流陷阱中造成的损失和浪费难以计算。1998年底,列入国家统计局统计的18.2万家独立核算工业企业产品库存6 094亿元人民币,占其全年产品销售收入的9.6%;如果加上应收账款12 315亿元,两项资金占用为产品销售收入的29.1%。1998年这18.2万家企业流动资产周转次数为1.41次。可见,我国企业在压缩资金占用和加快资金周转上大有潜力可挖。

4. 中国经济的持续发展需要发展现代物流

当前我国经济生活中存在的首要问题是有效需求不足。进一步拉动内需,并带动社会投

资和启动消费,是解决需求不足的有效措施。优化经济结构,促进产业优化升级,则是提高经济增长质量和效益的根本措施。现代物流在我国刚刚起步,潜在需求巨大,作为一个新兴产业,正好属于需要大力发展的第三产业,将成为新的经济增长点。因此,加快我国现代物流的发展,有利于提高生产与流通领域的集约化程度,改善粗放型的经营和管理方式,促进国民经济持续、快速、健康发展。

小锦囊

传统物流与现代物流紧密结合

一般来说,我国的现代物流业主要是从传统物流而过渡形成的,其中以传统的运输、仓储方式为基础发展现代物流是一种主要的过渡方式。不但传统物流企业如此,新型的民营和股份制物流企业,在发展物流业务过程中,一般也是普遍以开展运输和仓储活动作为切入点,逐步向供应链管理的各环节进行渗透,进而进行资金、信息、流通等相关资源的整合。由于我国经济发展的不平衡性,这种传统物流与现代物流紧密结合的现象将会存在一个较长时期。国家标准在企业分类过程中,充分考虑到我国物流业的这种实际特点,划分为运输型、仓储型和综合服务型,体现了标准的科学性、严谨性和务实性。

四、关于中国现代物流发展的建议

我国正处于发展现代物流的大好时期,人们的思想意识正在转变,基础设施条件日益完备。加快建立现代物流体系,加强现代物流的理论研究和实践探索,提高社会综合服务能力,构筑货畅其流、方便及时、经济合理、用户满意的物流环境,是我们面临的重要任务及工作目标。

下面我就中国现代物流发展问题提出几点意见供参考。

1. 将现代物流作为国民经济发展的重要产业和新的增长点

从中央政府部门到地方各级政府,已充分认识到物流业在现代经济中的重要地位和作用。近年来,工业生产部门、内贸和外贸部门、交通运输部门,都加大了发展现代物流的工作力度,纷纷举办学习班、研讨会,组织人员到国外培训考察,指导所属行业企业向现代物流方向发展。据了解,上海、北京、深圳、青岛、长春等许多地方政府,已将现代物流业列为政府支持发展的重点产业和新的经济增长点。山东省通过一年多时间的宣传和探索,现已在不同类型的企业中开始启动优化企业物流管理试点工作。深圳市已明确将现代物流业作为实现跨世纪经济发展目标的三大支柱产业之一。

很多企业,从企业战略发展的角度认真研究后,已将企业的物流能力定位为企业竞争优势的核心能力。另据中国仓储协会今年3月组织的一次典型调查,反馈信息的企业中有45.3%正在寻找新的物流代理商。由此可见,现代物流发展具有广阔的前景。

2. 企业应在现代物流的发展中发挥主体作用

在市场经济体制的条件下,企业是市场经济的主体。同样,在现代物流的发展中,企业理应成为现代物流发展的主体。发展现代物流固然需要政府部门的支持推动,但不能采用行政手段,而应主要通过市场规律来运作,以企业为主体来实现。

工商企业作为物流服务的需求者,必须增强现代物流的意识,认识到物流与企业的整体工作紧密相关。搞好企业物流,优化供应链,企业不仅不会多花钱、增加支出,反而会节省经费、降低成本,提高产品附加值,增强企业竞争力。

交通运输、仓储配送、货运代理、专业物流等企业作为物流服务的提供者,必须突破传统的经营观念和模式,以市场需求为导向,以用户满意为目标,提供全过程、全方位的现代物流服务。物流服务的方式、范围、品种、对象可以多种多样,不能强求一个模式。企业之间既是一种竞争关系,更是一种合作关系,优势互补、互利双赢是现代物流的结果。

3. 政府部门要为实现物流的发展创造有利条件

我国现代物流发展尚处于起步阶段,迫切需要政府部门的大力支持和推动。政府部门应通过政策引导、改进管理、搞好服务,为现代物流业的发展创造良好的宏观环境。

政策引导,主要是制定促进发展、加快发展的有关政策和措施,为从事现代物流服务的企业提供宽松的外部环境,用发展的观点和办法解决存在的问题。

改进管理,主要是调整管理思路和工作方式,努力创造公平竞争、规范有序的市场环境,重点制止行业保护、地区封锁和有碍公平竞争的垄断行为,维护供需双方特别是用户一方的正当权益。

搞好服务,主要是考虑我国的物流现状还不适应国民经济发展的需要,企业反映仍有许多困难和障碍。有关部门要从规划建设、技术改造、查验通关、交通管制、工商管理、财税金融等方面给予支持,帮助企业排忧解难,搞好协调服务。

4. 注意循序渐进,防止一哄而起

我国经济发展不平衡,东、中、西部之间存在差距,基础设施的条件和人们的思想观念也有区别。从目前发展趋势看,沿海和经济发展较快的地区物流需求比较旺盛,能够提供物流服务的企业和机会相对多些。因此,我们不能要求全国处于同一水平,大家都搞一个模式。虽然我们力争实现跨越式发展,但必须从实际出发,能快则快,不能快则慢一点,循序渐进、注重实效。

防止一哄而起,这是根据经济工作中的经验教训提出来的。现代物流所涉及的领域非常广泛,是一项十分复杂的系统工程,是涉及交通运输、代理服务、仓储管理、加工配送、信息网络、营销策划等多行业的综合性产业。不掌握内涵,不具备条件,一哄而上,搞翻牌公司,将会造成市场混乱,把好事办坏。

5. 学习借鉴先进经验,结合实际开拓创新

由于我国物流发展起步较晚、水平较低,学习借鉴发达国家和优强企业的先进经验,消化吸收已被实践证明的成功做法为我所用,是加快我国现代物流发展的一个好途径。北美、日本、西欧等国家不仅在物流理论的研究方面比较成熟,而且在实践发展方面已形成规模。都有许多好的做法和成功经验,值得学习与借鉴。

在学习借鉴先进经验的同时,还应注意结合实际开拓创新。由于条件不同,服务对象不同,用户的要求不同,服务的内容和形式也会变化。

6. 加强宣传引导,加强研究探索,加强人才培养

从某种意义上说,在现代物流发展的问题上,我们与发达国家的差距,不仅仅是装备、技术、资金上的差距,更重要的是观念和知识上的差距。加强宣传引导,使人们认识现代物流,接受现代物流的理念。加强理论研究和实践探索,使现代物流的理论知识与社会的实践活动有机地结合起来。加强人才培养,造就一大批熟悉物流运作规律、并有开拓精神的管理人员和技术专家,这是我国现代物流业兴旺发达的最重要、最紧迫的条件。

政府部门、广大企业要加强与科研院校、咨询机构、社团组织的联系,充分发挥他们在理论研究和人才培养方面的优势,采取多种形式,积极开展合作,为建立中国现代物流体系共同做

出贡献。

小锦囊

北京仓储业现状与发展方向

根据调查,北京市现有仓库 13 418 个,仓库面积 $1.3 \times 10^7 m^2$,仓储容量 $4 \times 10^7 m^3$,停车场地 $1.03 \times 10^6 m^2$,装卸设备 8 401 台,铁路专用线 375 条。其中四环路外仓库、货场达 10 314 个,占全部仓储面积的 71.3%,80% 以上仓库都是上世纪 50~80 年代所建,大多数已老化陈旧,而且依然沿用传统的手工作业方式,缺乏必要的现代物流技术设备,全市仓库利用面积仅为 50%。目前,一方面具有现代化条件的仓库奇缺,具有用现代化手段操作达到现代物流要求的仓库更是凤毛麟角;另一方面又有大量的仓库面积处于闲置。这种状况,有悖于北京市作为国际化大都市要实现"数字化北京"的要求。

纵观国外物流企业入京,大多数不是新建仓库而是租用现有仓库加以改造利用。现代物流要求以现代化的管理技术和现代化的信息网络来完善供应链,因此,北京市应在合理布局的基础上,对现有的仓库进行整合、改造和提升,以适应当前经济发展的需要,带动北京市现代物流业的发展。

相关链接

沃尔玛与家乐福中国物流模式对比分析

物流管理包含仓储、运输、包装、配送等多方面内容,对任何零售企业来讲,每个环节的精细化管理都至关重要,而其中商品配送环节的管理对于主营绩效的提高具有重要意义。

1. 沃尔玛以其物流能力而闻名

随着世界 500 强之首——沃尔玛在中国大陆市场的迅速扩张,越来越多的人把眼光聚焦于沃尔玛成功的秘诀。人们通常把快速转运、VMI(供应商管理库存)、EDLP(天天平价)当作沃尔玛成功的三大法宝,其中商品的快速转运往往被认为是沃尔玛的核心竞争力。于是不少企业纷纷仿而效之,大力加快建设配送中心的步伐,认为只要加强商品的配送与分拨管理,就能像沃尔玛一样找到在激烈的商战中致胜的秘诀。但经过一段时间的运营之后,效果却不尽人意,究其原因,主要是曲解了沃尔玛的运营管理模式。沃尔玛之所以能成功,主要有以下原因:

独特的历史背景

1962 年,当沃尔玛第一家店在阿肯色州的一个小镇开业时,由于其位置偏僻,路途遥远,供应商很少愿意为其送货,因此,山姆·沃顿不得不在总部所在地本顿威尔建立了第一家配送中心,显然,一家店不可能单独支撑一个配送中心的运营成本,于是以该配送中心为核心,在周围一天车程 500km 左右的范围内迅速开店。获得成功后,又迅速复制该运营模式。而同期的凯玛特、伍尔柯等大连锁公司,基本位于美国大城市,有大量的经销商为他们提供完善的物流等方面的专业化服务,因此也就不会把商品配送视为自己的核心竞争力。

强大的后台信息系统

随着 IT 技术的迅猛发展,沃尔玛以最快的速度把世界一流的信息技术运用到实践中,其耗资 7 亿多美元的通信系统,是全美最大的民用电子信息系统,甚至超过了电信业巨头——美国电报电话公司,其数据处理能力仅次于美国国防部。EDI(电子数据交换系统)及条码等现代物流技术的使用,更为全球每个门店的销售分析、商品的分拨及进销存管理等,提供了最强有力的武器。反观国内零售企业,门店数量少,销售量低,单店利润差,很少有实力能投资完善的信息系统。一套系统的研发少则几百万,多则几千万甚至过亿,使不少的小型零售企业望而兴叹。

门店数量众多

目前美国本土有近4 000家店,配送中心有30多家,可见约100多家门店才能支撑一个现代配送中心的巨额费用。在门店数量不足时,配送中心的巨额费用往往会成为一个企业的经济负担。当沃尔玛进入中国时,也同样复制了美国的运营模式,在广东与天津分设了两个配送中心。经过多年的苦心经营,到目前为止,沃尔玛尚未实现全面赢利,不少业内人士认为与其完全照搬美国本土的运营模式有关。美国本土的商店选址大都位于小镇,而在中国开的店大都位于中心城市,大量的供应商可以提供专业化服务,集中配送反而难以体现高效率。

2. 家乐福却采用供应商直供的模式

沃尔玛的商品配送模式是绝大部分国内企业都无法模仿的。与沃尔玛不同,另一艘世界零售航母——家乐福,选择的却是相反的商品配送模式。由于家乐福的选址绝大部分都集中于上海、北京、天津及内陆各省会城市,且强调的是"充分授权,以店长为核心"的运营模式,因此商品的配送基本都以供应商直送为主,这样做的好处主要有以下几方面:

送货快速、方便。由于供应商资源多集中于同一个城市,上午下订单,下午商品就有可能到达,将商品缺货造成的失销成本大幅降低。为了减少资金的占用及提高商品陈列空间的利用效率,超大卖场基本都采取"小批量,多频次"的订货原则,同城供应商能更有效地帮助此原则的实现。相对而言,沃尔玛的许多商店坚持的是中央集中配送的模式,由于路途的原因,虽然有信息系统的强大支撑,但商品到货的速度还是相对缓慢,因此在有的门店,"此商品暂时缺货"的小条在货架上随处可见。

便于逆向物流商品的退换货,是零售企业处理过时、过期等滞销商品的最重要手段。如果零售商采用的是供应商直送的商品配送模式,零售商与供应商的联系与接触非常频繁,因此商品退换货处理也非常迅速,但如果采用中央配送模式,逆向物流所经过的环节大为增加,因此速度也相对变缓。

3. 根本区别在于地域不同

沃尔玛与家乐福的商品配送模式,基本代表了目前国内零售企业的两种不同经营思想。由于各有利弊,因此较成熟的零售商大都根据自己企业的特征制定了相应的商品配送方案。

可见,零售业态的分类、商店的选址、商店的数量、商店是否配有内仓等,都是影响零售企业商品配送模式的重要因素。概括起来,主要可以从以下几方面进行考虑:

中心城市宜直送:我国现阶段物流行业发展不成熟,东部与西部、沿海与内陆经济发展水平相距较大,相关法律法规不健全,部分地区地方保护主义思想较为严重,各地消费者商品偏好差异较大,物流行业又尚未完全对外资开发,加之门店数量不是非常多,这些因素都导致进行全国性的商品分拨与配送会产生低效率。家乐福目前成为中国市场发展最快、效益最好的零售商,核心竞争力就是以店长经营绩效为中心的管理体制,由此而产生的能迅速适应市场变化的本土化经营方式。

但采用供应商直送的商店,较容易产生的一个问题是商品结构的同质化。目前基本所有国内中心城市的商业竞争都进入了白热化阶段,商品毛利率每年都在下降,如果所有商品均从当地采购,商品的差异化将难以体现。因此,中心城市的零售商在坚持本地采购为主的同时,还应适当保持部分中央采购的商品,这部分商品可占到商品总量的 20% ~ 30% 之间,主要以进口商品、自有品牌及一些时尚商品、应季商品为主。

二线城市宜配送:二线城市的供应商资源较为有限,主要以生鲜和一些地方特色的食品供应商为主。如果大部分商品不能从中心城市配送,该门店商品对当地消费者的吸引力必然会大幅下降。因此,联华等大零售商选址一般都先在中心城市开店,中心城市的采购队伍及供应商资源较为成熟后,再向二线城市扩张,这样能较为有效地从商品结构上确保连锁经营的特色。当然,在选择仓储与运输方式时,又有自营与外包两种模式可以选择,这主要取决于本企业的资金实力以及是否有丰富的物流管理经验。如果本企业没有足够的资金建设仓库及运输车队,或者自营效率低,业务少,并缺乏相关成熟经验,就可考虑把上述业务外包给第三方物流公司进行,充分利用社会化分工带来的成本节约。

社区店、折扣店须有高效配送中心:社区店、折扣店一般面积较小,主要经营生鲜、食品、洗化等日用消费品,购物的便利性是这类小店生存的基础,如果缺断货,必然会对这类商店的销售带来巨大影响。因此补货的及时性成为这类商店最重要的工作之一。但这类商店由于面积及空间极其有限,不可能进行大量囤货,因此配送中心能否及时补货成为这类商店成功的关键。为了达到此项目标,通常可以采用以下手段:

正确的配送中心选址,可以缩短送货的时间,提高商品配送的效率。试想一下,如果迪亚折扣店在北京的门店数量达到 300 家,一天送一次鲜奶等日配商品,每家配送中心的选址能带来一个商店节约 10 分钟的效果,那对保证到货的即时性意义是非常重大的。

确定合理的配送路线,对于布点较多的社区店有较大帮助。具体可以采用方案评价法进行定性分析,也可以采用数学模型进行定量分析。当然同时还要考虑门店对商品品种、规格、数量、时间的需求、配送中心现有的可支配运力等诸多因素。

进行合理的车辆配载。各门店的销售情况不同,订货也就不大一致。实行轻重配装,既能使车辆满载,又能充分利用车辆的有效体积,大大降低运输费用。

建立完善的计算机管理系统。在社区店的物流作业中,分拣、配货要占全部劳动的 60% 以上,而且较容易发生错误。如果在配货中运用计算机管理系统,就可以使拣货快速、准确、高效,从而提高生产效率,节省劳动力,有效降低物流费用。

综上所述,采用何种配送方式,主要还是取决于门店的需求以及实际不同条件下的配送成本及效率。只要明确自己的市场定位,抓准需求,做好与供应商的沟通工作,采用何种配送方式并不重要。

本章要点回放

1. 仓储的概念

仓储是指通过仓库对商品进行储存和保管。它随着物资储存的产生而产生,又随着生产力的发展而发展。仓储是商品流通的重要环节之一,也是物流活动的重要支柱,在社会分工和专业化生产的条件下,为保持社会再生产过程的顺利进行,必须储存一定量的物资,以满足一定时间内社会生产和消费的需要。

2. 我国仓储的发展过程

纵观我国仓储活动的发展历史,大致经历以下四个阶段:我国古代的仓储业、我国近代的仓储业、新中国成立以后的仓储业、仓储业现代化发展阶段。

3. 我国仓储的现状

（1）具有明显部门仓储业的特征；（2）仓库的拥有量大，但管理水平较低。

4. 我国仓储业的发展趋势

（1）仓储社会化；（2）功能专业化；（3）仓储标准化；（4）仓储自动化；（5）仓储信息化；（6）仓储管理科学化。

5. 仓储的种类

由于仓库经营主体的不同、仓储对象的不同、经营方式的不同、仓储功能的不同，使得仓库有不同的分类且不同的仓储活动具有不同的特性。

6. 仓储的功能

仓储的主要功能有：储存和保管、调节供需、调节运输能力、降低物流成本、配送和流通加工、提供信息等。

7. 仓储管理的概念

就是对仓库及仓库的物质所进行的管理，是仓储机构为了充分利用所具有的仓储资源（包括仓库、机械人、资金、技术）提供高效的仓储服务所进行的计划、组织、控制和协调过程。

8. 仓储管理的任务

（1）利用市场经济手段获得最大的仓储资源的配置；

（2）以高效率为原则组织管理机构；

（3）以不断满足社会需要为原则开展商务活动；

（4）以高效率、低成本为原则组织仓储生产；

（5）以优质服务、讲信用建立企业形象；

（6）通过制度化、科学化的先进手段不断提高管理水平；

（7）从技术到精神领域提高员工素质。

9. 仓储管理的基本原则

（1）效率的原则；（2）经济效益的原则；（3）服务的原则。

10. 现代物流中仓储的必要性

（1）降低运输和生产成本；（2）调节供求；（3）生产的需要；（4）营销的需要

11. 仓储在现代物流中的作用

（1）仓储是物流系统中的重要环节；

（2）仓储设施作为物流节点的作用越来越重要；

（3）仓储管理在物流管理中占据着核心的地位；

（4）仓储成本控制是降低物流成本的重要手段。

12. 中国发展现代物流的必要性与紧迫性

（1）实现市场经济体制改革的目标需要发展现代物流；

（2）继续坚持对外开放的基本国策需要发展现代物流；

（3）加快国有企业改革和发展需要发展现代物流；

（4）中国经济的持续发展需要发展现代物流。

13. 关于中国现代物流发展的建议

（1）将现代物流作为国民经济发展的重要产业和新的增长点；

（2）企业应在现代物流的发展中发挥主体作用；

（3）政府部门要为实现物流的发展创造有利条件；

（4）注意循序渐进，防止一哄而起；

（5）学习借鉴先进经验,结合实际开拓创新;

（6）加强宣传引导,加强研究探索,加强人才培养。

每章一练

1. 从物流角度看,仓储有哪些功能?
2. 仓储有哪些作用? 仓储的基本类型有哪几种?
3. 简述仓储在现代物流中的作用。
4. 仓储管理的基本原则是什么?
5. 简述仓储管理的基本任务。
6. 试分析我国仓储业的发展现状及措施。

第二章 仓库管理

仓库是每一个物流系统不可缺少的部分,仓库设施包括各种各样的形态,如专业管理仓库、公司仓库、私人仓库等。通常情况下,仓库是作为一个保存和储藏货物的地方,随着经济的发展和物流体系的进一步的完善,仓库的作用发生了变化,变成了混合储存货物的地方。通过本章的学习,了解仓库的基本概念、功能及分类;了解自动化立体仓库的概念、特点和分类;了解仓库的结构、布局的原则、功能和方法;重点熟悉叉车、托盘、货架、起重机等仓储机械设备。

章节要点

- 仓库的基本概念、功能及分类
- 自动化立体仓库的概念、特点和分类
- 仓库的结构、布局的原则、功能和方法
- 熟悉叉车、托盘、货架、起重机等仓储机械设备

第一节 仓库概述

话题引入

LEGO(乐高)公司的"绿色"仓库

当大多数仓库开始考虑环境管理标准 ISO14000 的认证工作时,LEGO(乐高)公司的配送中心就已经开始奏响了环境的乐章了。LEGO 的仓库占地 22500m²,建于 2000 年,座落于美国康涅狄格州的恩菲尔德镇,它为 LEGO 提供了环境与设施相融合的机会。

LEGO 正在制定配送中心的噪音控制计划,他们与哈佛大学声音工程系的学生一起研究,测量配送中心的噪音水平,设计减少噪音的方案。该配送中心通过改变搬运的速度,并在搬运现场周围设置隔离物,最终使噪音降低了 6~7Db。噪音水平的降低足以使 LEGO 员工不再采用保护耳朵的装置。

LEGO 的仓库使用生产大量的瓦楞纸板,员工将这些纸板和其他制品一起再生产利用,通过在地板内修建排水管道,设分离器和抽水泵来防止排泄物溢出而污染环境,并且控制蓄水池中的污水以适当速度流出。通过种种环保的做法,使得 LEGO 的仓库成为"绿色"仓库。

知识梳理

一、仓库的概念

仓库,是指保管、存储物品的建筑物和场所的总称。

仓库的概念可以理解为是用来存放货物包括商品、生产资料、工具和其他财产,及对其数量和价值进行保管的场所或建筑物等设施,还包括用于防止减少或损伤货物而进行作业的土地或水面。从社会经济活动看,无论生产领域,还是流通领域都离不开仓库。

仓储是指通过仓库对物资进行储存和保管。一般来说,它指的是从接受储存物资开始,经过储存保管作业,直至把物品完好地发放出去的全部活动过程,其中包括存货管理和各项作业活动。

仓储的各项活动大致可以分为两大类:一类是基本生产活动;另一类是辅助生产活动。基本生产活动是指劳动者直接作用于储存物品的活动,诸如搬运、验收、保养、分拣等;辅助生产活动是指为保证基本生产活动正常进行所需的各项活动,诸如保管设施、工具维修、储存设施的维护、物品维护所用技术的研究等。

二、仓库的分类

仓储、仓库按不同的标准可进行不同的分类。按用途、结构、保管方式、仓库功能及仓库选址等方面的情况,可将仓库分类如下:

1. 按用途分类

(1)自有仓库。自有仓库,是指各企业为了保管本公司的物品(原料、半成品、产成品)而建设的仓库。

(2)营业仓库。按照仓库业管理条例取得营业许可,保管他人物品的仓库称营业仓库。营业仓库是一种社会化的仓库,面向社会,以经营为手段、以赢利为目的。与自有仓库相比,营业仓库的使用效率较高。

(3)公共仓库。国家或公共团体为了公共利益而建设的仓库称为公共仓库,即为公共事业配套服务的仓库。

(4)保税仓库及保税堆货场。根据有关法律和进出口贸易的规定取得许可,专门保管国外进口而暂未纳税的进出口货物的仓库,称保税仓库。堆货场是指为了销货、中继作业等临时放置货物的设施。保税堆货场是为了搬运进出口货物、通关,进行临时保管货物的建筑物。

2. 按结构和构造分类

(1)平房仓库

平房仓库是指仓库建筑物是平房,结构很简单,有效高度一般不超过 5～6m 的仓库。这种仓库建筑费用很低,可以广泛采用。

(2)多层仓库(或楼房仓库)

仓库为两层以上的建筑物,是钢筋混凝土建造的仓库。建造多层仓库可以扩大仓库实际使用面积。

(3)高层货架仓库(或立体仓库)

利用高层货架配以货箱或托盘储存货物,利用巷道堆垛起重机及其他机械进行作业的仓库。

(4)散装仓库是指专门保管散粒状或粉状物资的容器式仓库。

(5)罐式仓库是以各种罐体为储存库的大型容器型仓库。如球罐库、柱罐库等。

3. 按技术处理方式及保管方式分类

(1)普通仓库;(2)冷藏仓库;(3)恒温仓库;(4)危险品仓库。

4. 按仓库功能分类

(1)生产仓库

为企业生产或经营储存原材料、燃料及产品的仓库,称生产仓库,也有的称之为原料仓库或成品仓库。

（2）储备仓库

专门长期存放各种储备物资，以保证完成各项储备任务的仓库，称储备仓库。如战略物资储备、季节物资储备、备荒物资储备、流通调节储备等。

（3）集配型仓库

以组织物资集货配送为主要目的的仓库，称集配型仓库。

（4）中转分货型仓库

配送型仓库中的单品种、大批量型仓库，其储备作用又称备型仓库。

（5）加工型仓库

以流通加工为主要目的的仓库称为加工型仓库。一般的加工型仓库是集加工厂和仓库的两种职能，将商品的加工仓储业务结合在一起。

（6）流通仓库（类似配送中心）

专门从事中转、代存等流通业务的仓库，称为流通仓库。这种仓库主要以物流中转为主要职能。在运输网点中，也以换载为主要职能。

5. 按仓库选址分类

（1）港口仓库；（2）内陆仓库；（3）枢纽站仓库。

小锦囊

经营模式与仓储模式相关联的重要名词解释

1. BTS／BTF：Build to Stock／Build to Forecast，根据事前与客户协议的库存水平自动补货的一种交易模式。

2. BTO：Build to Order，根据客户订单进行生产排配、物料采购、交货安排的弹性接单交易模式。

3. CTO：Configuration to Order，依客户选配订单由标准半成品起做测试组装交货的弹性接单交易模式。

4. VMI：Vendor Managed Inventory，供应商免费存放，在距离组装地1~2小时车程、3~14天的订单或预测前置库存。

5. VMSA：Vendor Managed Staging Area，制造商免费存放，在距离客户销货地1~2小时车程、3~14天的订单或预测前置成品库存。

BTS／BTF是传统的接单方式，在客户提供的预测需求下拟定生产计量，按既定的规格生产半成品、成品入库，客户下订单与交货通知时再由库存出货成交。其交期承诺的关键要素在"半成品在手库存量和成品在手库存量"能给已排定的生产计量补货并满足订单需求，必要时建立Hub（中转仓）与最后组装线以满足客户最大需求。在BTS／BTF交易方式下，不同仓储模式的管理重点如下：

VMI：在原物料方面，要求贵重与自制的供应商进驻VMI Hub，生产前段尽量做到无库存（库存属供应商），要货时再调动，其真义已如名词解释；在半成品方面，依预计需求备料，但注意市场需求变量，随时调整库存量。最好用Min／Max（最大需求量/最小需求量）加配套管制其补充量。半成品需用SFC（现场车间管理系统－Shop Floor Control，在投入前自动提取库存信息，自动排配出较佳出货计划进行供应链管理活动）管制为佳。

VMSA:设在客户处的 Hub,根据客户销售状况及 Forecast 的变量与客户共同协商调整 Hub 的 Min / Max,要做到客户提货时自动反映库存与补货量到制造基地。

在 BTO 接单方式下,客户下订单后才排生产计划,仍按 Forecast 备料,愈靠近客户做最后组装愈有利,其交货期承诺的关键要素在于原物料供应与产能产量爬坡的速度。在 BTO 交易方式下,不同仓储模式的管理重点如下:

CTO 是随着产品多样少量化的市场趋势,允许客户就既定规格进行产品细节上的多样选择组态,客户下单后最终确认"组态的技术性"后,再根据物料状况,确定组装生产计划,作交货期承诺。在 CTO 交易方式下,不同仓储模式的管理重点如下:

Pick To Light(生产时依灯号指示拣料):依据生产工单拣料,因 CTO 订单小样多,拣料较频繁;因机种不同但又很接近,所以拣料区应设定 N 个区域,隔离各机种不同拣料并标示。Pick To Light 的灯号管制与工令条形码信息极为相关。

Merge:CTO 模式中,将终端用户所需最终产品的高组合件在运输途中 Bounded(绑在一起),一起出货至指定地点交货,是为 Merge。通常 Merge 都是委托物流业者来做,第四方物流能够做到 Merge 功能,下一步即可做到在最终客户桌上测试组装及代收款业务功能。

以上几种模式的 JIT 供料模式均相同,即要求一般物料供应商做 JIT 线边仓服务。

三、仓库的功能

1. 仓库的功能

仓库作为物流服务的据点,在物流作业中发挥着重要的作用。它不仅具有储存、保管等传统功能,而且还具有拣选、配货、检验、分类、信息传递等功能。与此同时,多品种小批量、多批次小批量等配送功能以及附加标签、重新包装等流通加工功能也是仓库的重要功能。一般来讲,仓库具有以下功能:

(1)储存和保管的功能

这是仓库最基本的传统功能仓库具有一定的空间,用于储存物品,并根据物品的特性,仓库内还配有相应的设备,以保持储存物品的完好性。如储存精密仪器的仓库需要防潮、防尘、恒温等,应设置空调、恒温等控制设备。

(2)配送和加工的功能

现代仓库的功能已由保管型向流通型转变,即仓库由原来的储存、保管货物的中心向流通、销售的中心转变。仓库不仅具有仓储、保管货物的设备,而且还增加分袋、配套、捆装、流通加工、移动等设施。这样,既扩大了仓库的经营范围,提高了物资的综合利用率,又方便了消费者,提高了服务质量。

(3)调节货物运输能力的功能

各种运输工具的运输能力差别较大,船舶的运输能力很大,一般都在万吨以上;火车的运输能力相对较小,每节车厢能装 10~60t,一列火车的运量达几千吨;汽车的运输能力较小,一般在 10t 以下,它们之间运输能力的差异,也是通过仓库来调节和衔接的。

(4)信息传递的功能

信息传递功能总是伴随着以上三个功能而发生的。在处理有关仓库管理的各项事物时,需要及时而准确的仓库信息,如仓库利用水平、进出货频率、仓库的地理位置、仓库的运输情况、顾客需求状况,以及仓库人员的配置等,这对一个仓库管理能否取得成功至关重要。

2. 仓库的保管方式

仓库的保管方式一般有:

- 地面平放式——将保管物品直接堆放在地面上;
- 托盘平放式——将保管物品直接放在托盘上,再将托盘平放于地面;
- 直接堆放式——将货物在地面上直接码放堆积;
- 托盘堆码式——将货物直接堆码在托盘上,再将托盘放在地面上;
- 货架存放式——将货物直接码放在货架上。

3. 仓库的基本服务

（1）现场储备

在实物配送中经常使用现场储备,尤其是那些产品品种有限或产品具有高度季节性的制造商偏好这种服务。他们不是按照年度计划在仓库设施中安排各种存货,而是直接从制造工厂进行装运,并通过在战略市场中获得提前存货的承诺,可以大大减少递送时间。于是,在这种概念下,将某个厂商一定数量的产品堆放在仓库里或在仓库里进行"现场储备",以满足顾客在至关重要的营销期内的订货。利用库存设施进行现场储备,可以在季节销售的最旺期即将到来之前,把各种存货堆放到最接近关键顾客的各种市场中去。

农产品供应商常常向农民提供现场储备服务,在销售旺季期间把农产品定位在更接近对服务敏感的市场中去;销售季节过后,剩余的存货就被撤退到中央仓库中去。

（2）仓库组合

仓库组合类似于仓库分类。当制造业在地理上被分割,通过长途运输组合,有可能降低运费和仓库需求量。在典型的组合运输条件下,从制造工厂装运整卡车的产品到批发商处,每次大批量的装运可以享受较低的费率,一旦产品到达了组合仓库时,卸下从制造工厂装运来的货物后,就可以按照每一个顾客的要求或市场需求,选择一种产品的运输组合。

通过运输组合进行转运,在经济上通常可以得到特别运输费率的支持,即给予各种转运优惠。在组合仓库概念下,内向的产品也可以与定期储存在仓库里的产品结合在一起。提供转运组合服务的仓库所能获得的净效果,就是降低物流系统中整个产品的储存量。组合之所以被分类为服务利益,就是因为存货可以按照顾客的精确分类进行储备。

（3）生产支持

制造经济证明具体的零部件对长时间生产的重要意义,而生产支持仓库则可以向装配工厂提供稳定的零部件和材料供给。由于较长的前置时间或使用过程中的重大变化对向外界采购的项目进行安全储备是完全必要的。对此,大多数总成本解决方案都建议经营一个生产支持仓库,以经济而又适时的方式,向装配厂供应或"喂给"加工材料、零部件和装配件。

（4）市场形象

尽管市场形象利益也许不像其他服务利益那样明显,但是它常常被营销经理看作是地方仓库的一个主要优点。市场形象因素基于这样的见解和观点,即地方仓库(以及对以推测为当地存货)比起距离更远的仓库来对顾客的需求反应更敏感,提供的递送服务也更快,并因此而产生这样的想法:认为地方仓库将会提高市场份额,并有可能增加利润。尽管市场形象因素是频繁讨论的一个战略,但很少有扎实的研究来确认它对实际利益的影响。

小锦囊

如何写仓库管理制度？

1. 物资的验收入库

(1)物资到公司后,库管员依据清单上所列的名称、数量进行核对、清点,经使用部门或请购人员及检验人员对质量检验合格后,方可入库。

(2)对入库物资核对、清点后,库管员及时填写入库单,经使用人、货管科主管签字后,库管员、财务科各持一联做账,采购人员持一联做请款报销凭证。

(3)库管要严格把关,有以下情况时可拒绝验收或入库。

● 未经总经理或部门主管批准的采购;

● 与合同计划或请购单不相符的采购物资;

● 与要求不符的采购物资。

(4)因生产急需或其他原因不能形成入库的物资,库管员要到现场核对验收,并及时补填"入库单"。

2. 物资保管

(1)物资入库后,需按不同类别、性能、特点和用途分类分区码放,做到"二齐、三清、四号定位"。

● 二齐:物资摆放整齐、库容干净整齐;

● 三清:材料清、数量清、规格标识清;

● 四号定位:按区、按排、按架、按位定位。

(2)库管员对常用或每日有变动的物资要随时盘点,若发现误差须及时找出原因并更正。

(3)库存信息及时呈报。须对数量、文字、表格仔细核对,确保报表数据的准确性和可靠性。

3. 物资的领发

(1)库管员凭领料人的领料单如实领发,若领料单上主管或总经理未签字、字据不清或被涂改的,库管员有权拒绝发放物资。

(2)库管员根据进货时间必须遵守"先进先出"的原则。

(3)领料人员所需物资无库存,库管员应及时通知使用者,使用者按要求填写请购单,经总经理批准后交采购人员及时采购。

(4)不办理领料手续以任何名义从库内拿走物资,在货架或货位中乱翻乱动者,库管员有权制止和纠正其行为。

(5)以旧换新的物资一律交旧领新;领用的各种工具均要上工具卡,并由领用人和总经理签字。

4. 物资退库

(1)由于生产计划更改引起领用的物资剩余时,应及时退库并办理退库手续。

(2)废品物资退库,库管员根据"废品损失报告单"进行查验后,入库并做好记录和标识。

世界成功物流企业的借鉴

一个成功的物流企业,必须具备较大的运营规模,建立有效的地区覆盖,具有强大的指挥和控制中心,兼备高水准的综合技术、财务资源和经营策略。

近两年来,在中国大地上,"物流"概念热浪滚滚,物流研讨会你方唱罢我登场,不同领域、不同性质、不同规模的企业纷纷争相搞物流。但是否所有这些企业都能尽快成功转型到物流企业,并能获得丰厚收益呢?带着这样的疑问,我们来考察一下世界物流企业的有关业务结构、运作模式及赢利状况,以期对我国物流企业有所启示。

1. UPS

业务概况:UPS是全球最大的速递机构,全球最大的包裹递送公司,同时也是世界上主要的专业运输和物流服务提供商。每个工作日,该公司为180万家客户送邮包,收件人数目高达600万。该公司的主要业务是在美国国内,并遍及其他200多个国家和地区。该公司已经建立规模庞大、可信度高的全球运输基础设施,开发出全面、富有竞争力并且有担保的服务组合,并不断利用先进技术支持这些服务。该公司提供物流服务,其中包括一体化的供应链管理。

业务分布:UPS的业务收入按照地区和运输方式来划分呈现出不同的分布特点。从地区来看,美国国内业务占总收入的89%,欧洲及亚洲业务占11%。从运输方式来看,国内陆上运输占54%,国内空运占19%,国内延迟运输占10%,对外运输占9%,非包裹业务占4%。

最新动态:2001年1月10日,UPS以发行价值4.33亿美元新股方式收购Fritz集团公司旗下的加利福尼亚物流公司,并将该公司并入UPS不断拓展的物流业务之中,使其成为更大规模的运输集团。2000年11月28日,UPS公司将其每周的环球飞行从3次增加到5次,以应付日渐增多的跨国运输业务。UPS在这一路线上运输的货物总量每日增长20万磅。

2. FedEX

业务概况:FedEX公司的前身为FDX公司,是一家环球运输、物流、电子商务和供应链管理服务供应商。该公司通过各子公司的独立网络,向客户提供一体化的业务解决方案。其子公司包括FedEX Express(经营速递业务)、FedEX Ground(经营包装与地面送货服务)、FedEX Custom Critical(经营高速运输投递服务)、FedEX Global(经营综合性的物流、技术和运输服务)以及Viking Freight(美国西部的小型运输公司)。

业务分布:从地区来看,美国业务占总收入的76%,国际业务占24%。从运输方式来看,空运业务占总收入的83%,公路占11%,其他占6%。

最新动态:2001年1月11日,根据一项能够产生63亿美元收益的合约,FedEX将在各机场间为美国邮政服务系统运送特急件和快递信件。在未来的18个月内,FedEX将支付1.26亿至1.32亿美元给邮局,作为在10 000家邮局内设立收件箱的费用并保留在其余38 000家邮局设立收件箱的权利。上述举措将使该公司获得约9亿美元的新增收入。2000年12月29日,FedEX宣布计划按照每股28.13美元的价格收购American Freightways公司1638万股,以实现其最初提出的收购该公司50.1%股权的承诺。

3. 德国邮政世界网(Deutsche Post World Net)

业务概况:德国邮政是德国的国家邮政局,是欧洲地区领先的物流公司,并着眼于成为世界第一。近期更换了品牌(改名为Dertsche Post World Net,简称DPWN)。一方面为挂牌买卖做准备,另一方面也是意识到了其业务的全球化特点以及电子商务日益重要的影响。DPWN

划分为四个自主运营的部门,即邮政、物流、速递和金融服务。

邮政部门由邮政、市场直销和出版物发放业务组成,建有最高水准的作业网络,由遍及德国的 83 家标准化分检中心组成,并越来越重视高成长的市场直销业务。速递部门通过 Euro Express Germany 和 Euro Express Europe 的全球邮政和国际邮政业务部门提供覆盖欧洲的快递业务;通过与 DHL(德国邮政世界网拥有其 25% 的股权)的合作提供全球业务。

通过几次收购,Danzas 品牌下的公司,于 1999 年成立了物流部门。该部门提供一站式的服务,并提供整个物流链各个环节的服务。服务内容包括全球航空、海运、欧洲陆运服务和客户定制的物流解决方案。

同时,通过 Postbank 提供的金融服务于 1999 年 1 月成为一家全资的附属公司。在 2000 年 1 月收购了 DSL 银行(是一个精于私人和商业建筑贷款的银行),向私人和商业客户提供多渠道银行业务。

业务构成及分布:从净收入来看,DPWN 的四大业务邮政、快递、物流和金融分别占 49%、21%、18% 和 12%。特别是从物流业务在地域上的分布来说(从净收入看),德国、法国、意大利和欧洲其他国家分别占 23%、17%、8% 和 23%,斯堪的纳维亚、美洲、远东澳洲分别占 12%、11% 和 6%。

最新动态:2001 年 1 月,德国政府为邮政部门制定新法,新法律将允许国家出售其在德国邮政持有的多数股权。2000 年 11 月,德国经济部长称政府将不会按照原计划在 2002 年年底结束 DeutschePost 的完全垄断。同时德国邮政有意将其在 DHL International 的持股比例从 50% 提高到 75%。

4. Maersk/A. P. Moeller

Maersk Sealand 是世界上最大的航运公司,拥有 250 艘船舶,其中包括集装箱船舶、散货船舶、供给和特殊用途船舶、油轮等,该集团还拥有大量的装卸码头,并提供物流服务。Moeller 的附属公司同时还在挪威、委内瑞拉和其他国家进行石油和天然气的钻探。另外,该集团还从事船舶和联运集装箱的制造,药品生产,并经营一家国内航空公司 Maersk Air 和提供信息服务。另外,该公司还拥有丹麦第二大连锁超级市场。

5. Nippon Express(日通)

日本通运的业务主要分为汽车运输、空运、仓库及其他,分别占 44%、16%、5% 及 25%。从地域上看,其经营收入有 93% 来自于日本。其客户主要分布在电子、化学、汽车、零售和科技行业。

6. Ryder

业务概况:Ryder 系统公司在全球范围内提供一系列的技术领先的物流、供应链和运输管理服务。该公司提供的产品范围包括全面服务租赁、商业租赁、机动车的维修以及一体化服务。此外还提供全面性的供应链方案、前沿的物流管理服务和电子商务解决方案,从输入原材料供应到产品的配送,致力于支援客户的整条供应链。

业务分布:从地区来看,美国业务占总收入的 82%,国际业务占 18%。从业务板块来看,运输服务占 57%,物流占 32%,其他占 11%。

最新动态:2000 年 11 月 20 日,Ryder 系统公司与丰田(美洲)公司及其日本母公司丰田集团共同组建了一家名为 TTR 物流公司的合资企业。新的实体由 Ryder 公司和丰田公司持有相同的股份,将主要集中留意与丰田以及其他在北美地区的日本汽车公司相关的运输与物流业务机会。2000 年 11 月 14 日,Ryder 公司和 From2Global Solutions 公司(全球各大公司国际物流技术和贸易智能的主要供应商之一)宣布达成策略性联盟关系。Ryder 系统公司将利用 From2 公司的解决方案,通过互联网向其顾客提供具体的国际贸易服务。

7. TNT Post Group

业务概况:TPG 在全球超过 200 个国家和地区提供邮递、速递及物流服务,并拥有 Post-kantoren(经营荷兰各邮局的机构)50% 的股权。TPG 利用 TNT 品牌提供速递发送及物流服务 (TNT 的物流业务主要集中在汽车、高科技以及泛欧洲领域),其物流领域现有 137 间仓库,共占地 $1.5 \times 10^6 \mathrm{m}^2$。

业务划分及分布:按业务类型来看,TPG 的三大业务邮递、速递和物流(净收入)分别占 42%、41% 及 17%,而从地域表现来看(净收入),欧洲占 85%,澳洲、北美、亚洲及其他地区分别占 6%、4%、2%、3%。如果从运营利润来看,邮递、速递和物流分别占 76%、15% 和 9%。

最新动态:2001 年 1 月,TNT Loop 从 Yamaha Motor Europe 手上取得一份 efulfilment 合约。TNT 将为日本汽车商提供网上商店,以提供"Back – End"服务,包括处理、仓储及发送。2000 年 12 月,Ctil Logistix 与北美的 TNT Logitics 进行合并,成为北美第七大物流公司。2000 年 11 月,TPG 选择了 Vivaldi 软件作为全球客户关系管理系统,以图监控及改善销售活动并管理客户服务运营。2000 年 10 月,TPG 与上海汽车实业共同建立第三方物流合资公司。这个价值 3 000 万美元的合资企业为 TPG 打开了中国汽车物流市场的大门。

第二节　仓储设备

话题引入

中国仓储物流设备网

"中国仓储物流设备网(http://www.cnstorage.com/index.Asp)"是由奥特玛特物流设备有限公司所创建,成立于 1995 年,是以设计、生产、销售工商业仓储物流设备为主导,进而发展到办公家具、国际贸易、互联网络业务。本网站借鉴国外同行的做法,充分利用行业优势,成为仓储物流行业的门户站点。

知识梳理

一、叉车

叉车又称铲车、叉式装卸车,是装卸搬运机械中最常见的具有装卸、搬运双重功能的机械。它以货叉作为主要的取货装置,依靠液压起升机构升降货物,由轮胎式行驶系统实现货物的水平搬运。叉车除了使用货叉以外,还可以更换各类装置以适应多种货物的装卸、搬运作业。

1. 叉车的分类

叉车的种类很多,常按不同标准进行分类

(1)按其动力装置的不同进行分类

内燃式叉车,动力装置是内燃机,又可分为汽油机式叉车、柴油机式叉车和液化石油气叉车。特点是机动性好、功率大、独立性强、应用范围广。一般情况下,重、大吨位的叉车采用内燃机为动力。

电动式叉车,又称电瓶式叉车,以蓄电池为动力。它和内燃机式叉车相比,具有结构简单,操作简单、动作灵活、无废气污染、噪音低、燃费低、维修费少等优点,但动力持久性差,需要专门充电设备,行驶速度慢,对路面要求较高,应用受到限制,主要适合室内作业。

（2）按照功能和功用进行分类

平衡重式叉车,其货叉位于叉车的前部,为了平衡货物重量产生的倾翻力距,保持叉车的纵向稳定性,在叉车后部装有平衡重。它是叉车中机动性最高的叉车,也是目前应用最广泛的叉车。

插腿式叉车,叉车的两条腿向前伸出,支撑在很小的车轮上。支腿的高度很小,可同时一起插入货物底部,由货叉托起货物。货物的重心落到车辆的支撑平面内,因此稳定性很好,不必再设平衡重。它一般由蓄电池供电驱动。它的作业特点是起重重量小、车速低、结构简单、外形小巧,适于通道狭窄的仓库内作业。

侧面式叉车,侧面式叉车门架和货插在车体的一侧。其主要作业特点是:

● 在出入库作业的过程中,车体进入通道,货叉面向货架或货垛,这使进行作业时不必先转弯然后作业,适于窄通道作业;

● 有利于装搬条形长尺寸货物,因为长尺寸货物与车体平行,不受通道宽度的限制。

前移式叉车,前移式叉车有两条前伸的支腿,与插腿式叉车比较,前轮较大,支腿较高,作业时支腿不能插入货物的底部,而门架可以带着整个起升机构沿着支腿内侧的轨道移动,这样货叉叉取货物后稍微升起一个高度,即可缩回,保证叉车运行时的稳定性。前移式叉车与插腿式叉车一样,都是货物的重心落到车辆的支撑平面内,因此稳定性较好,适于仓库内作业。

集装箱叉车,它是专门用于集装箱的装卸搬运,分正面式和侧面式两类,它的主要特点是可搬运较大重量的货物。

高货位拣选叉车,高货位拣选叉车的主要作用是高位拣货。操作台上的操作者可以与装卸装置一起上下运动,拣取储存在两侧货架内的货物,适用于多品种少量入出库。

（3）按照用途进行分类

通用叉车,在大多数情况下可以使用的叉车。

专用叉车,具有专门用途的叉车,如堆垛式叉车、集装箱叉车、箱内作业叉车。

2. **叉车的特点**

● 叉车将装卸和搬运两种作业合二为一,加快作业效率;

● 在仓库、车站、码头和港口等货物搬运装卸的场所都要应用叉车进行作业,有很强的通用性;

● 与大型起重机械相比,它成本低、投资少、见效快,经济效益好;

● 与汽车相比较,它的轮距小,外形尺寸小,重量轻,能在作业区域内任意调动适应货物数量及货流方向的改变,可机动地与其他起重运输配合工作;

● 叉车可以应用于许多机具难以使用的领域作业。

3. **其他常见的搬运机械**

（1）自动搬运车系统（Automatic Guided Vehicle, AGV）

AGV是指装有自动导引装置,能够沿规定的路径行驶,在车体上还具有编程和停车选择装置、安全保护装置以及各种物料移载功能的搬运车辆。AGV导行路径行驶,在计算机的交通管制下有条不紊地运行,并通过物流系统软件集成在物流系统、生产系统中。

AGV根据导引方式的不同,可分为固定路径导引和自由路径导引两种。常见的固定路径导引有电磁导引、激光导引和磁带（气）导引;常见的自由路径导引有激光导引、惯性导引等。

（2）跨运车、牵引车、平板拖车、底盘车、手推车也是常见仓储搬运机械。

二、托盘

托盘是指用于集装、堆放货物以便于装卸货物搬运和运输的水平平台装置。其主要特点是装卸速度快、货损货差少。

1. 托盘的分类

托盘按其基本形态分为:用叉车、手推平板车装卸的平托盘、柱式托盘、箱式托盘;用人力推动的滚轮箱式托盘、滚轮保冷箱式托盘;采用板状托盘,用设有推换附件的特殊叉车进行装卸作业的滑板,或装有滚轮的托盘卡车中使货物移动的从动托盘;其他还有装运桶、罐等专用托盘之类的与货物形状吻合的特殊构造托盘。

托盘按形状不同可分为多种形式,如双面叉、四面叉、单面使用型、双面使用型等。按其材质的不同,可分为木制、塑料制、钢制、铝制、竹制、复合材料以及纸制等。

(1)平托盘

平托盘是在承载面和支撑面间夹以纵梁,构成可集装物料、可使用叉车或搬运车等进行作业的货盘。

(2)箱式托盘

箱式托盘是在一个平托盘上部安装上平板状、网状等构造制成的箱型设备,可将形式不规则的货物集装,多用于散件或散状物料的集装。

箱式托盘有固定式、可卸式和折叠式三种,一般下部可叉装,上部可吊装,并可进行堆码(一般为四层)。

(3)柱式托盘

柱式托盘是平托盘上装有四个立柱的托盘,其目的是在多层堆码保管时,保护好最下层托盘货物。托盘上的立柱大多采用可卸式的,高度多为 1 200mm 左右,立柱的材料多为钢制,耐荷重 3t,自重 30kg 左右。

(4)滚轮箱式托盘和滚轮保冷箱式托盘

滚轮箱式托盘是在箱式托盘下部安装脚轮的箱型设备,按上部结构的形式可分为固定式、可卸式和折叠式三种。

滚轮保冷箱式托盘在滚轮箱式托盘上部安装有保冷装置的托盘,其保冷功能根据物品温度管理的范围划分成一类(-18℃以下)和二类(0℃~10℃)两种。

(5)滑动板

滑动板是瓦楞纸、板纸或塑料制的板状托盘,也叫薄板托盘,具有轻、薄、价廉的特点,但需要带有特殊附件的叉车进行装卸。

2. 托盘的使用

(1)托盘的使用方法

1)托盘联运

托盘联运是托盘的重要使用方式。托盘联运又称为一贯托盘运输,其含义是将载货托盘货体,从发货人开始,通过装卸、运输、转运、保管、配送等物流环节,将托盘原封地送达收货人的一种"门到门"运输方法。

2)托盘专用

各仓库内部都有提高工效、追求物流合理化问题,因此,专用托盘在托盘使用的宽广领域中是不可忽视的。托盘专门专用适用于某一领域的要求,这一领域的各个环节,采用托盘作为贯通一气的手段。如在工厂物流系统中,为配合流水线作业,专用托盘使用领域也很广泛。如汽车工厂的零部件专用托盘,其流程是托盘装入零部件后,进入立体仓库保管,按装配计划,从立体仓库取出托盘进入装配流水线,内置的零件在一定装配位置装配完了后,空盘再回送至供应部门,如此往复使用。

(2)使用托盘应注意的事项

● 不是所有货物都可以用托盘运输。适宜于托盘运输的货物以包装件杂货物为限,散装、超重、超长或冷藏货物均不能以托盘运输。危险货物以托盘运输时,切勿将性质不同的危险货物装在同一托盘上;

● 必须符合托盘积载的规定。例如,同一批货装载每个托盘的数量和重量必须保持一致,不能有多有少;不同收货人的货物不能装在同一托盘上;托盘平面应该全部装载货物,并且货物要码齐放平;

● 每一托盘货载,必须捆扎牢固以具有足够的强度、稳定性和平衡性。既能够承受一般海上风险,经受装卸操作和移动,也能够在其上面承受一定的压力;

● 货物以托盘运输时,必须在所有运输单证上注明"托盘运输"字样。在提单上除列明一般必要的项目外,还需要列明托盘数量和托盘上装载货物的货物件数,因为这关系到一旦货物发生丢失或损坏按什么标准进行计算赔偿的问题。

3. 托盘设计和选择

● 通用和专用托盘应尽可能采用标准托盘;

● 通用托盘种类和尺寸尽量少,以便于维修和管理;

● 能用通用托盘装载时,就不用专用托盘;

● 必须考虑货物的性质、托盘的搬运方式等因素;

● 托盘应能够适应工艺和物流作业的要求;

● 托盘保证结构简单、刚性好、重量轻和维修方便;

● 同托盘配套使用的包装和容器的尺寸与托盘尺寸应有模数关系;

● 考虑专用托盘的构件标准化,托盘尺寸模数化;

● 随着绿色物流概念的提出,托盘应尽量少使用木材,而使用塑料复合材料或再生材料,最大限度地保护自然环境。

4. 托盘作业的优缺点

托盘作业的优点有以下几方面:

● 装卸效率高;

● 可实行货物统一集装化;

● 搬运灵活;

● 有利于保护货物。

托盘作业的缺点:

● 间歇作业时有窝工的可能;

● 运输工具的装载量减少;

● 托盘管理问题较为复杂;

● 作业环境要求高。

三、货架

1. 货架的概念

货架是指用支架、隔板或托架组成的立体储存货物的设施。货架在物流领域中有非常重要的地位,随着物流业的飞速发展,为满足物流量大幅度增加的需要,为实现仓库的新现代化管理,改善仓库的功能,不仅要求有足够的货架数量,而且要求货架具备多功能,并能满足机械化、自动化的需要。

2. 货架的作用与功能

在现代物流领域中,货架起着相当重要的作用,其作用与功能如下:

● 可充分利用仓库的立体空间,提高库容利用率和仓库的储存能力;

● 保证货物的储存质量,货物在货架中存储,相互不会产生积压现象,可完整地保证物资本身的性能,减少货物的损失;

● 货物在货架存储,存取方便,便于清点,也便于按照先进先出的原则组织出入库;

● 便于实现仓库的机械化和自动化管理。

3. 货架的分类

(1)按货架的发展分

● 传统式货架

层架、层格式货架、抽屉式货架、橱柜主货架、U 形货架、悬臂架、栅架、鞍架、气罐钢筒架、轮胎专用货架等;

● 新型货架

旋转式货架、移动式货架、装配式货架、调节式货架、托盘货架、进车式货架、高层货架、阁楼式货架、重力式货架、壁挂式货架等。

(2)按货架的适用性分

专用货架、通用货架。

(3)按货架的制造材料分

钢货架、钢筋混凝土货架、钢与钢筋混凝土混合式货架、木制货架、钢木合制货架等。

(4)按结构特点分

层架、层格架、橱架、抽屉架、悬臂架、三脚架、栅型架等。

(5)按货架的可动性分

固定式货架、移动式货架、旋转式货架、组合货架、可调动货架、流动储存货架等。

(6)按货架与仓库的结构关系分

● 整体结构式货架直接支撑仓库屋顶和围墙,即库架合一结构;

● 分体结构式货架与建筑分为两个独立系统。

(7)按货架的载货方式分

悬臂式货架、橱柜式货架、棚板式货架。

(8)按货架的构造分

组合可拆卸式货架、固定式货架(又可分为单元式货架和贯通式货架)。

(9)按货架高度分

低层货架(5m 以下)、中层货架(5m～10m)、高层货架(10m 以上)。

（10）按货架重量分

重型货架（每层货架载重在 500kg 以上）、中型货架（每层货架或隔板载重 150kg ~ 500kg）、轻型货架（每层货架载重在 150kg 以下）。

4. 常用的货架类型

货架的分类方法很多,在现代化的仓库中,常用的货架结构形式有单元货格式货架、贯通式货架、旋转式货架和移动式货架。

（1）单元货格式货架

这种类型货架在立体仓库中应用最为广泛,其结构特点是货架沿仓库宽度分为若干排,每两排货架为一组,各组货架之间留有堆垛机进行存取作业需要的巷道;沿仓库长度方向分为许多列;沿高度方向分为若干层,因而整个货架形成了储存货物的大量货格,货格的开口面向巷道。

（2）贯通式货架

贯通式货架是在单元格式货架的基础上发展起来的,它是为了提高仓库的面积利用率,将货架合并在一起,使同一层、同一列的货物相互贯通,形成能依次存放多个货物单元的通道。根据货物单元在通道内移动方式的不同,贯通式货架又可进一步分为重力货架和梭式小车式货架两种类型。

重力货架式自动仓库,存货通道具有一定的坡度。装入通道的货物单元能够在自重作用下,自动地从入库端向出库端移动,当货物到达通道的出库端或者碰上已有的货物单元时停住。当位于通道出库端的第一个货物单元被取走之后,位于它后面的各个货物单元便在重力的作用下依次向出库端移动。由于在重力式货架中,每个单位存货通道只能存放同一种货物,所以这种类型的仓库使用于品种较少而数量较多的货物存储。

梭式小车式货架,它是在重力货架的基础上发展起来的另一种结构形式。它由梭式小车在存货通道内往返穿梭,进行货物的搬运。需要入库的货物由七种机械送到存货通道的入库端,然后,由位于这个通道内的梭式小车将货物运送到出库端或者依次排在已有货物单元的后面。出库时,由出库起重机从存货通道的出库端又取货物。梭式小车则不停地按顺序将货物一一搬运到出库端,梭式小车也可以从一通道移动另一通道进行工作。

（3）旋转式货架

旋转式货架自动仓库又可分为水平旋转式货架和垂直旋转式货架两种形式。

● 水平旋转式货架,这种货架的结构特点是本身在动力输送机械的带动下可在水平面内沿着一定的环形路线运行。需要提取某种货物时,操作人员给出相应的指令,相应的一组货架便开始运转,当装有该货物的货架到达拣选位置时,货架便停止运转。操作人员即可从中拣出货物,然后再给指令,使货架回位;

● 垂直旋转式货架,与水平旋转式货架的结构原理相似,它只是改变了旋转方向,将货架在水平面内的旋转运动改为在垂直面内的旋转运动。作业人员通过操作盘向货架系统发出指令,货架系统则根据操作指令既可以正转也可反转,是需要提取的货物降落到最下面的取货位置上。这种垂直循环式货架特别适用于储存小件物品。

（4）移动货架

移动货架又称为动力货架,或流动货架。它是将货架本身放置在移动导轨上,在货架底部设有驱动和传动装置,使货架沿着导轨移动。当取货物时,使相应的货架移动,腾出存取作业需要的通道,就可以进行存取作业。

（5）悬臂式货架

悬臂式货架是相对于托盘货架而言,一般采用人力直接将货物存取于货架内,因此货物的高度、深度较小,货架每层的载重量较轻。

四、起重机

1. 起重机械的概念及工作特点

起重机械是一种循环、简谐运动的装卸机械,主要用来垂直升降货物或兼作货物的水平移动,以满足货物的装卸、转载等作业要求。

在工作中,各工作机构经常处于反复起动、制动,而稳定运动的时间较为短暂。起重机以装卸为主要功能,搬运的功能较差,搬运距离很短。大部分起重机体移动困难,因而通用性不强,主要应用于港口、车站、仓库、物流中心等场所。起重机的作业方式是从货物上部起吊,因而需要的作业空间高度较大。

起重机的合理运用对减轻劳动强度、降低运输成本,提高劳动生产率,加快车船周转,实现装卸搬运机械化起着重要作用。

2. 起重机械的基本类型

起重机械包括轻小型起重设备、升降机(如载货电梯)和起重机。轻小型起重设备主要有千斤顶、葫芦、卷扬机、滑车等。它们的特点是:轻小简练、使用方便。手动的轻小型起重设备尤其适用于无电源的场合。

起重机适用于装卸大件笨重货物,借助于各种吊索也可以装卸其他货物,起吊运能力较大,一般为3t~30t。起重机依其重量及运动方式可分为桥式类起重机、臂式类起重机。最常见的是门式起重机、桥式起重机和汽车起重机等数种。

（1）桥式类起重机

桥式类起重机配有起升机构、大车运行机构和小车运行机构。依靠这些机构配合,可在整个长方形场地及其上空作业,适用于使用与车间、仓库、露天货场等场所。桥式类起重机包括:通用桥式起重机、门式起重机、装卸桥、冶金专用起重机等。

● 桥式起重机又称"桥式行车",俗称"桥塔"或"天车",其桥架由主梁和端梁构成,沿架设在建筑物上的行车轨道行走。小车在主梁横向运行,一般用于库房内部;

● 门式起重机俗称"门吊",其桥架(大车)由主梁和支腿构成门架,沿地面轨道行走。起重机构(小车)在桥梁主梁上沿小车轨道横向运行,一般用于露天货场;

● 岸边集装箱装卸桥是在港口使用的一种装卸起重机。它主要用在港口码头、车站等场合进行货物的装卸与搬运。特点是装卸率高,通常以生产率来衡量和选择装卸桥。

（2）臂架类起重机

臂架类起重机配有起升机构、旋转机构、变幅机构和运行机构。液压起重机还配有伸缩臂机构。依靠这些机构的配合动作,可在圆柱形场地及上空作业。臂架类起重机可装在车辆上或其他运输工具上,构成运行臂架式起重机。这种起重机具有良好的机动性,可适用于码头、货场、工厂等场所。臂架类包括:固定式起重机、移动式起重机、浮式起重机等。

● 固定式起重机

固定起重机可分为门座起重机、回转支点承式固定起重机及固定抓勾机等。回转支承式固定起重机为单臂架式,钢丝绳变幅,采用滑轮补偿,货物可作水平位移,因此可作全幅度带载变幅,作业效率高。采用单排交叉滚柱式或球式回转支承,可作360°全回转,运转平稳,使用可靠。适用于内河港口中、小型码头、库场、堆栈或厂区内进行件杂物或散货的装卸作业。

● 移动式起重机

移动式起重机包括汽车起重机、轮胎起重机、履带式起重机和门座起重机等。在通用或专用汽车底盘上,装上起重工作装置及设备的起重机称为汽车起重机。汽车起重机具有通过性好、机动灵活、行驶速度快、可迅速转移作业地点、达到目的地能够快速投入工作等优点,并且制造容易且较经济。它特别适合于流动性作业场所。由于汽车车身较长,转弯半径较大,只能在起重机的两侧和后方进行作业。

轮胎起重机是将起重工作装置和设备装设在专门设计的自行轮胎底盘上。

履带式起重机将起重工作装置和设备装设在履带式底盘上,靠行走支撑轮在自身封闭的履带上滚动运行。与轮胎起重机相比,履带对地面的平均压力小,可在松软、泥泞的恶劣地面上进行作业。此外它的爬坡能力强,牵引性能好。

门座起重机是装在沿地面轨道行走的门形底座上的全回转臂架起重机。它是码头前沿的通用起重机械之一。门座起重机的工作地点相对比较固定,可以较高的生产率完成船到岸、船到车、船到船之间等多种装卸作业。

● 浮式起重机

浮式起重机是以专用浮船作为支撑和运行装置,浮在水上作业,可沿水道自航或托航的水上比价起重机。它广泛应用于海河港口,可单独完成船到岸或船到船的装卸作业。

五、其他机械设备

1. 输送机械

输送机械是按照规定路线连续地或间歇地运送散料物料和成件物品的搬运机械,是现代物料搬运系统的重要组成部分。输送机系统是由两个输送机及其附件组成一个比较复杂的工艺输送系统,完成物料的搬运、装卸、分拣等功能。广泛应用于工厂企业的流水生产线、物料输送线及流通中心、配送中心物料的快速拣选和分拣。

根据货物性质的不同,输送机械可分为间歇性输送机械(主要用于集装单元的装卸搬运)和连续性输送机械(主要用于散货的装卸搬运)两类。

按动力性质,输送机械可分为:有牵引构件的输送机(如带式输送机、链式输送机、板式输送机、悬挂输送机、垂直输送机)、无牵引构件的输送机(如滚轮式输送机、螺旋输送机、振动输送机)和气力输送装置(如悬浮式气力输送装置、推送式气力输送装置)三类。

2. 分拣输送系统

分拣输送系统是将随机的、不同类别、不同去向的物品,按其要求(产品类别或产品目的地)进行分类的一种物料搬运系统。随着社会生产力的提高,商品品种的日益丰富,在生产和流通领域中的物品分拣作业,已成为耗时、耗力、占地大、差错率高、管理复杂的工作。为此,物品分拣输送系统已经成为物料搬运系统的一个重要分支,广泛应用于邮电、航空、食品、医药等行业以及流通中心和配送中心等。

在分拣输送系统中,分拣机是最主要的设备。分拣机的种类很多,按工作方式可分为以下四种:横向推出式分拣机、升降推出式分拣机、倾斜式分拣机、悬吊式分拣机。

3. 巷道堆垛机

巷道堆垛机是在高层货架的窄巷道内作业的起重机,可大大提高仓库的面积和空间利用率,是自动化仓库的主要设备,又称"有轨堆垛机"。

巷道堆垛机有多种分类方法：

- 按用途分：单元型、拣选型和单元拣选型三种；
- 按机械结构分：单立柱/双立柱、单叉/双叉和单伸位/双伸位；
- 按转移巷道方法分：固定式、转移式和转移车式三种。

4. 专用机械

专用机械是带专用取物装置的起重、输送机械或工业车辆的综合，一般进行专用作业。如翻车机、堆取料机、码垛机、拆垛机、分拣输送系统专用机械设备、集装箱专用装卸机械（如岸边集装箱起重机、集装箱跨运车、集装箱叉车、轮胎集装箱龙门起重机、轨道式集装箱起重机等）、托盘专用装卸机械、船舶专用装卸机械、车辆专用装卸机械等。

相关链接

联华华商集团配送中心自动仓库中转发货操作规范

1. 业务概述

中转商品位于自动库一号巷道，由一号机控制一号堆垛机进行发货操作。

2. 业务流程

启动堆垛机联机操作——选择自动库发货管理——选择一门店打开——按照门店条目发货

3. 操作步骤

（1）开机

打开堆垛机和控制电脑的电源，堆垛机联机操作。

（2）选择发货门店

从菜单上点击发货管理选择自动库管理，并选择自动库发货管理。出现门店列表之后，在其中选择一个门店即可。

（3）发货

具体步骤如下：

①按该门店所需商品逐一将商品从库中取出置于台车上（自动）；

②发货员输入或扫描操作托盘的条码；

③在托盘商品包装上注明所发门店及件数；

④在控制电脑上，点击"离线出库"按钮，并确认；按下"完了"按钮；

⑤叉车手将操作托盘移至暂存区。

重复步骤①～⑤对下一条目进行操作。

一个门店发货完毕后，重复操作步骤2、3，选择下一门店发货。

注意事项：

- 出货至暂存区前，须确保托盘上商品件数正确；
- 托盘离开台车，发货员立即按下"完了"按钮；
- 叉车手慢速行驶，注意安全；
- 人进入巷道前，必须拔下安全钥匙。

4. 出错后的解决方法

（1）空仓位

发货员记下空仓位的仓位码，并关闭堆垛机电源；当值主管根据该仓位码删除该仓位"等待操作完了"记录;重新启动堆垛机、联机操作。

(2)商品姿态异常

发货员可选择以下三种操作:

● 关闭堆垛机电源,手工调整商品堆放姿态,然后重启堆垛机;

● 重启堆垛机,联机操作,等待堆垛机到达零位,手工调整商品堆放姿态后,继续发货;

● 关闭堆垛机电源,用手动盒控制堆垛机至合适位置,手工调整商品堆放姿态,重启堆垛机,联机操作,继续发货。

(3)重复仓位

● 重启堆垛机,脱机操作;

● 做"挑选",使入库托盘到台车;并做"出库",使目标仓位上的托盘到台车,叉车手叉出;

● 按下"完了"按钮,使入库托盘到堆垛机上,并重启堆垛机,联机操作;

● 查询取出的托盘位置,并选择台车入库,或输送线入库。

第三节 自动化立体仓库

话题引入

北京高科物流仓储设备
——自动化立体仓库

北京高科物流仓储设备研究所专业从事立体库(高架库、高架仓库、自动库、巷道堆垛机)规划设计研究、系统集成控制、制造安装调试、项目承包管理、技术支持服务,为客户因地制宜设计和建造,产品均获得用户好评。

"精益求精的技术;开拓进取的精神;脚踏实地的作风;全心全意的服务。"北京高科物流仓储设备研究所正是以此不断总结经验,学习和吸收国外先进技术成果,发挥自身科学专业齐全、科研力量强的优势,在自动化立体仓库领域形成了很强的技术咨询、开发设计、生产制造、安装调试、维护保养及相关共用设施配套等系统工程的综合作业能力。无论是机械、电器控制、计算机管理及网络连接技术等设计制造水平还是系统工程的综合管理能力,在国内都是一流的。中央电视台、北京电视台曾多次报道过该所建设的自动化立体仓库。

江泽民总书记、吴邦国副总理及其他中央领导同志,于1995年11月参观了该所承建的北京第一机厂和北京阿奇工业电子有限公司自动化立体仓库工程。温家宝总理、李鹏委员长及其他各级领导多次参观了该所承建的天津天保网谷物流有限公司大型自动化立体仓库。他们对企业在物流管理过程中,使用如此先进的自动化立体仓库,给予了高度的评价。

随着国民经济的飞速发展,自动化立体仓库必然会在各行业中得到越来越广的应用。针对这一发展态势,企业将再接再厉,在每一个环节的服务中,实际了解客户需要,并深入的沟通、有效的规划、精密的设计、严格的监造、完善的安装及热忱的售后服务,全力以赴地为我国物流仓储现代化作出更大的贡献。

知识梳理

一、自动化立体仓库的概念

自动化立体仓库简称高架仓库,一般是指采用几层、十几层乃至几十层的货架来储存单元货物,并用相同的搬运设备进行货物入、出库作业的仓库。由于这类仓库能充分利用空间储存货物,故常形象地将其称为"立体仓库"。根据国际自动化仓库会议的定义,所谓自动化立体仓库就是采用高层货架存放货物,以巷道堆垛起重机为主,结合入库出库周边设备来进行作业的一种仓库。它把计算机与信息管理和设备控制集成起来,按照控制指令自动完成货物的存取作业,并对库存货物进行管理。显而易见,它是物流系统的核心之一,并在自动化生产系统中占据了非常重要的地位。

20世纪60年代中期,日本开始兴建立体仓库,并且发展速度越来越快,从1965年到1977年短短的12年间,日本全国建立了18 833座自动化立体仓库,存货总数达到262万托盘,目前是世界上拥有自动化立体仓库最多的国家之一。我国自动化立体仓库的起步比较晚,1974年郑州纺织机械厂建成了国内第一个自动化立体仓库。20世纪80年代到90年代,自动化立体仓库产品的设计与制造有了很大的发展,全国有几十家科研单位和生产单位在进行自动化立体仓库的开发、设计、制造。近年来,仓储物流行业的学术组织定期在国内交流学术经验,针对目前我国自动化立体仓库的设计制造水平,参照国外标准制定了一系列行业标准、规范,使立体仓库的设计制造进入了规范化发展阶段。

二、自动化立体仓库特点

自动化立体仓库的优越性是多方面的,主要表现在以下几个方面:

1. 提高空间利用率

早期立体仓库构想的基本出发点是提高空间利用率,充分节约有限且昂贵的场地,在西方有些发达国家提高空间利用率的观点已有更广泛、深刻的含义,节约土地已与节约能源、保护环境等更多方面联系起来。有些甚至把空间利用率作为考核仓库系统合理性和先进性的重要指标。仓库空间利用率与其规划紧密相连,一般来说,立体仓库的空间利用率为普通仓库的2～5倍。

2. 先进的物流系统提高企业生产管理水平

传统的仓库只是货物的储存场所,保存货物是其唯一的功能,属于静态储存。立体仓库采用先进的自动化物料搬运设备,不仅能使货物在仓库内按需要自动存取,而且还可以与仓库以外的生产环节进行有机地连接,并通过计算机管理系统和自动化物料搬运设备使仓库成为企业物流中的重要环节。企业外购件和自制件进入立体仓库端时,储存是整个生产的一个环节,是为了在指定的时间自动输出到下一道工序进行生产,从而形成自动化的物流系统环节,属于动态储存,是当今立体仓库发展的明显技术趋势。以上所述的物流系统又是整个企业生产管理系统(从订货、设计和规划、计划编制和生产安排、制造、装配、试验以及发运等)的一个子系统,建立物流系统与企业生产管理系统间的实时连接是目前自动化立体仓库发展的另一个明显技术趋势。

3. 加快货物存取,减轻劳动强度,提高生产效率

建立以立体仓库为中心的物流系统,其优越性还表现在立体仓库具有快速的入、出库能力,妥善地将货物存入立体仓库,及时自动地将生产所需零部件和原材料送达生产线。同时,立体仓库系统减轻了工人综合劳动强度。

4. 减少库存资金积压

通过对一些大型企业的调查,我们了解到由于历史原因造成管理手段落后,物资管理零散,使生产管理和生产环节的紧密联系难以到位。为了达到预期的生产能力和满足生产要求,

就必须准备充足的原材料和零部件,这样,库存积压就成为较大的问题。如何降低库存资金积压和充分满足生产需要,已经成为大型企业面对的大问题。立体仓库系统是解决这一问题的最有效手段之一。

5. 现代化企业的标志

现代化企业采用的是集约化大规模生产模式,这就要求生产过程中各环节紧密相连,成为一个有机整体,要求生产管理科学实用,做到决策科学化。建立立体仓库系统是其有力的措施之一。采用计算机管理和网络技术使企业领导宏观快速地掌握各种物资信息,且使工程技术人员、生产管理人员和生产技术人员及时了解库存信息,以便合理安排生产工艺,提高生产效率。国际互联网和企业内部网络更为企业取得与外界在线连接,突破信息瓶颈,开阔视野及外引内联提供了广阔的空间和坚实强大的技术支持。

小锦囊

自建仓库、租赁仓库、合同制仓储的比较

自建仓库仓储、租赁公共仓库仓储和合同制仓储各有优势,企业决策的依据是物流的总成本最低。

租赁公共仓库和合同制仓储的成本只包含可变成本,随着存储总量的增加,租赁的空间就会增加,由于公共仓库一般按所占用空间来收费,这样成本就与总周转量成正比,其成本函数是线性的。而自有仓储的成本结构中存在固定成本。由于公共仓库的经营具有盈利性质,因此自有仓储的可变成本的增长速率通常低于公共仓库成本的增长速率。当总周转量达到一定规模时,两条成本线相交,即成本相等。这表明在周转量较低时,公共仓库是最佳选择。随着周转量的增加,由于可以把固定成本均摊到大量存货中,因此使用自有仓库更经济。

一个企业是自建仓库还是租赁公共仓库或采用合同制仓储需要考虑以下因素:

1. 周转总量由于自有仓库的固定成本相对较高,而且与使用程度无关,因此必须有大量存货来分摊这些成本,使自有仓储的平均成本低于公共仓库的平均成本。因此,如果存货周转量较高,自有仓储更经济。相反,当周转量相对较低时,选择公共仓库更为明智。

2. 需求的稳定性

需求的稳定性是自建仓库的一个关键因素。许多厂商具有多种产品线,使仓库具有稳定的周转量,因此自有仓储的运作更为经济。

3. 市场密度

市场密度较大或供应商相对集中,有利于修建自有仓库。这是因为零担运输费率相对较高,经自有仓库拼箱后,整车装运的运费率会大大降低。相反,市场密度较低,则在不同地方使用几个公共仓库要比一个自有仓库服务一个很大地区更经济。

三、自动化立体仓库的分类

不同的立体仓库,高度、货架形式、通道宽度都是不同的,仓库内设备的配置应与仓库的类型相适应。

1. 按照立体仓库的高度分类

● 低层立体仓库。低层立体仓库高度在5m以下,主要是在原来老仓库的基础上进行改

建的,是提高原有仓库技术水平的手段。

● 中层立体仓库。中层立体仓库的高度在5m～15m之间,由于中层立体仓库对建筑以及仓储机械设备的要求不高,造价合理,是目前应用最多的一种仓库。

● 高层立体仓库。高层立体仓库的高度在15m以上,由于对建筑以及仓储机械设备的要求太高,安装难度大,应用较少。

2. 按照货架结构进行分类

● 货格式立体仓库。货格式立体仓库是应用较普遍的立体仓库,它的特点是每一层货架都由同一尺寸的货格组成,货格开口面向货架之间的通道,堆垛机械在货架之间的通道内行驶,以完成货物的存取。

● 贯通式立体仓库。它又称为流动式货架仓库,这种仓库的货架之间没有间隔,不设通道,货架组合成一个整体。货架纵向贯通,贯通的通道具有一定的坡度,在每一层货架底部安装滑道、锟道等装置,使货物在自重的作用下,沿着滑道或锟道从高处向低处运动。

● 自动化柜式立体仓库。自动化柜式立体仓库是小型的可以移动的封闭立体仓库,由柜外壳、控制装置、操作盘、储物箱和传动装置组成,主要特点是封闭性强、小型化和智能化、有很强的保密性。

● 条形货架立体仓库。是专门用于存放条形和筒形货物的立体仓库。

小锦囊

仓库数量决策中的成本分析

仓库数量对企业物流系统的各项成本都有重要影响。一般来说,随着系统的仓库数量的增加,运输成本和失销成本会减少,而存货成本和仓储成本将增加。

1. 由于仓库数量的增加,企业可以进行原材料或产成品大批量运输,所以运输成本会下降。另外,在销售物流方面,仓库数量的增加使仓库更靠近客户和市场,因此减少了货物运输的里程,这不仅会降低运输成本,而且由于能及时地满足客户需求,提高了客户服务水平,减少了失销机会,从而降低失销成本。

2. 由于仓库数量的增加,总的存储空间也会相应地扩大,因此仓储成本会上升。

3. 当仓库数量增加时,总存货量就会增加,相应的存货成本就会增加。随着仓库数量的增加,由于运输成本和失销成本迅速下降,导致总成本下降。但是,当仓库数量增加到一定规模时,库存成本和仓储成本的增加额超过运输成本和失销成本的减少额,于是总成本开始上升。

影响仓库数量的因素

(1)企业客户服务的需要;(2)运输服务的水平;(3)客户的小批量购买;(4)计算机的应用;(5)单个仓库的规模。

相关链接

四步正确使用自动化立体仓库

从20世纪60年代后期开始,企业认识到自动化系统如果应用恰当的话,可以为使用者节省可观的成本。

一般来说,自动存储系统的作用是利用三轴图法,自动存储和检索设备从一个稳定的货架系统存储和提取物料,而不是人工操作设备,例如叉车。虽然价格昂贵,但是它们从不会请病假、怠工或者迟到,一周工作 7 天,每天 24 小时,从不抱怨和出错。

如果你正在考虑使用你的自动化存储,下面的步骤可以帮助你决定,自动化立体仓库系统是否适合你。如果适合,又将怎样有效地运作。

第一步:确认

AS/RS 技术并不是在所有情况下都有意义。首先要对你的投资回报进行估计,下面是四类典型的可计算确认方法:

运作成本节约——包括工作人员的减少或者无人化降低的人工成本,移动的精确性提高了产品可靠性,更高的密度、更低的使用成本、更小的占地带来的设备费用的减少;

战略优势——AS/RS 支持精益配送的原则,拥有提高整个供应链的可视性和有效性的商业优势;

安全性——自动化存储系统在冷冻、制冷、危险的环境下拥有较高的效率,可以在有人身危险的条件下连续操作;

功能效益——采用计算机控制系统保证 100% 存货精确度、智能化货位分配、JIT 生产排序、时控存储等。

每个 AS/RS 系统应用情况和获得的效益是不同的。下面的图显示了典型的 AS/RS 系统给使用者带来的回报:

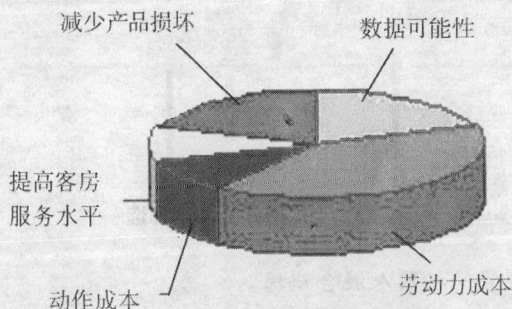

图 2-1 典型的 AS/RS 系统回报

第二步:数据分析和设计

你的商业运作数据,是自动化存储设备选择和系统布局的基础。例如:

数据元素物料规格和特性	设计因素仓储和检索高备选择、货架构造	认真记录你所有货物的规格、高度和重量,情况允许的话,在预知未来增长的条件下,按照大小对物料进行分组。
仓库数量	占地面积、高度	决定你所拥有仓库的数量。考虑内部仓库、外部仓库和增长预测。
设备单位时间功效最小存货单位的体积和结构	设备和通道的数量、高度长度比率货架设计、密度、可选择性、深度	决定产品的移动,考虑回转、接受、发动、拣选、补给和再流动加工。详细查看你的存货,以清楚了解你所储存的主要货物的数量和结构。

动作环境	环境控制、隔离障碍物、供热通风和空调工程	估计存储货物在特殊环境下的数量、温度、湿度。
建筑约束	仓库数量、设备类型、系统吞吐量	明确地域性限制条件:长度、宽度、高度、风力、降雪和地震数据。
经营波动性产品进出顺序	布局、集装容器选择、货架类型、接口	从流、量、产品或订购信息文件、柔性设计需求等方面,确定你的经营模式是否是动态的。 评估你的业务和物料是需要严格的先进先出运转方式,还是从先进先出和先进后出中灵活选择。

第三步:集成

AS/RS 的价值在于,将自动化设备和自动化存储控制系统集成到整个物流中。这包括选择输入/输出接口技术和平衡系统吞吐量与供应、需求资源。

几种自动化接口示例:

面向补货动态拣选,拣选通道内托盘拣选。

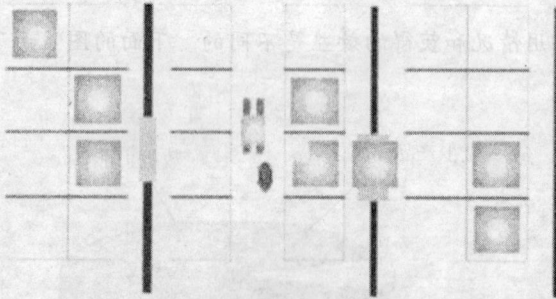

图 2-2　面向补货动态拣选

带有输送带式送料装置的机器人混合码垛。

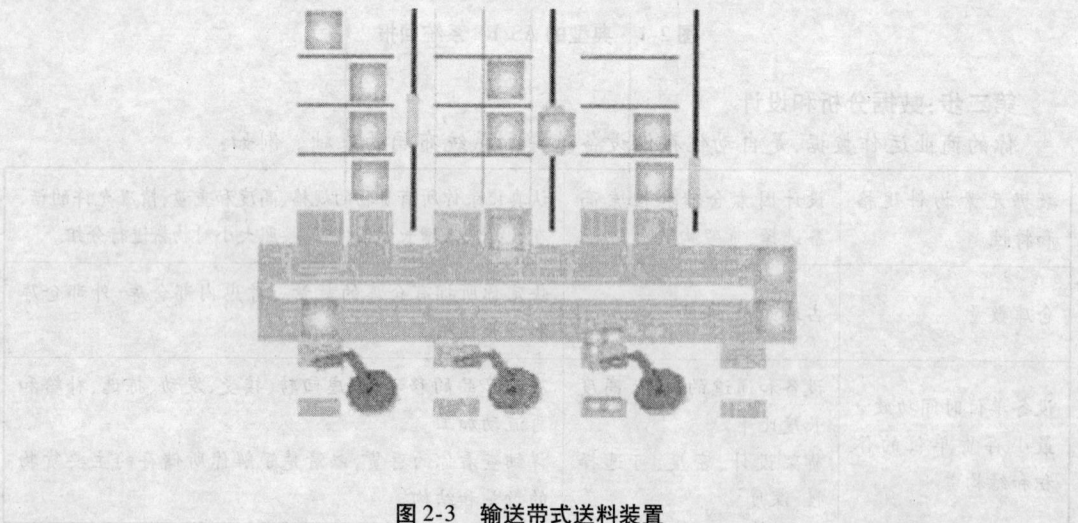

图 2-3　输送带式送料装置

从巷道深处托盘的传送带拣选。

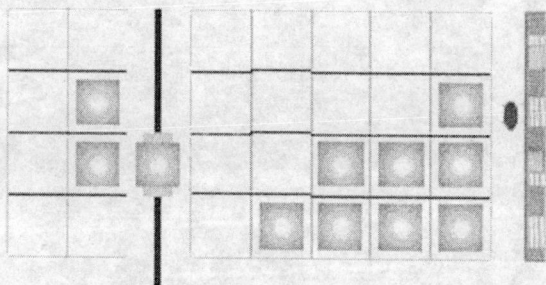

图2-4　巷道深处拣选

自动导引运输车运输从制品至生产单元。

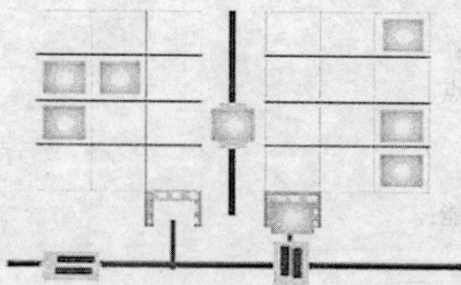

图2-5　自动导引运输车运输

第四步:文化适应

如果适用且经过正确地设计和集成,AS/RS 能够让你的投资在长期内获得高回报。然而,拥有和运作自动系统有如下的要求:

安全——尽管自动化存储系统在设计时,具有安全特性,经营者和操作员必须在运作和维护中,严格遵守安全规章;

承诺——从自动化存储系统中收获回报,要求绝对可信的设备可重复性和数据可靠性,一定要避免或者杜绝人工操作;

所有权——像任何技术资产一样,自动化存储的机电部分要求按规则维护和定期升级,以维持它们的功能和可靠性。

本章要点回放

1. 仓库的概念
仓库是保管、存储物品的建筑物和场所的总称。
2. 仓库的分类
仓储仓库按不同的标准可进行不同的分类。
(1)按用途分类;
(2)按结构和构造分类;
(3)按技术处理方式及保管方式分类;

45

（4）按仓库功能分类；

（5）按仓库选址分类。

3. 仓库的功能

（1）仓库的功能；

（2）仓库的保管方式；

（3）仓库的基本服务。

4. 叉车

（1）叉车的分类；

（2）叉车的特点；

（3）其他常见的搬运机械。

5. 托盘

（1）托盘的分类；

（2）托盘的使用；

（3）托盘设计和选择；

（4）托盘作业的优缺点。

6. 货架

（1）货架的概念；

（2）货架的作用与功能；

（3）货架的分类；

（4）常用的货架类型。

7. 起重机

（1）起重机械的概念及工作特点；

（2）起重机械的基本类型。

8. 其他机械设备

（1）输送机械；

（2）分拣输送系统；

（3）巷道堆垛机；

（4）专用机械。

9. 自动化立体仓库的概念

自动化立体仓库简称高架仓库，一般是指采用几层、十几层乃至几十层的货架来储存单元货物，并用相同的搬运设备进行货物入、出库作业的仓库。由于这类仓库能充分利用空间储存货物，故常形象地将其称为"立体仓库"。

10. 自动化立体仓库特的优越性

（1）提高空间利用率；

（2）先进的物流系统提高企业生产管理水平；

（3）加快货物存取，减轻劳动强度，提高生产效率；

（4）减少库存资金积压；

（5）现代化企业的标志。

11. 自动化立体仓库的分类

（1）按照立体仓库的高度分类；

（2）按照货架结构进行分类。

每章一练

1. 现代仓库的功能有哪些？
2. 自动化立体仓库的特点是哪些？
3. 叉车具有哪些特点？
4. 托盘是如何分类的？
5. 货架的作用和功能是什么？
6. 起重机有哪些类型？
7. 起重机一般包括哪几个工作过程？

第三章　仓储规划与仓库布局

　　目前大多数中小制造企业自营仓库采用的是将分拣、备货和存储场所混合在一起的布局设计，即利用现有的存储区域，在必要时对堆码高度、相对于出库站台的存货位置、货位的尺寸加以调节，提高效率。

　　中小制造企业的仓库之所以会形成目前混合使用的状况，是受到我国制造业传统观念的影响。中小制造企业自营仓库的作用仅限于存储物料，而对仓库的存储成本和空间利用考虑得很少，无形中增加了企业的库存成本。实际上，对于中小制造企业来说，生产车间每天都需要从仓库取物料以维持正常的生产，仓库物料周转率必然会处于很高的水平，这样也会引起仓库存储空间的不断变化。仓管员在时也只是简单地以找到物料为目的，行走范围到达仓库的大多数地方，从不考虑行业路线的时间成本。由于货物在仓库内搬运的距离较长，耗费的时间也就较长，导致仓管员工作忙而低效。本章将介绍如何合理规划和布局仓库，提高仓库利用率等。

章节要点

- 仓库的构成
- 仓库规划的原则及内容
- 仓库的结构设计
- 仓库布局的原则和方法

第一节　仓库规划

话题引入

仓库选址

　　任何一个仓库在规划建设初期都会将如何快速有效地送达货物作为考虑因素之一。货物的目的地大多是人口聚集地，因此，库址距离大都市的远近，在运输成本和操作效率上所反映出的相关性就十分显著。通过对大量家用产品流向的研究，我们发现了一些人口流动的情况。在美国2004年，相对于迁出率来说，平均迁入率最高的州是北卡罗莱纳州。美国联合货车线路2004年人口流动模型研究显示，在北卡罗莱纳州所有的流动人口中，有61.8%的人口为迁入者，而迁出者只有32.2%。该研究将迁入率达到或超过55%的州定义为"高迁入"州，同样的方式也可以定义"高迁出"州。当某个州的移动人口没有被划分到这两个范围之内时，该州可以被认为是一个人口流动平衡的州。美国2003年的研究中，北卡罗莱纳州和南卡罗莱纳州的迁入率均为"62.3%"，而且该年57.2%的人群涌向了佛罗里达州，56.2%的人群涌向了阿肯色州，55.5%涌向了卡罗莱纳州。

　　流动研究为我们揭示了一些人口动向的情况，迁移数量却显示了一个稍微不同的情形。美国2004年流动人口最多的州包括加利福尼亚州(49 965人)，其中有54.7%迁出了该州；佛罗里达州，大约在 34 128 人的流动人口中，有 59.9% 为迁入人口，是一个纯粹意义上的迁入州；紧跟其后的是德克萨斯州 33 763 人中有 52.6% 为迁入人口；与此形成对比的是，高达 61.8% 的迁入率的北卡罗莱纳州的迁入人口基数仅为 15 569，阿拉巴马州 61% 的人口基数为 5 259。一位聪明的消费者向我们解释了这其中的原因：如果你从事的行业需要顾客自己包装商品，则意味着你处于竞争优势。但是无论你是直接为消费者提供服务还是进行商品的搬运和装配操作，这些人口的流向反映出了劳动力的变化，间接地表明了劳动力市场的变化。

选址咨询人员为客户在寻找合适的物流咨询人员方面提供帮助。拥有充足的技术型员工是未来仓库建设运营不可或缺的一部分，因此，在《国家检索大全》的东南区专栏中，列举了该区所有大中型城市附近的物流设施(运输和配送)和物流行业劳动力的基本情况。迈阿密州是美国物流服务最集中的地方，拥有第六大物流劳动力资源。但是在选址问题上仅仅考虑了两个影响因素——迈阿密州的公路情况以及亚特兰大的影响。在迈阿密州用卡车运输货物是非常方便的。但是，相对于公路的密度、拥挤和安全性来说，该州的城市水平大都处于非常差的水平。

知识梳理

一、仓库的总体构成

一个仓库通常由生产作业区、辅助生产区和行政生活区三大部分组成。

1. 生产作业区

它是仓库的主体部分，是商品储运活动的场所，主要包括储货区、铁路专用线、道路、装卸台等。

储货区是储存保管的场所，具体分为库房、货棚、货场。货场不仅可存放商品，同时还起着货位的周转和调剂作业作用。铁路专用线、道路是库内外的商品运输通道，商品的进出库，库内商品的搬运，都是通过这些线路运输。专用线应与库内道路相通，保证畅通。装卸站台是供货车或汽车装卸商品的平台，有单独站台和库边站台两种，其高度和宽度应根据运输工具和作业方式而定。

2. 辅助生产区

辅助生产区是为了商品储运保管工作服务的辅助车间或服务站，包括车库、变电室、油库、维修车间等。

3. 行政生活区

行政生活区是仓库行政管理机构和生活区域。一般设在仓库入库口附近，便于业务接洽和管理，行政生活区与生产作业区应分开，并保持一定距离，以保证仓库的安全及行政办公和居民生活的安静。

二、仓库规划的意义及基本原则

1. 仓库规划的意义

为了有效利用仓库的存货能力和周转货物的速度，使仓库的作业有条不紊地进行，必须对仓库进行合理使用规划，进行分区分类、专业化分工、储存和作业划分，提高仓库的效率和能力，促进仓库效率的提高。

仓库规划就是为了方便作业、提高库场利用率和作业效率、提高货物保管质量，依据专业化、规范化、效率化的原则对仓库的使用进行分工和分区，而确定的货位安排、作业路线布局。

仓库规划体现了实际的仓库设施特征和储存产品运动。在规划过程中应考虑两个因素,即设施、储藏利用空间以及作业流程。

2. 仓库规划的原则

（1）仓库专业化

分工和专业化是现代社会大生产的标志。分工和专业化促进了生产力的发展,提高了社会劳动生产率,为社会创造了巨大的财富。仓库生产作业的分工和专业化是必不可少的,仓库管理同样需要分工和专业化。

分工和专业化的意义在于:可以促进有针对性的设施、场地建设,为实现机械化、自动化创造条件,会大大提高作业效率和改善作业条件;促使管理和作业人员熟练地掌握专业和特定的技术和知识、特性,提高效率和工作质量;有利于建立准确的额定、指标管理体系,便于考察、评判优劣、鼓励先进、鞭策落后,便于明确责任;有利于降低仓库成本,减少损耗,提高经济效益和企业竞争力。

（2）效率化

除了通过专业化的分工提高仓库管理的质量外,仓库规划的主要目的是实现高效率的仓库管理和使仓库作业能高效率地进行。实现货物周转速度的提高,减少压舱压库的现象,特别是中转型仓库,高效率的周转是仓库的生命。对任何仓库来说,快捷的货物进出、方便的作业、高效率的作业都得到送货人、提货人的欢迎。稳定的仓库规划,使仓位的使用固定化,方便员工熟悉和实现快捷的货物查询。

（3）充分利用仓库

仓库规划是在现有仓库的基础上进行的规划,要根据现有仓库的场地特性、设备条件,针对仓库的货物种类,合理地进行规划,使仓库的每一个空间都可以得到充分利用。作业便捷的货位用于周转量大的货物仓储,而不便操作的货位用于保管长期存储的物资。作业路线合理规划,不仅要实现作业的快捷,还要使作业线路最少地占用仓库面积,提高利用空间。分散或者集中作业都能满足仓储作业的需要,但不同的仓储物、不同的作业方式,对空间使用会有极大的差别,应根据仓储作业的需要规划作业区。向高处发展是提高仓库使用空间的有效手段,在仓库规划时应尽可能地利用高度。

（4）从企业管理的原则进行规划

企业在生产单位和机构设定上要遵循以任务为目标、专业分工、管理幅度和管理层次的原则。将此原则运用到仓库管理之中,则会出现——专业分区、管理幅度划分仓库区间的仓库分段、分片以及作业规划和机构的设定。对不同的生产过程进行作业分工和业务分类,有不同的生产单位承担是库场规划的一种重要方法。

通过合适的管理幅度的划分,使得人员管理到位、责任明确,员工激励和监督能有效进行,保证仓库管理有条不紊,员工的劳动业绩得以准确反应,便于考核,避免作业交叉、管理重叠或出现真空地带。随着信息技术的广泛使用,管理信息和管理手段的改进,会使管理幅度增大,管理区域集中。

三、仓库网点配置（选地）的影响因素与基本原则

1. 影响因素

仓库网点的配置属于宏观经济的范畴,它受自然因素和社会因素的影响,一般情况下,有以下基本因素影响仓库网点的地区配置:

- 客户的分布；
- 供应商的分布；
- 交通条件；
- 土地条件；
- 自然条件；
- 人力资源条件；
- 生产力布局；
- 物资仓库的经营管理水平；
- 政策条件。

除了考虑上述因素外,在实际决定仓库所在位置时,还需考虑城市的大小、土地大小与地价、运输形态、居民的态度等因素。

2. **基本原则**

- 统一性原则；
- 一致性原则；
- 分散性原则；
- 服务性原则；
- 合理性原则；
- 经济性原则；
- 低损耗原则。

四、仓库选址的原则

1. 含义

库址选择就是确定仓库在这一地区或城市的具体位置。库址的位置是否合适,对物资保管质量、仓库安全、投资及作业费用等都有直接的影响。

2. 选择库址的原则

- 符合城市规划的要求；
- 节约用地、少占良田；
- 地势高、地质条件良好；
- 环境适宜；
- 交通条件便利；
- 协作条件良好。

五、仓库选址的方法

1. 优缺点比较法

优缺点比较法是一种最简单的库址选择分析方法,尤其适用于非经济因素的比较。当几个库址方案在费用和效益方面比较接近,非经济因素就可能成为考虑的关键因素,在这种情况下可采用优缺点比较法对若干方案进行分析比较。

2. 加权因素法

加权因素法是对设施的每项因素规定一个从 1 到 10 的权数,表示它的相对重要性;然后按每个因素用元音符号($A=4$ 分,$E=3$ 分,$I=2$ 分,$O=1$ 分,$U=0$ 分)给每个备选方案进行优劣评级,乘上它们各自的因素权数,得出该因素每个方案的分数;每个方案各因素的分数总和就是该方案的总分,加以比较。

本方法适用于各种非经济因素比较,运用本方法的关键是合理确定权数和等级,重要的是要征询决策者的意见。如果有若干个决策部门,则可取它们的平均值。加权因素法可以分别用于地区选择和地点选择,也可以用于分级计分,即先后对若干地区方案和相应的地点方案分别进行计分,然后将地区得分和地点得分相加,按总分进行比较。

3. 因次分析法

因次分析法是把备选方案的经济因素(有形成本因素)和非经济因素(无形成本因素)同时加权并计算出优异性加以比较的方法。

(1)列出各方案供比较的有形成本和无形成本因素,对有形成本因素计算出金额贴现值,对无形成本因素评出其优劣等级,按从优到劣的顺序给以1、2、3、4…的分值。

(2)按各成本因素的相对重要性,从重要到不重要的顺序给以4、3、2、1等加权指数。

(3)计算比较值:

$$R = \frac{备选地点 A 的优异性}{备选地点 B 的优异性} = \left(\frac{Q_{A1}}{Q_{B1}}\right)^{w_1}\left(\frac{Q_{A2}}{Q_{B2}}\right)^{w_2}\cdots\left(\frac{Q_{Aj}}{Q_{Bi}}\right)^{w_j}\cdots\left(\frac{Q_{An}}{Q_{Bn}}\right)^{w_n}$$

R 值小于 1 则表示地点 A 的成本低于地点 B,地点 A 优于 B。

4. 重心法

重心法适用于运输费率相同的产品,使求得的库址位置离各个原材料供应点(或需求点)的距离乘以各点供应量(或需求量)之积的总和为最小。按重心法求得的重心位置是否适合建仓库,还要根据其他条件分析决定。

六、仓库规划的关键环节

1. 库容量计算

库容量是仓库的主要参数之一,也是评价仓库质量的指标之一。库容量的大小,首先取决于生产、经营的需要。库容量的计算,与库内货物存放形式、装卸搬运机械的类型以及通道等有关,在设计时,应根据实际情况具体计算。库容量的大小,一般运用库容量利用系数来计算。

计算库容量时,应考虑:库房的总损失 = 通道损失 + 蜂窝形空缺损失。

2. 库房设计

一般库房设计是指仓库内库房和货场的设计。库房设计的具体内容包括:
● 确定仓库形式和作业形式;
● 确定货位尺寸和库房总体尺寸;
● 物资堆码设计;
● 通道设计;
● 设备配置;
● 存取模式和管理模式;
● 建筑和公用工程设计。
设计参数包括静态参数、动态参数和限制条件。

3. 通道设计

通道的设计是仓库规划中很重要的内容之一,通道的布置合理与否,将影响仓库作业和物流合理化,以及生产率的提高。

（1）仓库通道

仓库通道指出入库区的通道及库区内联接各库房、货场之间的通道。

● 有铁路专线的入库区

铁路专线的长度应根据出入库物资的数量和频度来确定，线路的宽度及两边的留量应根据铁路有关规定执行。

● 汽车通道

应根据运输量、日出入库的车辆数量、机动车辆的载重量、型号等设计道路的宽度、地面承载能力等。库区的出入口，应按作业流程设置，做到物流合理化。

（2）库房通道

一般库房都应设有纵向（或横向）进、出库的通道，大型库房还应同时设纵向和横向进、出库通道。

在库房内货位之间还应留有作业通道。通道的宽窄应根据装卸搬运机械的类型确定，同时应考虑库房面积的充分利用和各种作业的方便、安全。

汽车进库房，其通道宽度不应小于 4m，并应设有进、出口（不同道）。

叉车作业时，其最小作业宽度分别为：直叉平衡重式叉车 3.6m，前移式叉车 2.7m，插腿式叉车 2.1m。

4. 仓库机械的配置

（1）配置原则：系列化、规范化、标准化、使用方便和安全可靠。

（2）方法：

第一步，根据仓库机械类型配置规划，将 Q_C 分解到各类机械，即：

$$Q_C = \sum_{i=1}^{m} Q_{Ci}$$

式中：Q_{Ci}——第 i 类机械承担的物流量（t/年）；

Q_C——仓储机械设备能力，即设备能完成的物流量（t/年），由下式计算：

$$Q_C = \sum_{i=1}^{m} (ZQ_e\beta n_h\rho t)_i$$

m——机械设备类型数；

Z_i——第 i 类机械设备台数。

库类机械设备总台数为：$Z = \sum_{i=1}^{m} Z_i$

式中：Q_e——设备的额定起重量（或载重量）（t）；

β——起（载）重量系数，即平均一次吊装或搬运的物资重量与 Q_e 的比值；

n_h——单位工作小时平均吊装或搬运次数，由运行距离、运行速度及所需辅助时间确定；

t——年工作小时（h/年），一班制工作：$t = 7 \times 280 = 1\,960h/年$；两班制工作：$t = 14 \times 280 = 3\,920h/年$；

ρ——时间利用系数，即设备年平均工作小时与 t 的比值。

β、n_h、ρ 值根据仓库性质、储存物资类型及所选用的机械设备类型进行实际测算确定。

第二步，确定某一类机械所需台数。

$$Z_i = \frac{Q_{Ci}}{(Q_e\beta n_h\rho t)_i}$$

七、仓库信息系统规划

仓库信息系统的功能设计包括以下内容:

1. 业务主系统

业务主系统是信息系统的核心部分,主要具有订货管理、入库管理、配货管理、在库管理、出库管理等信息处理和作业指示等功能。

2. 业务支持系统

仓库的业务支持系统为信息系统提供了一个完备的后台支持和保证系统正常运转的信息平台。它主要由以下三部分组成:

(1)自动技术系统

主要包括自动扫描系统、条码系统、RF 系统、计算机辅助分拣系统、全程控制系统、GPS 卫星定位系统、GIS 地理信息系统等等。

(2)互联网络系统

仓库所处理的联网业务应包括接受订货业务、配货作业、在库管理、业务查询等内容。

(3)数据库系统

● 数据文件管理;

● 订单输出管理;

● 入出库管理的输入输出;

● 货物在库的输入与输出;

● 货物配送的输入输出。

八、仓库的结构设计

仓库的结构对实现仓库的功能起着很重要的作用。因此,仓库的结构设计应考虑以下几个方面。

1. 平房建筑和多层建筑

仓库的结构,从出入库作业的合理化方面考虑,尽可能采用平房建筑,这样储存产品就不必上下移动。因为利用电梯将储存产品从一个楼层搬运到另一个楼层费时费力,而且电梯往往也是产品流转中的一个瓶颈,因为有许多材料搬运机通常都会竞相利用数量有限的电梯,从而影响了库存作业效率。但是在城市内,尤其是在商业中心地区,那里的土地有限并且昂贵,为了充分利用土地,采用多层建筑成为了最佳的选择。在采用多层仓库时,要特别重视对上下楼的通道设计。

2. 仓库出入口和通道

仓库出入口的位置和数量是由"建筑的开建长度、进深长度"、"库内货物堆码形式"、"建筑物主体结构"、"出入库次数"、"出入库作业流程"以及"仓库职能"等因素决定的。出入库口尺寸的大小是由卡车是否出入库内、所用叉车的种类、尺寸、台数、出入库次数、保管货物尺寸大小决定的。库内的通道是保证库内作业的畅顺的基本条件,通道应延伸至每一个货位,使每一个货位都可以直接进行作业,通道需要路面平整和平直,减少转弯和交叉。

3. 立柱间隔

库房内的立柱是出入库作业的障碍,会导致保管效率低下,因而立柱应尽可能减小。但当平房仓库梁的长度超过 25m 时,建立无柱仓库有困难,则可设中间的梁间柱,使仓库成为有柱结构。不过在开间方向上的壁柱,可以每隔5m～10m设一根,由于这个距离仅和门的宽度有关,库内又不显露出柱子,因此和梁间柱相比,在设柱方面比较简单。但是在开间方向上的柱间距必须和隔墙、防火墙的位置、天花板的宽度或是库内开间的方向上设置的卡车停车站台长度等相匹配。

4. 天花板的高度

由于实现了仓库的机械化、自动化,因此现在对仓库天花板的高度也提出了很高的要求。即使用叉车的时候,标准提升高度是3m;而使用多端是高门架的时候要达到6m。另外,从托盘装载货物的高度看,包括托盘的厚度在内,密度大且不稳定的货物,通常以1.2m为标准;密度小而稳定的货物,通常以1.6m为标准。以其倍数(层数)来看,1.2m/层×4层=4.8m,1.6m/层×3层=4.8m,因此,仓库的天花板高度最低应该是5m～6m。

5. 地面

地面的构造主要是地面的耐压强度,地面的承载力必需根据承载货物的种类或堆码高度具体研究。通常,一般平房普通仓库1m² 地面承载力为2.5t～3t,还有些为3t～3.5t,多层仓库层数加高,地面承受负荷能力减少,一层是2.5t～3t,二层是2t～2.5t,三层是2t～2.5t,四层是1.5t～2t,五层是1t～1.5t甚至更小。地面的负荷能力是由保管货物的重量、所使用的装卸机械的总重量、楼板骨架的跨度等决定的。流通仓库的地面承载力,则必须还要保证重型叉车作业的足够受力。

相关链接

公司仓库规划管理制度

第一条 库位规划

物料管理室应依成品缴出库情况、包装方式等规划所需库位及其面积,以使库位空间有效利用。

第二条 库位配置

库位配置应依下列原则:

1. 配合仓库内设备(例如油压车、手推车、消防设施、通风设备、电源等)及所使用的储运工具规划运输通道;

2. 依销售类别、产品类别分区存放,同类产品中计划产品与订制产品应分区存放,以利管理;

3. 收发频繁的成品应配置于进出便捷的库位;

4. 将各项成品依品名、规格、批号划定库位,标明于"库位配置图"上,并随时显示库存动态。

第三条 成品堆放

物料管理室应会同质量管理室的质量管理人员,依成品包装形态及质量要求设定成品堆放方式及堆积层数,以避免成品受挤压而影响质量。

第四条 库位标示

1. 库位编号依下列原则办理,并于适当位置作明显标示:

(1)层次类别依A、B、C顺序逐层编订,没有时填"○";

(2)库位流水编号;

(3)通道类别,依A、B、C顺序编订;

（4）仓库类别依 A、B、C 顺序编订。

2. 计划产品应于每一库位设置标示牌，标示其品名、规格及单位包装量；

3. 物料管理室依库位配置情况绘制"库位标示图"悬挂于仓库明显处。

第五条　库位管理

1. 物料管理科收发料经办人员应掌握各库位、各产品规格的进出动态，并依先进先出原则指定收货及发货单位；

2. 计划产品每种规格原则上应配置两个以上小库位，以备轮流交替使用，以达先进先出的要求。

第二节　仓库布局

话题引入

怎么合理安排仓库布局

如何进行仓库平面布置

仓库平面合理布置，是根据仓库场地条件、仓库业务性质和规模、物资储存要求以及技术设备的性能和使用特点等因素，对仓库各组成部分，如库房、货场、辅助建筑物、库内道路、附属固定设备等，在规定的范围内进行平面的合理安排和布置。仓库总平面布置的程序如下：

1. 仓库总平面布置的准备工作

仓库总平面布置的合理与否很大程度上取决于有关资料的齐备、准确及可靠程度。总平面布置是一个反复试验的过程，即布置、修改、再布置、再修改，反复多次，直到求得最满意的布置方案为止。在布置时一般借助于一些辅助工具，如作业流程图、仓库平面图、样板图等，在纸面上加以设计。所以在总平面布置前还需要准备好必要的辅助工具。

总平面布置所依据的主要资料有：储存物的品种、规格、数量，建设地区的铁路和公路分布情况，地形条件，水、电供应条件，当地气象资料，采取的装卸搬运手段，消防及安全要求协作条件等。

2. 找出和布置关键性作业位置

在仓库总平面布置中，铁路专用线的位置往往受外部条件的限制，而且在很大程度上决定着仓库总平面布置的走向，所以应首先确定专用线的位置。库房、货场的位置可根据上述要求依次确定。

3. 对工作面积进行大致的布置

根据建设地点的现有地形，对库房、货场、主要通道、装卸场地以及辅助车间、办公室、生活福利设施的相应位置及占用面积进行大致的初步设计。

4. 设计次要通道

次要通道与主要通道相交并形成一个完整的运输网，通道的设置与宽度应视物资运输的需要和安全要求而定。

5. 单体设计

根据储存物资的保管要求、仓库业务、作业流程和仓库性质，并结合当地气象及环境条件，具体确定库房的建筑类型和方位，以及库房内设备的类型和位置。

6. 辅助和辅助装置的设置

对排水系统、消防系统和水、电供应线路及辅助设施等进行设计。至此，仓库总平面布置工作初步完成。最后还应对照总平面布置的要求进行检查,并到建设现场核实布置情况。

知识梳理

仓库布局是指在一定区域或库区内,对仓库的数量、规模、地理位置和仓库设施道路等各要素进行科学规划和整体设计。

一、仓库布局的原则

● 尽可能采用单层设备,这样做造价低,资产的平均利用效率也高;
● 使货物在出入库时单向和直线运动,避免逆向操作和大幅度改变方向的低效率运作;
● 采用高效率的物料搬运设备及操作流程;
● 在仓库里采用有效的存储计划;
● 在物料搬运设备大小、类型、转弯半径的限制下,尽量减少通道所占用的空间;
● 尽量利用仓库的高度,也就是说,有效地利用仓库的容积。

二、仓库布局的功能要求

● 仓库位置应便于货物的入库、装卸和提取,库内区域划分明确,布局合理;
● 集装箱货物仓库和零担仓库尽可能分开设置,库内货物应按发送、中转、到达货物分区存放,并分线设置货位,以防事故的发生;要尽量减少货物在仓库的搬运距离,避免任何迂回运输,并要最大程度地利用空间;
● 有利于提高装卸机械的装卸效率,满足装卸工艺和设备的作业要求;
● 仓库应配置必要的安全、消防设施,以保证安全生产;
● 仓库货门的设置,既要考虑集装箱和货车集中到达时的同时装卸作业要求,又要考虑由于增设货门而造成堆存面积的损失。

三、合理仓库布局的方法和意义

仓库布局是指一个仓库的各个组成部门,如库房、货棚、货场、辅助建筑物、铁路专用线、库内道路、附属固定设备等。在规定范围内,进行平面和立体的全面合理的安排,即仓库合理布局。

1. **要适应仓储企业生产流程,有利于仓储企业生产正常进行**
● 单一的物流方向。仓库内商品的卸车、验收、存放地点之间的安排,必须适应仓储生产流程,按一个方向流动;
● 最短的运距。应尽量减少迂回运输,专用线的布置应在库区中部,并根据作业方式、仓储商品品种、地理条件等,合理安排库房、专用线与主干道的相对应;
● 最少的装卸环节。减少在库商品的装卸搬运次数和环节,商品的卸车、验收、堆码作业最好一次完成;
● 最大的利用空间。仓库总平面布置是立体设计,应有利于商品的合理存储和充分利用库容。

2. **有利于提高仓储经济效益**
● 要因地制宜,充分考虑地形、地址条件,满足商品运输和存放上的要求,并能保证仓库充分利用;

● 布置应与竖向布置相适应。所谓竖向布置,是指建立场地平面布局中每个因素,如库房、货场、转运线、道路、排水、供电、站台等,在地面标高线上的相互位置;

● 总平面布置应能充分、合理地使用机械化设备。我国目前普遍使用的门式、桥式起重机一类固定设备,合理配置这类设备的数量和位置,并注意与其他设备的配套,便于开展机械化作业。

3. 有利于保证安全生产和文明生产

● 库内各区域间、各建筑间应根据"建筑设计防火规范"的有关规定,留有一定的防火间距,并设有防火、防盗等安全设施;

● 总平面布置应符合卫生和环境要求,既满足库房的通风、日照等,又要考虑环境绿化、文明生产,有利于职工身体健康。

小锦囊

中小制造企业自营仓库布局设计

Y厂是一家外商投资的中小型企业,主要供应商和客户均在国外。该厂采用订单驱动的生产模式,产品品种多、批量小,所需的原材料品质要求高、种类繁杂,对仓库的利用程度高,仓库的日吞吐量也较大,因此,该厂选择在距车间较近的地方建造了自营仓库,仓库采用拣选货区和存储区混合使用的方式。

1. Y厂原仓库及存在的问题

Y厂仓库有三层。一、二层分别存储主料、辅料;三层主要用于存放成品,按照各个车间来划分存储区域。一层用于存放主料,主料质量重、荷重大,考虑到楼板的承载能力,将其置于一层是合理的选择。由于每单位主料的重量均不在人工搬运能力的范围之内,一层的搬运设备主要为平衡重式叉车。一层通道大约宽3m～4m,使叉车可以在仓库通过及调转方向。货区布置采用的是垂直式,主通道长且宽,副通道短,便于存取查拣,且有利于通风和采光。

二层仓库存放辅料,部分零散的物料使用货架存放,节省空间。大部分物料直接旋转于木质托盘上,托盘尺寸没有采用统一标准。托盘上的物料采用重叠堆码方式,其高度在工人所及的能力范围之内。物料搬运借助手动托盘搬运车完成,操作灵活轻便,适合于短距离水平搬运。通道比一层仓库窄,主通道大约宽2m。

Y厂采用将存储区与拣货区混合使用的布局方法,给仓管员及该厂的生产带来了诸多问题和不便,首先,Y厂在确定所需要的仓库空间类型的时候,对于本厂整体工作流程的需要并未充分考虑。该厂仓库的库存物料始终处于不断的变化之中,由于物料消耗速度不同,导致置于托盘物料高度参差不齐,很多物料的堆垛高度不足一米,严重地浪费了存储空间,其次,仓管员和物料员还是停留在以找到物料为目的的阶段,未关注合理设计行走时间、行走路程及提高工作效率等问题。

2. Y厂仓库布局改进建议

首先,Y厂对于从国外购进的部分不合格原材料,需要批退或者转入下一个订单时,不能与正常的物料混放在一起,需要专门设立一个不良品隔离区,以区分不良品与正常品;其次,Y厂客户对原材料的要求不同,可以根据客户的要求设置特定的区域分别存放。Y厂仓库小部分空间用于半永久性或长期存储,大部分空间则暂时存储货物,因此,仓库布局应注重使得物料流动更快速、更通畅。仓库一层可以部分设立半永久性存储区用于存放不经常使用的主料,部分空间用作拣货区,用来存储消耗快、进化频繁的大客户的主料。仓库二层增设不良品隔离区放置检验不合格的原料和产品,并可在最深处设置半永久存储区存放流通量很低的物料;余下的空间作为拣货区,以方便仓管员快递拣货。

中小制造企业的自营仓库主要用于存储生产过程需要的原材料,由于每天的生产消耗速度快,仓库日吞吐量大在对企业业务流程分析的基础上,将仓库划分多个有效的区域,并采用适合于中小制造企业的将拣货区与存储区分开的设计方案,能够降低仓库内部的物流量与物流成本,进而提高企业效益。

相关链接

某公司仓库整改方案

1. 存在问题

(1)货物储存仓库

1)仓库使用面积利用率不高;

2)仓库货物库存准确率不能确定;

3)货物没有库位、标识,找货难;

4)仓库没有收发货以及盘点流程;

5)库容库貌不整洁美观;

6)硬件设施不齐全。

(2)中转库

1)没有划分功能区域;

2)货物堆放混乱,找货难;

3)货物的安全没有保障。

2. 整改目标

1)仓库使用面积率大于80%;

2)仓库库存准确率大于99%;

3)仓库货损货差率小于0.2%;

4)仓库收发货准确率大于99%;

5)仓库尽可能达到5距要求。

3. 整改措施

(1)货物储存仓库

1)建议使用立体货架增加仓库使用面积,提高利用率

预计立体货架高度为三层,具体使用库房为71号库,公司现在仓库面积为 2 400m²(不包括两个小库),使用三层立体货架后,可供使用托盘位为520个以上,可节省仓库面积约为600m²,可节约成本约为每年600m²×30天×12月×0.6元/m²·天 = 129 600元,建立立体货架成本约为70 000元,托盘约为600块×30元/块 = 18 000元,其他如货卡、货卡袋钩、进出货专用单据以及移库单据等成本约为3 000元,合计约为90 000元,使用立体货架可使仓库使用面积率约为80%。

2）建立账、卡、物制度,实施定期循环盘点、年终大盘点方式,提高仓库库存准确率

统一对仓库所有货物进行全部盘点,在盘点同时建立货卡标识、确立库位、包装堆垛整齐美观、盘点实物时,确定实物数量、品名、库位、盘点人员姓名、盘点日期等,并将实物存放在指定的库存位上,将所有盘点数据准确无误的输入至电脑系统内。

盘点工作完成后,进行收发货物时,首先从电脑账务系统中查找相对应的货物品名、库位和库存,而后去对应的仓库,找到相对应实物的库位,按照标识找到相对的货物核对品名后,先销卡并结算剩余库存后签字确认,按照相关单据进行收发货,收发货出库完毕后,将相关单据复印三份,一份交于电脑账务做账,一份交于客服做账,一份留底备查,电脑账务员当天必须完成相关单据的电脑进出库操作,确保账、卡、物一致。

建立循环盘点流程,确保每天对收发货频率以及贵重物品的实时盘点,核对系统账务、货卡、实物的一致性。每个月或者每个季度对仓库所有货物进行一次实物盘点,确保库存的准确性。每年年终或者年初对仓库所有货物进行一次大盘点,并将实物盘点数据与货卡、系统账以及客户的账进行核对调整,并出具年终盘点报表和盘盈盘亏情况分析,确保账、卡、物的一致。

建立此项制度可以明确责任,便于仓库管理员查找库存不准确的原因,并第一时间对其进行改进,及时与客户进行沟通,使仓库的库存准确率和收发货准确率大于99%,货损货差小于0.2%。

3）使用预设库存库位标识(如:71 – A1 – 0001)、区域标识、货卡标识、实物品名标识,每次接到收发货指令和单据时从电脑账务系统中查找相对应的货物品名、库位和库存,再去库位上进行收发货的操作,可以改变找货难、找不到货的问题,也可以节省收发货的时间提高准确度。

4）建立和完善收发货流程,以及循环盘点流程。此项工作于安装完货架和盘点工作完成后实施。

5）定期对库存进行整理,每天仓库管理员在完成收发货工作后,利用工作空闲时间对仓库的卫生和货物的堆放进行及时的整理,过道和消防通道严禁堆放货物,最终要达到托盘堆垛横平竖直、每个单品货物货卡品名数量责任人标识清晰明了、包装规范、货物无积灰、区域划分清楚,通过以上整理和控制达到仓库库容库貌的整洁美观。

6）应增加相关的硬件设施。例如:高位叉车(1 台)、托盘(600 个)、货卡(2000PCS)、货卡袋钩(200PCS)、液压车(每个仓库至少一个)、手推车(可选)、电子称(可选)、仓库专用收发货及移库单据(若干)、相关标识牌线(若干),以满足仓库的日常业务操作。

（2）中转库

中转库应设专人管理,并对仓库进行功能区域划分。例如:可划分为市内配送区域(可细分到每辆线路车)、暂存区域、客户自提货物区域、货物存放区域等,中转库的两名交接人员对相应货物进行清点验收保管管理,并对进入中转库的货物进行记录,货物堆放整齐美观,包装完好无损,并有相关记录,准确及时地将相关信息传递至相关调度及其他人员处,每天晚班下班时将仓库外的货物全部存放至中转库中。划分了区域,货物标识和运单明确清晰,这样可以大大避免货物堆放混乱、找货难的问题,设置了专人管理,可以责任明确到人,使货物的安全得到有效保障。

4. 整改时间

仓库上货架以及盘点工作预计从公司领导审核、修改、同意方案起两个月内完成,仓库收发货流程,以及循环盘点流程和其他相关制度,在完成上述工作后一周内完成。

本章要点回放

1. 仓库的总体构成

仓库通常由生产作业区、辅助生产区和行政生活区三大部分组成。

2. 仓库规划的意义及基本原则

（1）仓库规划的意义；

（2）仓库规划的原则。

3. 仓库规划的内容及注意事项

（1）仓库规划的内容；

（2）仓库规划过程中的注意事项。

4. 仓库的结构设计

仓库的结构对实现仓库的功能起着很重要的作用。

5. 仓库布局的原则

（1）尽可能采用单层设备，这样做造价低，资产的平均利用效率也高；

（2）使货物在出入库时单向和直线运动，避免逆向操作和大幅度改变方向的低效率运作；

（3）采用高效率的物料搬运设备及操作流程；

（4）在仓库里采用有效的存储计划；

（5）在物料搬运设备大小、类型、转弯半径的限制下，尽量减少通道所占用的空间；

（6）尽量利用仓库的高度，也就是说，有效地利用仓库的容积。

6. 仓库布局的功能要求

（1）仓库位置应便于货物的入库、装卸和提取，库内区域划分明确、布局合理；

（2）集装箱货物仓库和零担仓库尽可能分开设置，库内货物应按发送、中转、到达货物分区存放，并分线设置货位，以防事故的发生；要尽量减少货物在仓库的搬运距离，避免任何迂回运输，并要最大程度地利用空间；

（3）有利于提高装卸机械的装卸效率，满足装卸工艺和设备的作业要求；

（4）仓库应配置必要的安全、消防设施，以保证安全生产；

（5）仓库货门的设置，既要考虑集装箱和货车集中到达时的同时装卸作业要求，又要考虑由于增设货门而造成堆存面积的损失。

7. 仓库布局的意义

（1）要适应仓储企业生产流程，有利于仓储企业生产正常进行；

（2）有利于提高仓储经济效益；

（3）有利于保证安全生产和文明生产。

每章一练

1. 仓库规划的意义是什么？

2. 仓库规划的原则有哪些？

3. 仓库规划的内容有哪些？

4. 仓库规划时有哪些注意事项？

5. 仓库的结构设计应考虑哪些方面？

6. 仓库布局的原则是什么？

7. 仓库布局的方法有哪些？

第四章　仓储作业管理

　　仓储作业管理是指以存储、保管活动为中心,从仓库接收商品入库,到按需要把商品全部完好地发送出去的全过程。

　　仓储作业过程主要由入库作业、保管作业及出库作业组成。按其作业顺序可详细分为:接车、卸车、理货、检验、入库、储存、保管保养、装卸搬运、加工、包装和发运等作业环节。各个作业环节之间并不是孤立的,它们既相互联系,又相互制约。某一环节作业的开始要依赖于上一个环节作业的完成,上一环节作业完成的效果也直接影响到后一环节的作业。由于仓储作业过程中各个作业环节之间存在着内在的联系,并且需要耗费大量的人力、物力及财力,因此必须对作业流程进行细致地分析和合理有效地组织。

章节要点

● 仓储作业管理的作业流程
● 货物入库作业的基本作业环节、作业要求和操作方法
● 货物在库作业的基本作业环节、作业要求和操作方法
● 货物出库作业的基本作业环节、作业要求和操作方法

第一节　货物入库作业管理

话题引入

青年路储运经营公司仓储作业流程

　　青年路储运经营公司隶属于北京市机电设备总公司,占地面积 $1.1 \times 10^5 m^2$,内有标准库房17栋(保温库6栋),库高10m,专门储运大型机电产品。单个库房面积从 $1\,080 m^2$ 到 $2\,480 m^2$ 不等,地面防潮处理较好,库内配备简单的立体货架4或5层,高约3m,并配有5t、10m桥式吊车,库房实行机械通风。场内有铁路专用线及其相关设备,并且有专业的消防队伍。

　　目前,青年路仓库作为集散型仓库,主要储存家用电器、食品、医药、装饰材料等商品,库房堆高6m~7m。青年路仓库负责部分商品的储存、配送、运输作业,部分商品由厂家自己负责储存、运输与配送,其主要作业流程包括入库验收、抽样检测、进库码垛、保管、出库等环节。

知识梳理

　　入库管理作为物资在物流活动中的一项重要环节,具有非常重要的意义。随着我国工业的快速发展,我国的物流行业也在不断的自动化,而在自动化仓库中物资的作业管理是负责安排物资合理的入库作业,是完成立体仓库在生产线和平面仓库之间运送物料的任务。

一、入库前的准备

　　入库作业主要是根据采购计划和订货合同的规定,对需要进入库房的商品货物进行装卸、

检验、搬运、分类、整理等作业活动。

仓库应根据仓库合同或入库单,及时地进行库场准备,以便货物能按时入库,保证入库工作的顺利进行。仓储管理者应定期同货主、生产厂家以及运输部门进行联系,了解将要入库的货物的情况,如货物的品种、类别、数量和到库时间,从而做好货物的入库准备工作。

1. 熟悉入库货物

仓储管理人员一定要认真检查入库货物资料,必要时向货主查询,掌握入库货物的品种、规格、数量、包装状态、单件体积、到库确切时间、货物存放期、货物的理化性质、货物保管的特殊要求等。只有了解了以上内容才能准确和妥善地进行库场的安排和准备。

2. 掌握仓库库场情况

了解在货物入库期间,保管期间仓库的库容、设备、人员的变动情况,以便安排工作。必要时对仓库进行清查、整理、归位,以便腾出仓容。对于必须使用重型设备操作的货物,应安排可使用设备的货位。

3. 制定仓储计划

仓库业务部门根据货物的情况、仓库情况以及设备情况,制定出仓储计划,并将任务下达到各个部门相应的作业部门、管理部门。

4. 妥善安排货位

仓库管理人员根据入库货物的性能、数量、类别,结合仓库分区分类保管的要求,核算货位大小,根据货位使用原则,妥善安排货位、验收场地,确定堆垛方法、毡垫方案。

5. 合理组织人力

根据货物入库的数量和时间,安排好货物验收人员,搬运、堆码人员以及货物入库工作流程,确定各个工作环节所需的人员和设备。

6. 做好货位准备

仓库保管员应及时进行货位准备,彻底清洁货位、清除残留物、清理排水管道,必要时进行消毒除虫、铺地。详细检查照明、通风等设备,发现损坏及时通知修理。

7. 准备毡垫材料,作业用具

在货物入库前,根据所确定的毡垫方案,准备相应的材料,并组织毡垫铺设作业。对作业所需的用具准备妥当,以便能及时使用。

8. 验收准备

仓库理货员根据货物情况和仓库管理制度,确定验收方法。准备好验收时点数、称量、测试、开箱装箱、丈量、移动、照明等各项工作所需的工具。

9. 装运搬运工艺确定

根据货物、货源、设备条件、人员等情况,合理科学地制定卸车搬运工艺,保证作业效率。

10. 文件单证准备

仓库保管员对货物入库所需的各种报表、单证、记录簿、入库记录、理货检验卡、料卡、残损单等预填妥当,以便使用。

二、入库业务的受理及入库保管合同

受理入库业务一般是根据需求双方签的购货合同或协议规定,并严格按照条款的要求执行。

1. 入库业务受理的类型

(1)计划委托储存

一般是系统内或企业附属仓库采用,收费标准、有关手续制度、票据流转等作业环节均按企业内部规定的程序进行。

（2）合同协议储存

合同协议储存是根据平等互利、等价有偿的原则,仓储企业与货主企业之间采取签订仓储保管合同或协议的一种储存形式。

（3）临时委托储存

临时委托储存是仓储企业接受系统外或社会性的商品临时储存而采取的一种储存方式。

2. 入库保管合同

（1）含义

入库保管合同是存货方和保管方为了加速商品流转、合理利用仓容、保管好商品、提高经济效益而明确双方的权利、义务关系的协议。

（2）意义

货物的购需双方通过订立入库保管合同,用经济办法实现管理委托和接受储存商品活动的正常进行,保证合同双方的合法权利和义务。

（3）作用

● 促进工作的计划性,避免工作盲目和混乱;

● 有利于加强经济核算,降低库存成本;

● 有利于促进和加强专业化协作,提高库存管理水平。

（4）订立入库保管合同的基本原则

● 订立合同的双方都必须是法人;

● 按照《经济合同法》的规定,除了当时可以结清的储存方式以外,合同都应当是书面形式。当事人协商同意的有关文书、电报、图表也是合同的组成部分;

● 订立经济合同,必须遵守国家的法令,必须符合国家政策和计划要求,否则订立的合同无效;

● 订立经济合同,必须贯彻协商一致、平等互利、等价有偿的原则。

（5）签订仓储保管合同的基本程序

● 提出"要约"。由存货或保管的一方提出签约的建议,包括订约的要求和合同的主要内容;

● "承诺"。即对另一方提出的"要约",表示完全同意,则签订协议,合同即具有法律效力;如果对"要约"的内容、条件有不同意见,必须经过充分协商,取得一致意见;

● "签约"。由双方的法人代表签字、单位盖章。

三、商品的编码与分类

1. 商品编码

商品编码是将商品按其分类内容进行有序编排,并用简明文字、符号或数字来代替商品的"名称"、"类别"。对商品的编码可以通过计算机进行高效率管理,并可实现整个仓储作业的标准化管理。

（1）商品的代码结构

商品代码通常应用阿拉伯数字、字母或便于记忆和处理的符号形成一个或一组字符串,其基本结构包括:

● 代码长度:一个代码中所包含的有效字符的个数;

- 代码顺序:代码字符排列的逻辑顺序;
- 代码基数:编制代码时所选用的代码字符的个数,如阿拉伯数字代码的字符为 0～9,基数为 10。

(2)商品编码原则

- 唯一性。虽然被编码的商品可以有很多不同的名称,也可以按不同的方式对其进行描述,但在一个分类编码标准体系中,每个编码对象只有一个代码,即一个代码只代表一个商品;
- 简易性。代码结构应尽量简单,以便于记忆,同时减少代码处理中的差错,提高信息处理效率;
- 扩充弹性。为将来可能增加的商品留有扩充编号的余地;
- 充足性。所采用的文字、记号或数字应足够用来编号;
- 安全性。编码应具有安全特性,应防止公司机密外泄;
- 一贯性。每一种商品都由一种代码来表示,而且必须统一,具有连贯性;
- 计算机的易处理性。便于计算机处理是商品编码的重要原则,只有通过计算机进行处理,才能真正提高商品信息传递与处理的正确性,提高商品仓储作业流程的效率。

(3)商品编码方法

商品编码的方法很多,常见的有无含义编码和有含义编码。无含义编码通常可以采用流水顺序码来编排;有含义编码是在对商品进行分类的基础上,采用序列顺序码、层次码等编排。在仓库管理中可以采用以下六种编码方法进行编排。

- 流水编码方法。又称顺序码和延伸式编码。编码方法是将阿拉伯数字或英文字母按顺序往下编排。流水编码的优点是代码简单,使用方便,易于延伸,对编码对象的顺序无任何特殊规定和要求。缺点是代码本身不会给出任何有关商品的其他信息。流水编码多用于账号或发票编号;
- 分组编号法。这种编号方法是按商品特性分成多个数字组,每个数组代表商品的一种特性。例如,第一组代表商品类别,第二组代表商品形状,第三组代表商品的供应商,第四组代表商品的尺寸。分组编码方法代码结构简单,容量大,便于计算机管理,在仓库管理中使用较广;

例如:075006110 可以描述为:

类别	形状	供应商	尺寸
07	5	006	110

其编码意义。

表 4-1　分组编码法编码意义

商品	类别	形状	供应商	尺寸大小	意义
编码 5006110	07				饮料
		5			圆瓶
			006		统一
				110	100×200×400

- 数字分段法。把数字分段,每一段代表一类商品的共同特性;
- 后数位编码法。利用编号末尾数字,对同类商品进一步分类编码;
- 实际意义编码法。根据商品的名称、重量、尺寸、分区、储位、保存期限等其他实际情况来对商品进行编码。应用实际意义进行编码的特点是通过商品编号能够迅速了解商品的内容及相关信息;

例如:FO4915B1,其实际意义见表4-2。

表4-2 实际意义编码含义

编码		含义
FO4915B1	FO	表示FOOD,食品类
	4915	表示4×9×15,尺寸大小
	B	表示B区,商品存储区号
	1	表示第一排货架

- 暗示编码法。用数字与文字组合编码,编码暗示商品的内容和有关信息。暗示编码法容易记忆,又可防止商品信息外泄。

例如:BY005WB10,其暗示意义见表4-3。

表4-3 暗示意义编码含义

属性	商品名称	尺寸	颜色与形式	供应商
编码	BY	005	WB	10
含义	表示自行车(bicycle)	表示大小型号为5号	表示白色(white) 表示小孩型(Boy,s)	表示供应商的代号

2. 商品分类

商品的分类是将多品种商品按其性质或其他条件分别归入不同类别,进行有系统的排列,以提高仓储作业效率。

(1)商品分类原则

- 分类形式应满足企业本身需要,选择适用并且统一的分类标准,标准一旦确定,不可随意变更;
- 有系统地展开,逐渐细分,层次分明;
- 分类具有排他性;
- 分类应具有完全性,应覆盖所有商品;
- 分类应具有伸缩性,以适应商品的增加。

(2)商品分类方法

- 按商品特性分类。特性不同商品所需要的保管条件差异很大,如有些商品挥发,有些商品吸附,有些商品需要温、湿度控制。因此,为适用商品保管的需要,可以选择按商品特性进行分类;
- 按商品使用目的、方法和程序进行分类。如需要进行流通加工商品,可以按加工的方法不同进行分类;
- 为账务处理方便,可按会计科目进行分类;

● 按交易行业进行分类；

● 按商品形态分类。如商品的内容、形状、尺寸、颜色和重量等；

● 按照运输要求分类。可按运输方式,如按公路、铁路、航空划分;在发运量大的仓库中,也可以按收货地或到货站分类。

小锦囊

"六不"改善法

日本物流界从工业工程的观点出发,总结出改善物流作业效率的"六不"改善法,具体的内容如下:

1. 不让等——闲置时间为零

即通过正确安排作业流程和作业量使作业人员和作业机械能连续工作,不发生闲置现象。

2. 不让碰——与物品接触为零

即通过利用机械化、自动化物流设备进行物流装卸、搬运、分拣等作业,使作业人员在从事物流装卸、搬运、分拣等作业时尽量不直接接触物品,以减轻劳动强度。

3. 不让动——缩短移动距离和次数

即通过优化仓库内的物品放置位置和采用自动化搬运工具,减少物品和人员的移动距离和次数。

4. 不让想——操作简便

即按照专业化(Specialization)、简单化(Simplification)和标准化(Standardization)原则进行分解作业活动和作业流程,并应用计算机等现代化手段,使物流作业的操作简便化。

5. 不让找——整理整顿

即通过作业现场管理,使作业现场的工具和物品放置在一目了然的地方。

6. 不让写——无纸化

即通过应用条形码技术、信息技术等,使作业记录自动化。

四、入库作业过程

入库作业一般由接运、验收、入库交接三个环节构成。

1. 商品接运

到达仓库的商品有一部分是由供应商直接运到仓库交货,其他商品则要经过铁路、公路、航运和空运等运输工具转运。凡经过交通运输部门转运的商品,均需经过仓库接运后,才能进行入库验收。商品接运是商品进货作业的第一道作业环节,也是商品仓库直接与外部发生的经济联系。主要任务是及时而准确地向交通运输部门提取入库商品,要求手续清楚,责任分明,避免将一些在运输过程中或运输前就已经损坏的商品带入仓库,为仓库验收工作创造有利条件。

2. 商品验收

验收就是指物品在正式进入仓库前,严格按照一定的程序和手续对所接运的物品进行必要的检查,包括货品的数量和外观质量,以便验证它与订货合同规定的符合度。

(1)验收的作业程序

验收准备:仓库在接到到货通知后根据物品的性质和批量安排好货物的验收人员,包括专业技术人员和装卸搬运人员;收集并且熟悉待检物品的有关标准以及合同;准备好必要的检验工具;针对物品的特性和数量,确定它的存放地点和保管方法;调用必要的装卸搬运机械配合验收。

凭证核对:包括入库通知单、订货合同副本、物品的质量证明、装箱单、发货单、运输单等。

实物检验:根据入库单和相关技术资料对货物进行数量和质量检验。

(2)商品检验

是根据合同或标准的规定要求,对标的物品的品质、数量、包装等进行检查、验收的总称。

(3)验收工作的意义

● 验收工作将为商品的保管和使用打下基础;

● 验收工作对产品的社会生产起到监督和促进作用;

● 验收记录是向外提出索赔、退货、换货的依据。

(4)验收工作的基本要求

● 准确

对于入库物资的数量、规格、质量、品称及配套情况等验收,要求做到准确无误,如实地反映商品当时的实际情况,不能带有主观偏见和臆断。

● 及时

到库商品必须在规定期限内完成验收工作,提出验收结果,以保证商品尽快入库。

(5)商品验收工作程序

1)验收准备

● 准备相应的检验工具(磅秤、量尺、仪表等),所有检验工具必须预先检查,保证准确;

● 收集和熟悉验收凭证及有关资料;

● 进口商品或存货单位指定需要质量检验者,应通知有关检验部门会同验收。

2)核对单证

入库商品必须具备下列证件:

● 存货单位提供的入库通知单、订货合同等;

● 供货单位提供的质量证明书或合格证、装箱单、磅码单和发货明细表等;

● 运输单位提供的运单,若入库前在运输途中发生残损情况时,还必须有普通记录或商业记录。

3)检验实物

● 数量验收

记件商品要清点全部件数,计算方法通常是采用轧点计算;

记重商品的重量采用过磅或理论换算的方法求得。

● 质量验收

仪器检验:利用各种试剂、仪器和机器设备,对商品的规格、成分、技术标准等进行物理、化学和生物的性能分析。大多由专业检验机构负责;

感观检验:用视觉、听觉、触觉、嗅觉和味觉来检验商品质量。

● 包装验收

外包装异常有以下几种情况:

a. 人为的撬起、挖洞、开缝,通常是被盗的痕迹;

b. 水渍、黏湿，是雨淋、渗透或商品本身出现潮解、渗漏的表现；

c. 污染，由于装配不当，引起商品间互相玷污、染毒或商品本身腐败所致；

d. 由于包装、结构性能不良或在装卸搬运过程中乱摔乱扔、摇晃碰撞而造成的包装破损。

● 抽样检验

抽样验收的必要性

a. 可以节约人力，提高商品入库速度；

b. 有些商品包装技术性较强，开拆验收之后不易或不可能复原，这样可能影响销售，只能采用抽样验收；

c. 连续按批量生产的批量产品，质量标准比较统一，抽检一定数量，就具有较强的代表性；

d. 对于拆包检验会引起质量变化或具有破坏性的检验，采取抽检方式，可以使损失控制在合理的范围之内。

在确定验收比例时，应考虑以下因素：

a. 商品的性质、特点

b. 商品的价值

c. 商品的生产技术条件

d. 供货单位的信誉

e. 包装情况

f. 运输条件

g. 气候条件

小锦囊

包装价值分析

包装价值分析是通过对商品实施最低程度的保护，以削减成本的费用。但成本费用削减到一定程度后，在节省包装费用的同时，会造成更多商品的破损（工业包装）或商品的滞销（商业包装）。如果上述破损与滞销带来的损失大于企业所节省的包装费用，则所谓的节省是得不偿失的。因此，包装价值分析是在品质与成本之间，设法取得一种平衡。

包装分为两种：一种叫商业包装，一种叫工业包装。其中工业包装又分为内包装与外包装。现以香烟为例，说明包装的分类：将20支香烟放进烟盒里，称为个装；将10包烟放入长条纸盒中，称为内包装；将50条烟装入瓦楞纸箱，称为外包装。在这里，个装是商业包装，内包装与外包装是工业包装。

（6）入库验收过程中发现问题的处理

1）数量不符

由收货人在凭证上详细做好记录，按实际数量签收，并及时通知送货人和发货方。

2）质量问题

发现质量问题，应会同承运方清查点验，明确责任，并由承运方编制商务记录或出具证明，作为索赔的依据。

3）包装问题

包装有水渍、玷污、损坏等情况时，应进一步检查内部细数和质量，并做好记录，单独堆放，以便处理。

4)单证和货物不符或单证不全问题

● 商品窜库

当初步检查时发现窜库现象,应立即拒收;在验收细数中发现的窜库商品,应及时通知送货人办理退货手续,同时更正单据。

● 有货无单

应暂时安排场所存放,及时联系,待单证到齐后再验收入库。

● 有单无货

应及时查明原因,将单证退回注销。

● 货未到齐

应分单签收。

通过严格的验收不仅为物品的保管和使用提供可靠的依据,而且也为发生的退换货以及索赔行为提供依据。经过有效的验收,可以避免物品的积压,减少经济损失,维护国家的利益。

3. 入库交接

物品经过数量和质量的检验合格后,由管理人员安排卸货、入库堆码,表示仓库接受物品,同时办理交接手续,接受物品和相关文件,并签署有关单证,划清运输、送货部门和仓库的责任,并由仓库相关人员进行物品的登账、立卡、建立档案,圆满完成入库交接工作。

相关链接

物资入库管理制度

企业的物资管理是现代化企业的重要组成部分,是企业生产经营的基础,是保障企业生产经营的先决条件。为促进生产、经营工作的顺利开展,特制定制度如下:

1. 凡入库物资一律出具材料购进计划单,由主管经理签字。物资进入现场后,保管员依据物资供应计划进行数量验收,用料部门检验人员进行质量验收。验收合格后方可办理入库手续。无物资供应计划或验收不合格的物资,不得办理入库手续,由采购员自行负责处理。

2. 保管员按验收合格的物资数量当日填写入库单,检验员在入库单上签字盖章后拿到公司备案。

3. 计财部门依据物资供应计划、计划价格表及购物清单,对照物资入库单、票据,严格进行审计,审计合格后到财务处报请入账。金额较大须由主管经理批准,方能放行,到计财处入账。

4. 有下列情况之一的,财务不予审计,不予上账。

(1)所购物资不在供应计划之列的;

(2)物资价格超过计划之列的;

(3)入库单与票据不符的;

(4)入库单无检验人员签字盖章的。

5. 所购物资的品种、数量、规格建账立卡,做到账账相符,账、卡、物三相符。

6. 各类物资要分类存放,码放合理。库区应保持整洁,防止霉烂、变质、损坏,做好防火、防盗、防爆、防事故的工作。

7. 各类物资应建立三本账,计财、仓库、经营各一本,计财、仓库、经营每月对一次账,每季度末盘一次库。库内一律不准存放私人物品。

第二节 货物在库作业管理

话题引入

玉清公司的库存难题

几年前,有两个数字让玉清公司的高层寝食难安:一个是库存数据,在玉清的分销体系中,有价值38亿美元的库存;另一个是脱销量,在零售店或折扣店中最重要的2 000种商品中,任何时刻都有11%的商品脱销,玉清的产品在其中占有相当大的比重。有时没找到所需商品的客户会推迟购买,但很多客户会买别的品牌或干脆什么都不买。

令人不解的是,系统中的大量库存并未降低脱销量。事实上,货架上脱销的商品常常堆积在仓库中。虽然库存系统表明有货,库存管理人员却无法找到牙膏或纸巾的包装箱。库存堆积如山,而顾客却经常买不到玉清的产品。虽然尽了很大努力,公司尝试过的对策都无法永久地改变这一矛盾。于是,玉清的经理们开始探索更激进的、突破性的解决方法。玉清定下了目标:在不恶化脱销问题的前提下,减少10亿美元库存。

加剧变化的环境要求玉清公司的管理层变得更加敏捷、快速和高效,公司意识到,必须改革自己的库存管理。而现有的做法无法缩短订货至发货的循环周期,削减不必要的安全存货(safety inventory,是指公司为了避免供应短缺而保留在手上的超出定购量的库存),并且向快速流通配送(flow – through)的方向转变。

知识梳理

货物的仓库保管作业就是通过制定货物的储存计划来完成的。货物储存计划是指通过合理规划仓库的存放区来对库存物品进行分类保管,建立良好的保管秩序来对货物进行定置管理,实现物得其所、库尽其用的库存管理目标。

一、货物保管场所的规划

货物场所的规划一般采取分区分类规划方法,也就是按照库存物品的物理化学性质和使用的方法划分出类别,根据各类物品的储存数量计划任务,结合各种库房、货场、起重运输设备的具体条件来确定出仓库的分类储存方案。

场所规划时要遵守以下基本原则:

● 存放在同一货区的物品必须具有兼容性。也就是说性质互有影响和相互抵触的货物不能同库存放;

● 保管条件不同的不应混存。当物品保管要求的温、湿度等条件不同时,也不宜把它们存放在一起,因为在一个保管空间同时满足两个或多个保管条件是不可行的,更是不经济的;

● 作业手段不同的货物也不能混合存放。否则将会影响货区的配置设备的利用率,增加作业组合的复杂性和难度,增大作业风险;

● 灭火措施不相同的货品不能混合存放,否则将增大安全隐患,不利于火灾的控制和补救。

二、确定货物的堆码方式

1. 货位的使用方式

（1）固定货物的货位

货位只用于存放确定的货物，严格地区分使用，决不混合使用、串用。对于长期货源的计划库存等大都采用固定货位方式。固定货位具有固定用途，便于拣选、查找货物，但是仓容利用率较低的特点。由于是固定货物，货位可以针对性地进行装备，有利于提高货位保管质量。

（2）不固定货物的货位

货物任意存放的空闲的货位，不加分类。不固定货位有利于提高仓容利用率，但是仓库内显得混乱，不便查找和管理。对于周转极快的专业流通仓库和大型的配送中心，货物保管的时间极短，大都采取不固定方式。不固定货物的货位管理一般采取计算机管理方式。采用不固定货位的方式，仍要遵循仓储的分类安全原则。

（3）分类固定货物的管理

对货位进行分区、分片，同一区内只存放一类货物，但在同一区内的货位则采用不固定使用的方式。这种方式有利于货物的保管，也比较方便查找，仓容利用率可以提高，大多数储存仓库多使用这种方式。分类固定货物的货位管理常采用计算机管理方式，以便于查找和提高效率。

2. 确定货位的原则

（1）根据货物的初尺度、货量、特性、保管要求选择货位

货物的通风、光照、温度、排水、防风、防雨等条件应满足货物保管的需要。

货位尺寸与货物尺度匹配，特别是大件、长件货物能存入所选货位，大件、长件货物货位周围应有足够的装卸空间；货位的容量与货量接近。

选择货位时要考虑相近货物的情况，防止受到相忌货物的影响。

对需要经常检查的货物，存放在能经常检查的货位，如靠近出入口的货位。

（2）根据保证"先进先出"、"缓不围急"的原则选择货位

"先进先出"是仓储的重要原则，能避免货物超长期存储而引起的变质，在货位安排时要避免后进货物围堵先进货物。对于存期较长的货物，不能围堵存期较短的货物。

（3）根据入库频率高低和存期的长短来选择货位

出入库频率高的货物，应安排在靠近出口的货位，以方便出入。流动性差的货物，可以离出入口较远。同样道理，存期较短的货物安排在出入口附近。

（4）根据"小票集中"、"大不围小"、"重近轻远"的原则选择货位

多种小批量货物，应合用一个货位或者集中在一个货位区，避免加存在大批量货物的货位中，以便查找。重货应离装卸作业区最近，减少搬运作业量或者直接采用装卸设备进行作业。重货放在货架或货垛的下层，轻货则放于上层。

（5）根据操作的便利性原则来选择货位

所安排的货位能保证搬运、堆垛、上架的作业方便，有足够的机动作业场地和装卸空间，能使用机械进行直达作业。

（6）根据作业量分布均匀的原则来选择货位

所安排的货位应尽可能避免同一作业线路上有多项作业同时进行，以免相互妨碍。尽量实现各货位的同时装卸作业，以提高效率。

3. 货物存放的基本原则

(1)分类存放

分类存放是仓储保管的基本要求,是保证货物质量的重要手段。包括不同类别的货物分类存放,甚至需要分库存放;不同规格、不同批次的货物也要分位、分堆存放;残损货物要与原货分开。对于需要分拣的货物、不同经营方式的货物分类分存。

(2)适当的搬运活性

为了减少作业时间、次数,提高仓库周转速度,根据货物作业的要求,合理选择货物的搬运活性。对于搬运活性高的货物的入库存放应注意摆放整齐,以免堵塞通道,浪费仓容。

(3)尽可能码高、货垛稳固

为了充分利用仓容,存放的货物要尽可能码高,使货物占用地面的面积最少。尽可能码高包括采用码垛码高和使用货架在高处存放,充分利用空间。货物堆垛必须稳固,避免倒垛、散垛,要求叠垛整齐,必要时采用稳固办法,只有在货垛稳固的情况下才能码高。

(4)面向通道、不围不堵

面向通道包括两方面的意思:一是垛码、存放的货物的正面,尽可能面向通道,以便察看。货物的正面是指标注主标志的一面;二是所有货物的货垛、货位都有一面与通道相连,处在通道旁,以便能对货物进行直接作业。只有在所有货位都与通道相连通时,才能保证不围不堵。

4. 货物存放的基本方法

根据货物的特性、包装方式和形状、保管要求,方便作业和充分利用仓容,以及仓库的条件确定存放方式。仓储货物存放方式有:地面平放式、托盘平放式、直接垛码式、托盘堆码式和货架存放式等。

(1)储存的码垛方式方法

1)散堆法

散堆法适用于露天存放的没有包装的大宗货物,如煤炭、矿砂、黄沙等,也可适用于库内少量存放的谷物、碎料等散装货物。散堆法是直接用堆扬机或者铲车从确定的货位后端起,直接将货物堆高,在达到预定的高度时逐步后退堆货,后端先形成立体梯形,最后成垛,整个垛形呈立体梯形状。由于散货具有的流动、散落性,堆货时不能太近垛位四边,以免散落使货物超出预定的货位。散堆法绝不能采用先堆高后平垛的方法堆垛,以免堆超高时压坏场地地面。

2)货架存放法

适用于小件、品种规格复杂且数量较少,包装简易或脆弱、易损害不便堆垛的货物,特别是价值较高并且需要经常查数的货物仓储存放。货架存放需要使用专用的货架设备。常用的货架有:橱柜架、悬臂架、U型架、多层平面货架、托盘货架、多层立体货架等。

3)堆垛存货法

对于有包装(如箱、筒、袋、箩筐、捆、扎等)的货物,包括裸装的计件货物,采取堆垛的方式储存。堆垛方法储存能充分利用仓容,做到货垛整齐,方便作业和保管。一般有以下几种堆垛的方法。

● 重叠式堆垛法

也称直堆法,逐件、逐层向上重叠堆码,一件压一件的堆码方式。为了保证货垛稳定,在一定层数后(如十层)改变方向继续向上,或者长宽各减少一件向上堆放(俗称四面收半件)。该方法比较方便作业、计件,但稳定性较差。适用于袋装货物、箱装货物,以及平板片式货物等。

● 纵横交错式堆垛法

每一层货物都改变方向向上堆放。适用于管材、捆装、长箱装等货物。该方法较稳定,但操作不便。

● 仰俯相间式堆垛法

对上下两面有大小判别凹凸的货物,如槽钢、钢轨、箩筐等,将货物仰放一层,再反一面俯放一层,仰俯相间相扣。该垛极稳定,但操作不便。

● 压缝式堆垛法

将底层并排摆放,上层放在下层的两件货物之间。如果每层货物都不改变方向,则形成梯形形状;如果每层都改变方向,则类似于纵横交错式。上下层件数的关系分为"2 顶 1"、"3 顶2"、"4 顶 3"、"5 顶 4"等。

● 通风式堆垛法

货物在堆码时,每件相邻的货物之间都要留有空隙,以便通风。层与层之间采用压缝式或者纵横交错式。此法适用于需要通风量较大的货物堆垛。

● 栽柱式堆垛法

码放货物前在货垛两侧栽上木桩或者钢棒,然后将货物平码在桩与桩之间,用铁丝将相对两边的桩拴联,再往上摆放货物。此法适用于棒材、管材等长条状货物。

● 衬垫式堆垛法

码垛时,隔几层铺放衬垫物,衬垫物平整牢靠后,再往上码。适用于不规则且较重的货物,如无包装电机、水泵等。

● 直立式堆垛法

货物保持垂直方向码放的方法。适用于不能侧压的货物,如玻璃、油毡、油桶、塑料桶等。

(2)货物存放的垛形

垛形是指货物码放的形状。一般有以下几种垛形:

1)平台形

平台形是先在底层以同一方向平铺一层货物,然后垂直继续向上堆积,每层货物的件数、方向相同,垛顶呈现平面,逐步后移。平台垛适用于包装规格单一的大批量货物、包装规则能够垂直叠放的方形箱装货物,大袋货物、规则的软袋装货物、托盘成组货物。平台垛只适用于仓库内和无需遮盖的货物码垛。

平台垛具有整齐、便于清点、占地面积小、堆垛作业方便的特点。但该垛型的稳定性较差,特别是小包装、硬包装的货物有货垛端头倒塌的危险,所以在必要时(如太高、长期堆存、端头位于主要通道等情况)要在两端采取加固措施。对于堆放很高的轻质货物,往往在堆码到一定高度后,向内收半件货物后再向上堆码,以保证货垛稳定。

2)起脊垛

先按平台垛的方法码垛到一定高度后,以卡缝的方式逐层收小,将顶部收尖成屋脊形。起脊垛是用于堆场堆货的主要垛形,货垛表面的防雨遮盖从中间起向下倾斜,便于雨水排泄,防止雨水淋湿货物。有些仓库由于陈旧或建筑简陋有漏水现象,仓内的怕水货物也采用起脊垛并遮盖。

起脊垛是平台垛为了遮盖、排水的需要而产生的变形,具有平台垛操作方便、占地面积小的优点,适用于平台垛的货物都可以采用起脊垛堆垛。但是起脊垛由于顶部压缝收小,形状不规则,无法在堆垛上清点货物,顶部货物的清点需要在堆垛前以其他方式进行。另外,由于起脊的高度使货垛中间的压力大于两边,因而采用起脊垛时库场适用定额要以脊顶的高度来确定,以免中间底层货物或库场被压损坏。

3)梯形垛

立体梯形垛是在最底层以同一方向排放货物的基础上,向上逐层同方向减数压缝堆垛,垛顶呈平面,整个货垛呈下大上小的立体梯形形状。梯形垛用于包装松软的袋装货物和上层面非平面而无法垂直叠码的货物的堆码,如横放的桶装、卷形捆装货物。梯形垛极为稳定,可以堆放得很高。对于在露天下堆码的货物可采用梯形垛,为了排水需要可以在顶部起脊。

为了增加梯形垛的空间利用率,在堆放可以直立的箩筐、矮桶装货物时,底部数层可以采用平台垛的方式堆放,在一定高度后才用梯形垛。

4)行列垛

行列垛是将每票货物按件排成行或列排放,每行或每列为一层或数层高,垛行呈现长条形。

行列垛用于存放批量较小货物的库场。

货物的出库过程管理是指仓库按照货主的出库凭证(提货单、调拨单等)所注明的货物名称、型号、规格、数量、质量、收货单位等条件要求而进行的凭证核对、准备物料、复核、点货、交货、发放等一系列作业管理活动。

三、储位管理

1. 储位管理目标与原则

(1)储位管理目标

● 充分有效地利用空间;

● 尽可能提高人力资源及设备的利用率;

● 有效地保护好商品的质量和数量;

● 维护良好的储存环境;

● 使所有在储货物处于随存随取状态。

(2)储位管理的基本原则

● 储位明确化。在仓库中所储存的商品应有明确的存放位置;

● 存放商品合理化。每一商品的存放是遵循一定的规则精细指定的;

● 储位上商品存放状况明确化。当商品存放于储位后,商品的数量、品种、位置、拣取等变化情况都必须正确记录,仓库管理系统对商品的存放情况明确清晰。

2. 储位管理要素

储位管理的基本要素主要包括储存空间的管理、商品的管理、人员的管理三个方面。

(1)储存空间

不同功能的仓库,对储存空间的重视程度不同,考虑的重点也不一样。对于侧重商品保管功能的仓库,主要考虑保管空间的储位分配,对于侧重流通转运的仓库,则主要考虑保管空间的储位如何能够提高拣货和出货的效率。在储位配制规划时,需先确定储位空间,而储位空间的确定必须综合考虑空间大小、珩柱排列、有效储存高度、通道、搬运机械的回旋半径等基本因素。

(2)商品

处于保管中的商品,由于不同的作业需求使其经常以不同的包装形态出现,包装单位不同,其设备和存放方式也不一样。此外对商品保管的影响因素还有:

- 供应商。商品由谁以什么方式供应,有无行业特点;
- 商品特性。商品的品种、规格、体积、重量、包装、周转速度、季节分布、理化性能等因素;
- 商品的进货时间及数量。商品采购时间,进货到达时间,商品的产量、进货量库存量等。

（3）人员管理

人员包括保管、搬运、拣货作业人员等。在储存管理中由保管人员负责商品管理及盘点作业;拣货人员负责拣货、补货作业;搬运人员负责入库、出库、翻堆作业。为了既提高作业效率,又达到省力的目的,首先,作业流程必须合理、精简、高效;其次储位配置及标示必须简单、清楚;第三,表单简要、统一且清晰。

（4）相关因素

- 设备。储位管理中的设备主要包括储存设备、搬运与运输设备两大类。设备的选用必须综合考虑商品特性、辅助工具、作业方式、设备成本等基本条件,例如自动立体仓库的选用、高层货架、重力式货架的选用。此外还必须注意其配套设施,例如电子辅助标签,无线传输设备及相关软件的配置等;
- 辅助物品。辅助物品主要包括包装材料与容器、转运托盘等。打贴标签、重新包装、组合包装等流通加工项目越多,对相应包装材料的需求就会增加。另外就是托盘、容器等运载工具的管理,随着流通设施通用性的增强,物流过程对托盘等运载工具的依赖性也就越强,因此,其管理也变的更加重要。其次是废旧包装物的回收利用,如果不统一进行管理将会影响到其他作业的顺利进行。对这些辅助物品的管理可以规划一些特定的储位,按照类似商品保管的要求来管理。

3. 储位规划

在存储作业中,为有效对商品进行科学管理,必须根据仓库、存储商品的具体情况,实行仓库分区、商品分类和定位保管。仓库分区就是根据库房、货场条件将仓库分为若干区域;分类就是根据商品的不同属性将存储商品划分为若干大类;定位就是在分区、分类的基础上固定每种商品在仓库中具体存放的位置。

（1）仓库分区

仓库分区是根据仓库建筑形式、面积大小、库房、货场和库内道路的分布情况,并结合考虑商品分类情况和各类商品的储存量,将仓库划分为若干区域,确定每类商品储存的区域。库区的划分一般在库房、货场的基础上进行,多层库房分区时也可按照楼层划分货区。

（2）储位确定

在进行储区规划时应充分考虑商品的特性、轻重、形状及周转率情况,根据一定的分配原则确定商品在仓库中具体存放的位置。

1）根据商品周转率确定储位

计算商品的周转率,将库存商品周转率进行排序,然后将排序结果分段或分列。将周转率大、出入库频繁的商品储存在接近出入口或专用线的位置,以加快作业速度和缩短搬运距离。周转率小的商品存放在远离出入口处,在同一段或同列内的商品则可以按照定位或分类储存法存放。

2）根据商品相关性确定储位

有些库存的商品具有很强的相关性,相关性大的商品,通常被同时采购或同时出仓,对于这类商品应尽可能规划在同一储区或相近储区,以缩短搬运路径和拣货时间。

3)根据商品特性确定储位

为了避免商品在储存过程中相互影响,性质相同或所要求保管条件相近的商品应集中存放,并相应安排在条件适宜的库房或货场。即将同一种货物存放在同一保管位置,产品性能类似或互补的商品放在相邻位置。将相容性低,特别是互相影响其质量的商品分开存放。这样既提高作业效率,又防止商品在保管期间受到损失。

对有些特殊商品,在进行储区规划时还应特别注意的是:

● 易燃物品必须存放在具有高度防护作用的独立空间内,且必须安装适当的防火设备;
● 易腐需储存在冷冻、冷藏或其他特殊的设备内;
● 易污损物品需与其他物品隔离;
● 易窃物品必须隔离封闭管理。

4)根据商品体积、重量特性确定储位

在仓库布局时,必须同时考虑商品体积、形状、重量单位的大小,以确定商品所需堆码的空间。通常,重大的物品保管在地面上或货架的下层位置。为了适应货架的安全并方便人工搬运,人的腰部以下的高度通常宜储放重物或大型商品。

5)根据商品先进先出的原则确定储位

先进先出即指先入库的商品先安排出库,这一原则对于寿命周期短的商品尤其重要,如食品、化学品等。在运用这一原则时,必须注意:在产品形式变化少,产品寿命周期长,质量稳定不易变质等情况下,要综合考虑先进先出所引起的管理费用的增加;而对于食品、化学品等易变质的商品,应考虑的原则是"先到期的先出货"。

除上述原则外,为了提高储存空间的利用率,还必须利用合适的积层架、托盘等工具,使商品储放向空间发展。储放时尽量使货物面对通道,以方便作业人员识别标号、名称,提高货物的活性化程度。保管商品的位置必须明确标示,保管场所必须清楚,易于识别、联想和记忆。另外,在规划储位时应注意保留一定的机动储位,以便当商品大量入库时,可以调剂储位的使用,避免打乱正常储位安排。

(3)储位编号

在根据一定的规则完成储位规划以后,接下来的任务就是对储位进行编号。

储位编号就是对商品存放场所按照位置的排列,采用统一标记编上顺序号码,并作出明显标志。

1)储位编号作用。科学合理的储位编号在整个仓储管理中具有重要的作用,在商品保管过程中,根据储位编号可以对库存商品进行科学合理的养护,有利于对商品采取相应的保管措施;在商品收发作业过程中,按照储位编号可以迅速、准确、方便地进行查找,不但提高了作业效率,而且减少差错。

2)储位编号的方法。储位编号应按一定的规则和方法进行。首先确定编号的先后顺序规则,规定好库区、编排方向及顺序排列;其次是采用统一的方法进行编排,要求在编排过程中所用的代号、连接符号必须一致,每种代号的先后顺序必须固定,每一个代号必须代表特定的位置。

● 区段式。把储存区分成几个区段,再对每个区段编号。这种方式是以区段为单位,每个号码代表的储区较大,区段式编号适用于单位化商品和大量商品而保管期短的商品。区域大小根据物流量大小而定;

● 品项群式。把一些相关性强的商品经过集合后,分成几个品项群,再对每个品项群进行编号。这种方式适用于容易按商品群保管和品牌差异大的商品。如服饰群、五金群等;

● 地址式。利用保管区仓库、区段、排、行、层、格等,进行编码。如在货架存放的仓库,可采用四组数字来表示商品存在的位置,四组数字代表库房的编号、货架的编号、货架层数的编号和每一层中各格的编号。对于如1-11-1-3的编号,可以知道编号的含义:1号库房,第11个货架,第1层中的第3格,根据储位编号就可以迅速地确定某种商品具体存放的位置。

此外,为了方便管理,储位编号和储位规划可以绘制成平面布置图,这样不但可以全面反映库房和货场的商品储存分布情况,而且也可以及时掌握商品储存动态,便于仓库结合实际情况调整安排。

4. 商品储存方法

(1)定位储存

定位储存是指每一项商品都有固定的储位,商品在储存时不可互相窜位,在采用这一储存方法时,必须注意:每一项货物的储位容量必须大于其可能的最大在库量。定位储存通常适应以下一些情况:不同物理、化学性质的货物须控制不同的保管储存条件,或防止不同性质的货物互相影响;重要物品须重点保管;多品种少批量货物的存储。

采用定位储存方式易于对在库商品管理,提高作业效率,减少搬运次数。但需要较多的储存空间。

(2)随机储存

随机储存是根据库存货物及储位使用情况,随机安排和使用储位,各种商品的储位是随机产生的。通过模拟实验,随机储存系统比定位储存节约35%的移动库存时间及增加30%的储存空间。随机储存适用于储存空间有限以及商品品种少而体积较大的情况。

随机储存的优点是共同使用储位,提高了储区空间的利用率。

随机储存的缺点:

● 增加货物出入库管理及盘点工作的难度;

● 周转率高的货物可能被储放在离出入口较远的位置,可能增加出入库搬运的工作量;

● 有些可能发生物理、化学影响的货物相邻存放,可能造成货物的损坏或发生危险。

(3)分类储存

分类储存是指所有货物按一定特性加以分类,每一类货物固定其储存位置,同类货物不同品种又按一定的法则来安排储位。

1)分类储存通常按以下几个因素分类:

● 商品相关性大小,商品相关性是指商品的配套性或由同一家顾客所订购等;

● 商品周转率高低;

● 商品体积、重量;

● 商品特性,通常指商品的物理或化学、机械性能。

2)分类储放主要使用于以下情况:

● 商品相关性大,进出货比较集中;

● 货物周转率差别大;

● 商品体积相差大。

3)分类储存的优点:

● 便于按周转率高低来安排存取,具有定位储放的各项优点;

● 分类后各储存区域再根据货物的特性选择储存方式,有助于货物的储存管理。

分类储存的缺点是储位必须按各类货物的最大在库量设计,因此储区空间平均的使用率低于随机存储。

（4）分类随机储存

分类随机储存是指每一类商品有固定的存放储区,但各储区内,每个储位的指定是随机的。其优点是具有分类储存的部分优点,又可节省储位数量,提高储区利用率。因此,可以兼有定位储存和随机储存的特点。分类随机储存的缺点:货物出入库管理特别是盘点工作较困难。

（5）共同储存

共同储存是指在知道各货物进出仓库确定时间的前提下,不同货物共用相同的储位,这种储存方式在管理上较复杂,但储存空间及搬运时间却更经济。

5. 储位指派方式

在完成储位确定、储位编号等工作之后,需要考虑用什么方法把商品指派到合适的储位上。指派的方法有人工指派法、计算机辅助指派法和计算机全自动指派法三种。

（1）人工指派法

人工指派法是指商品的存放位置由人工进行指定,其优点是计算机等设备的投入费用少。缺点是指派效率低、出错率高。

人工指派管理要点是:

● 要求仓管人员必须熟记储位指派原则,并能灵活应用;

● 仓储人员必须按指派单证把商品放在指定储位上,并做好详细记录;

● 实施动态管理,因补货或拣货作业时,仓储人员必须做好登记消除工作,保证账物相符。

（2）计算机辅助指派法

计算机辅助指派储位方法是利用图形监控系统,收集储位信息,并显示储位的使用情况,把这作为人工指派储位依据进行储位指派作业。采用此法需要投入计算机、扫描仪等硬件设备及储位管理软件系统的支持。

（3）计算机指派方法

计算机指派方法是利用图形监控储位管理系统和各种现代化信息技术,如条形码自动阅读机、无线电通讯设备、网络技术、计算机系统等,收集储位有关信息,通过计算机分析后直接完成储位指派工作。

相关链接

储位管理的意义

传统的物流系统中仓储作业一直扮演着最主要的角色,但是在现今生产制造技术及运输系统都已相当发达的情况下,储存作业的角色也已发生了质与量的变化。虽然其调节生产量与需求量的原始功能一直没有改变,但是为了满足现今市场少量多样需求的形态,使得物流系统中拣货、出货、配送的重要性已凌驾在仓储保管功能之上。

货品在拣货出库时的数量控制与掌握就称为"动管",以与传统仓储之"保管"相区别。而动管的掌握,目的在于因应时效性配送,故而重视其分类配送机能。物流中心的特性即在于重视分类配送机能之运作。从传统原料、成品仓库等与物流中心做一比较,即可清楚地看出各类仓库在保管机能、分类配送机能与面积运用的差异。

由于分类配送机能被重视，货品的保管就已不再是那么单纯。为了配合配送时效及市场少量多样的需求，货品的流通将变得快速且复杂，相对的，在储存作业中就会因流动频率及品项的增加而难以掌控。要如何有效的掌控货品去向及数量呢？当然，最有效的方法就是利用储位来使货品处于被保管状态，而且能够明确的指示储位的位置，并且货品在储位上的变动情况都能确实记录。一旦货品处于被保管状态就能时时刻刻掌握货品的去向及数量，知道其去向并了解其位置之所在，而储位管理就是提供此位置的管理原则，这也就是储位管理的意义所在。

第三节　货物出库管理

话题引入

长庆油田分公司物资出库管理办法

长庆油田分公司为了改善管理，实施了一套物资出库的管理办法，对物资的出库提高了要求，按照物资出库的程序做了认真的整改，将原有的一系列不合格的出库模式加以改进。经过整改后的长庆油田分公司减少了很多不必要的物资浪费，做到每笔业务均有账可查，方便了分公司及总公司负责人对油田的核查，使其整体业务水平有了很大的改善。

知识梳理

一、商品出库业务

1. 商品出库的依据、要求和方式

（1）商品出库的依据

商品出库依据货主开的"商品调拨通知单"进行。不论在何种情况下，仓库都不得擅自动用、变相动用或外借货主的库存商品。

"商品调拨通知单"的格式不尽相同，不论采用何种形式，都必须是符合财务制度要求的有法律效力的凭证。应避免凭信誉或无正式手续的发货。

（2）商品出库的要求

商品出库要求做到"三不三核五检查"。"三不"，即未接单据不翻账、未经审核不备货、未经复核不出库；"三核"，即在发货时，要核实凭证、核对账卡、核对实物；"五检查"，即对单据和实物要进行品名检查、规格检查、包装检查、件数检查、重量检查。

（3）商品出库形式

1）送货

　仓库根据货主单位预先送来的"提货单"或"出库通知（请求）"，通过发货作业，把应发商品交运输部门送达收货单位或者使用仓库的自有车辆将货物送至收货地点的发货形式就是通常所称的送货制。这种模式适用于少量物品的发货。

仓库实行送货具有多方面的好处，如仓库可预先安排，缩短发货的时间；收货单位可避免因人力、车辆等的不便而发生取货困难；在运输上，可以尽可能地合理使用运输工具，减少运费；而且货物的交接手续也可以在收货地点直接办理。

　2）自提

收货人自提是由收货人或其代理持"提货单"直接到仓库提取货物,仓库凭单发货,这种发货形式就是仓库通常所称的提货制。它具有"提单到库,随到随发,自提自运"的特点,货物的交接手续可以在仓库现场办理,在仓库现场双方即可划清交接责任。一般运用于有自备车辆,提货商品量较少的单位或运输距离较近的商品。

3)过户

过户是一种就地划拨的形式,商品虽未出库,但是所有权已从原库存货户转移到新存货户。仓库必须根据原存货单位开出的正式过户凭证,才予办理过户手续。

4)取样

货主单位出于对商品质量检验、样品陈列等需要,到仓库提取货样。仓库根据正式取样凭证才发给样品,并做好账务记载。

5)转仓

货主单位为了业务方便或改变储存条件,需要将某批库存商品自甲库转移到乙库。仓库也必须根据货主单位开出的正式转仓单,才予办理转仓手续。

2. 商品出库业务流程

根据商品在库内的流向,或出库单的流转而构成各业务环节的衔接,商品出库业务的流程如图4-1。

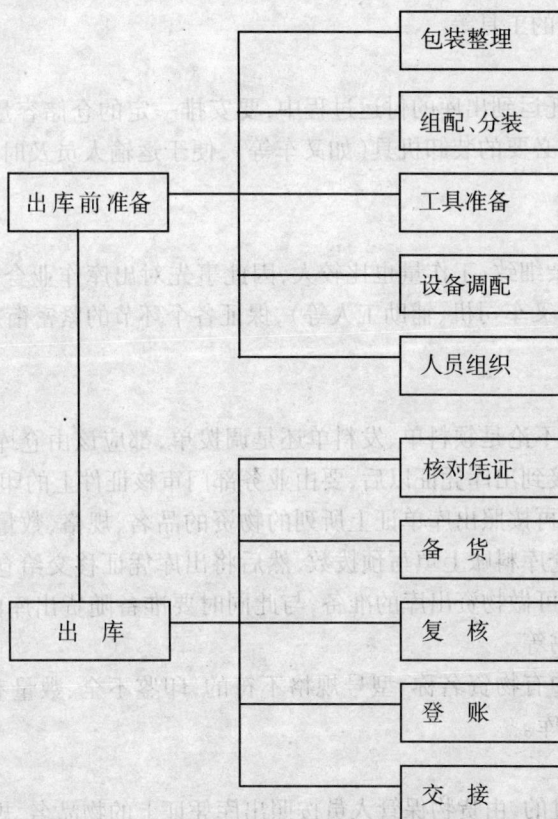

图4-1 商品出库业务流程

（1）出库前的准备

货物出库前的准备工作一般分为两个方面:一方面是计划工作,就是根据用货方提出的出货计划或者出货要求,事先做好货物出库的准备工作,包括货场货位、机械搬运设备、工具和作

业人员等的计划、组织;另一方面要做好出库物资包装和涂写标志工作。具体工作如下:

1)包装整理

出库发往外地的货物,包装要符合运输部门规定,要适合物资特点,大小和形状应合适、牢固,便于搬运装卸。要与承运单位联系,使包装适合运输,长途运输要加垫板,防止运输途中堆垛倾覆。冬季应该注意防寒。必要时应用保温车或专用运输车。出库的物资大多数是原件分发的,但经过中转装卸、堆码和翻仓倒垛、拆件验收,部分物资的包装已经不再适应运输的要求,因此仓库需根据情况,事先进行整理,包装如有破损要加固和更换。

2)组配、分装

运输经常拆零发货的物品,要事先准备好一定数量和不同种类的零货,发货付出后,应及时补充,避免临时拆包,延缓付货。如每箱1 000个的螺丝,习惯每次提货为200个,就平均分装在5个周转箱内,循环补货。实际工作中,如果是供应生产工位,就不必200个螺丝一个不差地数出来,每个螺丝价值低,没有必要浪费人力去检斤和数数。拼箱的物品一般要提前做好挑选、分类、整理、配额等准备工作。部分物品可以根据要求提前进行分装。

3)工具准备

有装箱、拼箱或改装业务的仓库,在发货前应该根据物品自身性质及运输部门的要求,准备好各种包装材料和相应的衬托物品。除此之外还要准备记号笔、颜料、封签、胶带、剪刀、胶带座、木箱、钉箱、扩仓的工具等。

4)设备调配

出库物资从办理托运到出库的付运过程中,要安排一定的仓储容量或站台等可以理货的场所,同时也需要调配必要的装卸机具(如叉车等),便于运输人员及时装卸货物,可以提高发货速度。

5)人员组织

出库作业比较复杂细致,工作量也比较大,因此事先对出库作业合理组织,安排好作业人员(如库管员、分拣员、叉车司机、辅助工人等),保证各个环节的紧密衔接是十分必要的。

(2)出库

1)核对出库凭证

物资出库的凭证,不论是领料单、发料单还是调拨单,都应该由仓库主管分配的业务部门签字或盖章。仓库在接到出库凭证以后,要由业务部门审核证件上的印鉴是否齐全,是否有涂改。在审核无误之后,再按照出库单证上所列的物资的品名、规格、数量等与仓库料账做全面核对。确定无误后在仓库料账上填写预拨数,然后将出库凭证移交给仓库保管员。保管员再次复核料卡无误后,方可做物资出库的准备,与此同时要准备随货出库的物资技术证件、合格证、使用说明、质检证书等。

凡是在证件核对中有物资名称、型号规格不符的,印鉴不全、数量有涂改、手续不合要求的,都不能予以发料出库。

2)备货

出库凭证审核通过的,由货物保管人员按照出库凭证上的物品名、规格等查对仓储实物保管卡,规格、批次和数量有规定发货批次的,按照规定发货;未规定批次的,按照"先进先出,推陈储新"等发货原则确定发货的垛位次序。

凡出库物资均应有技术证件。同批到达但只有一种技术资料的,应用抄写或复印的证件随货发送,原件则应由仓库保存。

备货的内容主要有：

● 准备附件，主要包括：技术标准证件、合格证、使用说明书、质量检验书等；

● 备货地点。原则上应在备货发货区域内备货、清点、复核；批量大、品种少的产品发货时，可在备货区准备单品种的零头，整托盘、整箱的物料则在原货位上等待出库，以减少搬运次数。若出货目的是供应生产线，则可以在开工前在线上备货交接；

● 备货人员，根据行业不同、业务能力不同，主要由库管员、分拣员、叉车司机或辅助工人等负责备货；

● 备货时间，一般情况下，快速消费品如饮料食品，需要头天晚上备好货，次日早上5点至7点送到超市、经销点；白天则要准备长途运输的备货出库，24小时循环往复。其他行业一般是当天备货当天发货，或前一天备货第二天发货，但管理不善的，可能备货后一个月才能发货。

3）复核

为防止差错，备货后应立即进行复核。出库的复核形式主要有专职复核、交叉复核和环环复核三种。此外，在发货作业的各个环节上，都贯穿着复核工作。

需要按照出库凭证上所列举的内容进行逐项检查。

● 物资的品名规格是否相符；

● 物资数量是否准确；

● 物资出库所应附的技术证件以及凭证是否齐全；

● 包装质量是否能满足运输要求等。

检查的具体内容如下：

● 包装是否能承受装载物重量，以保证物资在运输装卸过程中不致破损，保障物资的完整；

● 是否方便装卸搬运工作；

● 怕震怕潮的物资，沉淀是否稳妥，密封是否严密；

● 收货人、终站、箱号、危险品或其他标志是否准确明显；

● 包装上是否有装箱单（如表4-4），装箱单上所列的条目是否和实物、凭证等相符。

表4-4 装箱单

毛重：　　　　　　　　净重：　　　　　　　　箱号：

发货凭证号	品名规格	单位	数量	备注

装箱日期：　　年　月　日　　　　　　　　　　　　　　装箱人：

物资出库的复核形式应视具体情况而定，可由保管员自行复核，也可由双方保管员交叉复核，还可以设定专职出库物资复核员进行复核或由其他人员进行。

如经过反复复核的确出现不符时，应该立即调换，并将原错置物品上的标记去除，退回原库。此外，要复核结余物品的数量或重量是否与保管账目及商品保管卡的结余数相符，若有不符应立即查明原因。

4）登账

点交后，仓管人员应在出库单上填写实发数、发货日期等内容，并签章。

5）交接清点

备料物资经全面复核无误后，就可以办理清点交接手续了。

若采用用户自提方式,即可将物资和证件向提货人当面点清,办理交接手续。

若采用代运方式,则应办理内部交接手续,即由仓储保管人员向运输人员或包装部门人员点清交接,由接收人签字或盖章,以划清责任。

运输人员根据物资的性质、重量、包装、收货人地点等情况选择运输方式后,要清点箱件、做好标记、整理发货凭证等运输资料、向承运单位办理委托代运手续。对于有特殊情况的物品(如超高、超长、超宽、超重等),须在委托前加以说明,方便承运部门安排。

承运单位同意承运后,运输人员应及时组织人员将物资从仓库安全无误地点交给承运单位,并办理结算手续。运输人员须向承运单位提供发货凭证样本、装箱单,以便同运单一起交给收货人。

若采用专用线装车,运输人员需要在装车后检查装车质量,并与车站监督装货的人员做交接手续。

出库发运后,该物资的仓库保管业务即宣告结束,仓储管理人员应及时做好清理工作,主要包括现场清理和档案清理两部分。现场清理包括清理库存商品、库房、场地、设备等。档案清理是指对收发、保养、盈亏数量等情况进行整理。仓库保管人员应及时注销账目、料卡,调整货位上的吊牌等,以使得凭证物资的账、卡、物相一致,同时能及时的反映物资的进出、存取的动态。

二、出库单证的流转

出库单证主要是指提货单,它是向仓库提取商品的正式凭证。在仓储企业中,商品出库的主要有:用户自提和送货两种不同的出库方式。现将仓储企业基本的出库单证流转情况做一些介绍。

1. 提货方式下的出库单证流转

自提是提货人持提货单来仓库提货的出库形式。账务人员在收到提货单后,经审核无误,向提货人开具商品出门证,出门证上列有每张提货单的编号。出门证的一联交给提货人,账务人员将根据出门证的另一联和提货单在商品明细账出库记录栏内登账,并在提货单上签名,批注出仓吨数和结存吨数,将提货单传给仓管员发货。提货人凭出门证向发货员领取所提商品,待货付讫,仓管员应盖付讫章和签名,并将提货单返回账务人员。提货人凭出门证提货出门,并将出门证交给门卫。门卫在每天下班前应将出门证交给账务人员,账务人员凭此与已经回笼的提货单号码和所编代号逐一核对。如果发现提货单或出门证短少,应该立即追查,不得拖延。

2. 送货方式下的出库单证流转

在送货方式下,一般是采用先发货后记账的形式。提货单随同送货单经内部流转送达仓库后,一般是直接送给理货员,而不先经过账务人员。理货员接单后,经过理单、编写储区代号,分送仓管员发货,待货发讫后再交给账务人员记账。

对于其他的几种出库方式,其单证的流转与账务的处理过程也基本相同。取样和移库对于货主单位而言并不是商品的销售和调拨,但对仓库来说却是一笔出库业务。货主单位签发的取样单和移库单也是仓库发货的正式凭证,它们的流转和账务处理程序与提货单基本相同。商品的过户,对于仓库来说,商品并不移动,只是所有权在货主单位之间转移。所以,过户单可以代替入库通知单,开给过入单位储存凭证,并另建新账务,即作入库处理;对过出单位来说,等于所有商品出库。

三、发货作业

根据出库业务流程,审核出库凭证的工作之后,即开始按照出库单证所列项目将所拣取的商品按运输路线、自提或配送路线进行分类,再进行严格的出货检查,装入合适的容器或进行捆包,做好相应的标志,然后按车辆趟次或行车路线将商品运至发货区,最后装车发运,这一过程称为发货作业。

1. 分货作业

分货即拣货作业完成后,将所拣货物根据不同的货主或运输路线进行分类,也有一些需经过流通加工的商品,拣取货物集中后,先按流通加工方式分类,分别进行加工处理,加工完毕,再按送货要求分类出货。分货作业方式可分为人工分货和利用自动分类机分货两种主要方式。

(1)人工分货

人工分货是通过人工目视进行处理,所有分货作业过程全部由人工根据单证或其他传递过来的信息进行拣取商品。拣货作业完成后由人工将各客户订购的商品放入已标示好的各区域或容器中,等待出货。

(2)利用自动分类机分货

自动分类机利用计算机和识别系统完成对商品分类。这种方式不仅快速省力,而且准确,尤其适应于多品种业务繁忙的流转型仓库。

利用自动分类机分货的主要过程如下:首先必须将有关货物及分类信息通过自动分类机的信息输入装置,输入自动控制系统;当货物通过移载装置移动至输送机上时,由输送系统运送至分类系统;分类系统是自动分类机的主体,这部分的工作过程为先由自动识别装置识别货物,再由分类道口排出装置,按预先设置的分类要求将货物推出分类机。分类排出方式有推出式、浮出送出式、倾斜滑下式、皮带送出式等,同时为尽早使各货物脱离自动分类机,避免发生碰撞而设置有缓冲装置。

2. 发货检查

发货检查是根据用户信息和车次对拣取商品进行商品号码的核实,以及根据有关信息对商品质量和数量进行核对,并对产品状态及质量进行检查。

出货检查是保证单、货相符,避免差错,提高服务质量的关键,是进一步确认拣取作业是否有误的处理工作,因此,必须认真查对,找出产生错误的原因,采取措施防止错误的产生。检查方法有人工检查法、条码检查法和重量计算检查法三种。

(1)人工检查法

人工检查法是由人工将货物逐个点数,查对条码、货号、品名,并逐一核对出货单。进而检验出货质量及出货状况的方法。

(2)条码检查法

条码检查法首先必须导入条码,让条码始终与货物同行。在出货检查时,只需将所拣货物进行条码扫描,电脑便自动将拣货资料输出进行对比,查对是否有数量和号码上的差异,然后在出货前再由人工进行整理和检查。

(3)重量计算检查法

重量计算检查法是把货单上的商品重量自动相加求和,之后,称出发货品的总重量。把两种重量相对比,可以检查发货是否正确。

相关链接

云南双鹤药业仓储系统的合理化改造

1. 企业现有仓储系统的现状和产生的原因

（1）仓库的现代化程度低，设备陈旧落后，不少仍处于人工作业为主的原始状态，人抬肩扛，工作效率低。货物进不来出不去，在库滞留时间过长，或保管不善而破损、霉变、损失严重，加大了物流成本。这与企业的经济实力及远景规划有关。企业建立仓库仅把它作为存放货物的地方，因此对设备现代化的要求很低，而且廉价的劳动力使得企业放弃改造设备的打算，褡裢的手工作业使得人员不至于闲置，"不怕慢，只怕站"的思想在人们的心中根深蒂固，降低了工作效率。

（2）仓库的布局不合理。由于企业业务的不确定性，导致不同品种的零散物品占据很大的仓库面积，大大降低仓库的利用率；而且堆码、分区都很混乱，给出入库、盘点等带来诸多不便，往往是提货员拿着一张提货单在仓库里来回寻找，影响了工作效率，也影响了配送，降低了服务质量。

（3）库存成本过大。企业目前没有一套库存控制策略，包括经济定货批量，订货间隔期，订货点，安全或保险库存等。当某些物品的供大于求时就造成积压，浪费人力、物力和财力；当供小于求，发生缺货时，妨碍了企业的正常生产和销售，不仅带来经济损失，也使企业失去信誉。另一方面是破损、质变及退回商品没能及时处理所形成的库存。企业的仓储部与质检科联系不紧密，信息传递缓慢，对破损、质变等商品的单据处理及层层上报批复的过程复杂，甚至是责任不明确形成的互相推卸。这一切造成了库存的增大和库存成本的提高。

（4）仓库管理信息系统不完备，其信息化和网络化的程度低。这是受企业的经济实力、人员素质及现代化意识等因素的影响。现在，企业的储运部只有一台计算机，接收订单、入账、退货单处理、报损、退厂、查询等工作都只能由它完成，工作量大而繁，易出错，同时也影响了整个管理链条中的信息传递和库存管理控制。

（5）员工素质低下。云南双鹤在人员的聘用上悬殊很大，基层员工接受不了高层管理人员的思想，导致工作上的误差，甚至引起抵触情绪，基层员工在学习培训过程中装模作样，工作起来得过且过，上班时间成了娱乐时间，一些员工还把家里的活带到工作中来做，作风散漫，对本职工作不尽心尽力，更谈不上创造性和积极性。

针对这些现状，企业如何在广泛的空间充分发挥自己的潜力，免于被淘汰呢？我认为，企业除了引进先进技术和人才，整合营销，树立全球竞争观念，开拓国际市场，走国际化经营之路外，更重要的是根据企业的特色优势，实行内部改革，在完善管理和引进技术的同时，加强企业的文化建设，这样才能推进云南双鹤的快速发展。

2. 企业仓储系统合理化改造的建议和方法

（1）重视对原有仓库的技术改造，加快实现仓储的现代化

目前医药行业的仓库类型主要分为生产物流中的制药原料及成品库和销售物流中的战略仓库，大多数的企业比较倾向于采用高位货架结合窄通道、高位驾驶、三向堆垛、叉车的立体仓库模式，如西安杨森、通化东宝、奇化顿制药、中美史克等。在此基础上，根据实际需要，尽可能引进国外先进的仓储管理经验和现代化物流技术，有效的提高仓库的储存、配送效率和服务质量。

（2）完善仓库功能逐步实现仓库的社会化

　　加快实现仓库功能多元化是市场经济发展的客观要求,也是仓库增加服务功能,提高服务水平,增强竞争力,实现仓库社会化的重要途径。在市场经济条件下,仓库不应该再仅仅是存储商品的场所,更要承担商品分类、挑选、整理、加工、包装、代理销售等职能,还应成为集商流、物流、信息流于一身的商品配送中心、流通中心。现在在美国、日本等发达国家,基本上都把原来的仓库改成商品的流通加工配送中心。基于云南双鹤目前的规模及企业实力,企业应实现现有仓库向共同配送的库存型配送中心转化,商品进入配送中心后,先是分类储存,再根据用户的订货要求进行分拣、验货、最后配送到各连锁店和医疗单位。这种配送中心作业简单,只需将进货商品解捆后,每个库区都与托盘为单位进行存放即可。

　　(3)建立完备的仓库管理系统

　　最近,美国凯玛特的破产再一次警示那些在库存管理上有问题的公司最终难以避免破产的命运。双鹤药业收购的众多子公司也同样存在程度不等的存货管理不善问题,各种过期和滞销存货以及应收款项使得这些国有商业公司步履维艰。所以云南双鹤物流管理的建设必须解决存货管理的低效率现状,解决管理链条中信息传递问题,降低库存成本和存货滞销风险。

　　成功的经验表明,WMS是低风险、高回报的选择,其投资回收期通常不超过一年半,有的甚至在一年以内。也正因此,WMS受到世人的青睐,大量应用于财富500强企业中,其应用行业的范围也十分广泛,包括制药业、食品工业、印刷厂、时装服饰业、出版业、电信业和硬件制造等。采用世界最新、最领先的信息管理系统来加强企业的内部管理与控制能力,对贯穿企业产供销各个环节的供应链进行合理、科学的整合,通过创建高度共享的数据平台对远程数据进行安全、高效的传递和处理,为决策者提供有效的预测、控制和分析基础数据。一项由"仓库教育和研究协会"做出的研究表明,最好的仓库运行机制可以获得99.9%订单准确率和99.2%的准时出货率,"零误差"被认为是可以接受的目标。

　　如果说物流硬件设备犹如人的身体,那么物流软件解决方案则构成了人的智慧与灵魂,灵与肉的结合才是完整的人。同理,要想构筑先进的物流系统,提高物流管理水平,单靠物流设备是不够的。

　　当前,互联网技术的普遍应用使全球范围内的商业模式正经历着前所未有的变革,每个企业都面临着重建供应链管理,特别是物流流程的挑战。只有重构或优化供应链管理,减少运作成本,企业才有足够的竞争力在各自的市场生存。先进成熟的物流信息系统是众多行业专家多年经验的集成,是好的管理思想的融汇与结晶,可以帮助企业优化业务流程,降低物流成本,提高供应链的透明度,确保商品精确、及时交付,最终提高客户服务水平,并因此获得客户忠诚度,这也正是企业核心竞争力所在。

　　据中国信息产业部提供的数据,我国企业的物流成本约为18%,而美国仅为9%,借助好的物流软件,可以将中国企业的物流成本降低到10%左右。如EXE的仓储管理软件,支持在线和离线仓库管理,适合电子商务的需要。再如澳大利亚PULSE物流系统公司提供的仓库管理软件,除了可以管理库存货物的数量与位置外,更加注重优化仓储中的各种资源,如人力资源、物流装备资源等,通过RF设备、扫描仪和其他物料搬运设备来实现对货物、人员、物流设备的运作管理。实践表明,采用PULS仓储管理系统为客户带来的效益是显著的:可以使拣货时间缩短50%,降低直接劳动成本40%以上,仓库空间利用率提高20%,库存水平减少15%,客户报告的仓库错误下降至零。

　　云南双鹤可以根据自己的经济实力和发展需求,有选择的借鉴这些软件。

　　(4)减少作业环节

每一个作业环节都需要一定的活劳动和物化劳动消耗,采用现代技术手段和实行科学管理的方法,尽可能地减少一些作业环节,既有利于加速作业的进度,又利于降低成本。

1)采用"二就直拨"的方法

● 就厂直拨。企业可以根据订单要求,直接到制药厂提货,验收后不经过仓库就将商品直接调运到各店铺或销售单位;

● 就车直拨。对外地运来的商品,企业可事先安排好短途运输工具,在原车边即行分拨,装上其他车辆,转运收货单位,省去入库后再外运的手续。

以上这两种方法既减少了入库中的一切作业环节,又降低了储存成本。

2)减少装卸搬运环节

改善装卸作业,既要设法提高装卸作业的机械化程度,还必须尽可能地实现作业的连续化,从而提高装卸效率,缩短装卸时间,降低物流成本。其合理化措施有:

● 防止和消除无效作业。尽量减少装卸次数、努力提高被装卸物品的纯度、选择最短的作业路线等都可以防止和消除无效作业。

● 提高物品的装卸搬运活性指数

企业在堆码物品时事先应考虑装卸搬运作业的方便性,把分类好的物品集中放在托盘上,以托盘为单元进行存放,既方便装卸搬运,又能妥善保管好物品。

● 积极而慎重地利用重力原则,实现装卸作业的省力化

装卸搬运使物品发生垂直和水平位移,必须通过做功才能完成。由于我国目前装卸机械化水平还不高,许多装卸工作尚需人工作业,劳动强度大,因此必须在有条件的情况下利用重力进行装卸,将设有动力的小型运输带(板)斜放在货车、卡车上进行装卸,使物品在倾斜的输送带(板)上移动,这样就能减轻劳动强度和能量的消耗。

● 进行正确的设施布置

采用"L"型和"U"型布局,以保证物品单一的流向,既避免了物品的迂回和倒流,又减少了搬运环节。

(5)减少退货成本

随着退货会产生一系列的物流费、退货商品损伤或滞销而产生的费用以及处理退货商品所需的人员费等各种事务性费用,而且由于退回的商品数量小,品种繁多,使配送费用有增高的趋势,处理业务也很复杂,这些费用构成企业物流成本中的重要部分,必须加以控制。

控制退货成本首先要分析退货的原因,一般来讲,只要掌握本企业商品在店铺的销售状况及客户的订货情况,做出短期的销售预测,调整企业的商品数量和种类就能从根本上解决由用户引起的退货现象。另外,应从本企业的角度找出退货的原因,企业往往为了追求最大的销售目标,一味将商品推销给最终用户,而不管商品实际的销售状况和销售中可能出现的问题,结果造成流通在库增加、销售不振、退货成本高昂,因此应改变企业片面追求销售额的目标战略,在追踪最终需求动向和流通在库的同时,为实现最终需求增加而实施销售促进策略。

与上述问题相关联,要根本防止退货成本,企业还必须改变员工绩效评价制度,即不是以员工每月的销售额作为奖惩的依据,而是在考察用户在库状况的同时,以员工年度月平均销售额作为激励的标准,这样才能在防止退货出现的情况下,提高经营效率。当然,在制度上还必须明确划分产生退货的责任,端正员工的工作态度,按用户要求准确无误的发货。

(6)其他具体操作要求

1)经过严格质检入库的商品应根据药品与非药品、处方药与非处方药、内服与外用药品、

危险品等分区域储存。冷藏药品按要求温度存放，阴凉库小于20℃，常温库在0℃~30℃，适宜温度范围60%~75%，温度范围2℃~10℃，上下午定时检查及时调整；

2）堆码整齐，五距合理（底、墙、顶、柱、间），无倒置；

3）不同批号不混垛。不可避免时，混垛时限不得超过1个月；

4）特殊管理药品专库/专柜，双人双锁，专账记录，账物相符；

5）定期清扫库房卫生，保持库容整洁有序。劳动工具及包装物品按指定位置摆放；

6）对在库商品实行定时的养护检查，做好养护记录，有质量问题的商品应尽快通知质量管理科处理；

7）严把出库质量关，做好复核记录台账；

8）退货商品应专人管理并存放于退货区，必须进行重新质量验收程序，做好记录台账。属合格品方可入合格品库，有质量问题的入不合格品库；

9）不合格品存放于不合格品库区，进行控制性管理，按程序上报，查明原因后应及时处理。

（7）培养仓储技术人才，加强物流管理

要转化就要从引进高素质人才和培训企业员工着手，在广泛吸纳社会上有用人才的同时，更要加速提高现有人员的业务技术和道德素质，建立一支高素质的和高科技含量的职工队伍。

（8）加快建立现代企业制度和推行ISO9000族标准管理模式

实现现代物流功能的集成化，服务的系统化和作业的规范化，都离不开制度的约束，所以说尽快建立现代企业制度是至关重要的。目前，云南双鹤的仓储形成了拖、推、懒、散现象，责、权、利不分，要想打破旧的观念，就要输入强烈的市场经济观念，思想上要树立和强化改革开放意识，作风上要树立雷厉风行意识，精神上要树立艰苦创业意识等等，用现代企业管理制度代替旧的管理模式，规范每一个作业环节、程序和责任人。

本章要点回放

1. 入库前的准备

2. 入库业务的受理及入库保管合同

（1）入库业务受理的类型；

（2）入库保管合同。

3. 商品的编码与分类

（1）商品编码；

（2）商品分类。

4. 入库作业过程

入库作业过程一般由接运、验收、入库交接三个环节构成。

（1）商品接运；

（2）商品验收；

（3）入库交接。

5. 货物保管场所的规划

场所规划时要遵守以下基本原则：

（1）存放在同一货区的物品必须具有兼容性。也就是说性质互有影响和相互抵触的不能同库存放；

（2）保管条件不同的不应混存。当物品保管要求的温湿度等条件不同时，也不宜把它们存放在一起，因为在一个保管空间同时满足两个或多个保管条件是不可行的，更是不经济的；

（3）作业手段不同的货物也不能混合存放。否则将会影响货区的配置设备的利用率，增加作业组合的复杂性和难度，增大作业风险；

（4）灭火措施不相同的货品不能混合存放，否则将增大安全隐患，不利于火灾的控制和补救。

6. 确定货物的堆码方式
（1）货位的使用方式；
（2）确定货位的原则；
（3）货物存放的基本原则；
（4）货物存放的基本方法。

7. 储位管理
（1）储位管理目标与原则；
（2）储位管理要素；
（3）储位规划；
（4）商品储存方法；
（5）储位指派方式。

8. 商品出库业务
（1）商品出库的依据、要求和方式；
（2）商品出库业务流程。

9. 出库单证的流转
（1）提货方式下的出库单证流转；
（2）送货方式下的出库单证流转。

10. 发货作业
（1）分货作业；
（2）发货检查。

每章一练

1. 在组织仓储作业时应该注意哪些问题？
2. 入库作业应遵循怎样的管理原则？
3. 商品入库前的具体准备工作有哪些？
4. 商品编码有哪些原则？
5. 商品分类的原则和方法有哪些？
6. 储位管理的目标和原则是什么？
7. 商品出库的基本要求有哪些？
8. 简述商品出库作业的程序。
9. 物资出库过程中常见的问题有哪些？应该怎样处理？

第五章　库存管理

库存管理被越来越多的物流企业的经营管理者关注,这对于仓库管理者来说,既要满足用户存取物品的各种需要,又要增加收入、降低成本,从而提高利润水平,并扩大市场占有率。库存商品占用大量的流动资金,所以,减少库存、降低库存的成本、尽量达到零库存的状态,这是库存管理的重点所在,也是企业挖掘第三利润源的重心。

章节要点

- 库存定义和类别
- 库存管理的各种方法
- ABC 管理法的管理模式
- 库存商品的保管和养护措施

第一节　库存管理概述

话题引入

库存管理不可忽视

用户服务器技术已经拖累我们很久了。分散且不断变化的环境抓起大部分企业和服务提供商的客户的后颈把它们从高处狠狠地摔在了地上。

从库存的角度来看,过多的、过于分散的小系统使得网络的面貌模糊不清。除此之外,几乎在每个网络终端,都存在着过多独立的小元素,包括:DNS 和 LDAP 服务器、防火墙服务器、应用软件服务器和路由装置。

除了元素繁多之外,网络从技术上也变得更加复杂,这进一步加大了库存的挑战。网络的设备越多,维护费用越高。对“接触”要求越来越高也意味着对安全措施的依赖更大。

IT 库存管理看起来直到最近才出了问题。传统上,IT 库存就像是资产管理,涉及资产折旧、支持合同水平、设备生命周期的结束、厂商和合同信息等任何与资产负债表有关的信息。

进一步,在大多数的电信企业,库存管理还没有得到牢固的地位。由于大部分公司没有设置管理战略或系统,因此设置管理,尤其是不同的操作环境下的设置管理,缺乏有条理的和集中的管理方式。这些公司只应付每日的变化,却无法对网络设备、配置和规则的变化采取全球性的追踪。因此,如果由于故障,你改变了一个端口的路由,但没有向一个中央的地方报告路由的变化,你如何才能知道在一个特定的路由器上有多少端口可用呢? 这就是配置对于库存的影响。

内部流程进一步加剧了对库存的挑战。可笑的是,库存本身实际上是没有流程的,反而高度依赖于周围各种各样的流程。这些流程包括网络和性能管理、变化和配置管理,以及 MAC－D(Moves、Adds、Changes、Disconnects,即移动、添加、改变和断开)。每一个这样的流程都有许多子流程,每一个子流程又可能影响库存。如果要深入讲述这些细节,要一本书才行。简单说来只需一句话：对于任何公司，你仍然需要用流程图来表示流程和定义影响库存的数据元素。

由于解决方案费时费钱，许多公司不愿购买库存管理解决方案。那么，如何摆脱困境呢？首先，要弄清楚你自己的库存问题的严重程度。根据 RHK 咨询公司的一项研究，服务提供商网络容量使用率从 40% ~65% 不等。从具体数据来说，如果你在网络上投资了一千万美元，而只使用了其中的 65%，那么你就损失了价值 350 万美元的库存。这太糟糕了！但是，这却是经常发生的。

要找出问题究竟是什么，一个好办法就是确定问题的范围，如：无法减少"平均维修时间"（因为这个问题更有可能是因为得到正确资源的速度不够快）或无法减少资本支出，这意味着你必须充分利用现有资源。一旦认清了采用库存管理方案的理由和潜在收益，下一步就是库存路线图了。

路线图包括库存的定义。从局域网的角度来看，是否应当包括键盘和显示器？从广域网的角度来说，是否包括服务器？服务器的应用软件是如何处理？再具体一点儿，应用软件通常以母子关系运行。那么，应用软件是否要包括母子版本？一种应用软件或数据库对于其他应用软件的要求是什么？你所管理的网站怎么样？还有很多很多问题。库存的复杂性远远高出员工桌上的电脑。

接下来，要定义你的命名规律和流程。对于网络上的每一个设备，都要了解它在哪里，怎样被使用着，它是使用过度还是未被充分使用，以及这两种情况所产生的影响。你也可以为公司中已经接近使用年限的库存进行规划。许多公司通过 eBay 拍卖和二手设备市场将库存清理掉。规划应当包括库存控制的建立，从而取得一些时间。条形码可以起到一定的作用，但是对于过于分散的环境，也有自身的局限性，因为它也带来一整套新的流程工作量。

库存已经发展成目前企业和服务提供商的 IT 基础设施中的很重要的一部分。库存过去一直没有被充分地认识。通过采用管理库存的战略，建立起一个成功的库存管理是完全有可能的。

知识梳理

一、库存管理的概念

库存管理通常被认为是对库存物资的数量管理。甚至往往认为其主要内容就是保持一定的库存数量。但是，就库存所包括的内容来说，数量管理仅仅是其中的重要一项，并不是库存管理的全部内容。

当今社会信息网十分发达，只有及时、准确地掌握信息，才能使企业不被激烈竞争的潮流所吞没，始终立于不败之地。库存物资应是良品，假如是过时的、陈旧的物品，这一情报便会迅速传到有关单位，势必会降低企业的信誉。因此，必须实行有效的库存管理。

另外，即使库存物资是良品，但如果存放数量过多，势必积压资金，影响资金周转，还要花费更多的人力、财力去保管。反之，若库存物资数量过少，外界又会怀疑企业实力不雄厚，也会影响企业的发展。

因此，在准备实行库存管理时，预先要明确规定出经营方针。例如，库存物品在何时入库为宜；库存数量应为多少适宜；存放的迄止日期应在何时为宜。应先针对上述具体问题确定经营方针，然后，再开始进行库存管理工作。

开始接触库存管理工作时,往往觉得难以入手,但是如果能遵循一定程序进行管理,做起来并不困难。库存管理工作应该力争做到供需双方相互协调满意,企业之间或管理人员之间应该彼此融洽、相互信任。这是因为库存管理工作的使命就是,保证库存物资的质量,尽力满足用户的需求,采取适当措施,节约管理费用,以便降低成本。

二、库存的分类

库存可以按照不同的标准、不同角度进行分类,以满足不同目的的研究。

1. 按照企业库存管理的目的划分

(1)周转库存

周转库存又称经常库存,是指为了满足日常周转需求而建立的库存。即在前后两批货物正常到达的期间,提供生产经营需要的储备。这种库存是不断变化的,物品入库时库存量到达最高,随着生产消耗或销售,库存量减少,到下一批物品入库前达到最小。周转库存通常有三个来源:购买、生产和运输。这三个方面通常会导致暂不使用或不售出的存货的累积。

不同购买数量产生的价格折扣,可能会促使企业进行一次性的大量采购,从而产生周转库存。企业在购买原材料或物资时,购买的数量较大时,通常都可以获得折扣。因此,在市场需求量有保证的条件下,当因大量购买折扣所获得的货款上的减免大于由此而增加的存货持有成本时,企业便会选择超销售额购买,这就意味着将存在很长一段时间才能用尽或售出的周转存货。

大规模运输的价格折扣,可以大大降低企业的采购运输成本,这也是产生周转库存的原因之一。运输的数量越大,运输公司越能节省理货或相关的集货成本,往往给运输大规模数量的货物提供运费方面的价格折扣。因此,在市场需求量有保证的条件下,只要运费支出方面的节约或运费与货款两项支出节省的成本之和大于由此而增加的存货持有成本,企业也会愿意持有周转存货。

生产方面的规模经济和生产工艺的特性要求生产尽可能保证批量性和连续性,要求企业的原材料和零部件保持一定数量的存货。

(2)安全库存(保险库存)

安全库存指为用于防止和减少因订货期间需求率增长或到货期延误所引起的缺货而设置的储备。任何的行业和业务都面临着不确定性,这种不确定性的来源可能是多方面的。从需求方的角度,解决不确定性问题的一个习惯做法是预测需求,但预测总是存在着不确定性,预测数量也不可能完全精确。对供应方来说,不确定性是确定零售商或厂商的需要连同完成订单所要的时间。就交付的可靠性来说,不确定性可能来自运输。当然,其他原因也能产生不确定性。不确定性就需要企业备有一定量的安全存货来进行缓冲处理。

(3)加工和运输过程库存

加工库存是指由于正在加工或等待加工而处于暂时储存状态的商品。

运输过程的库存是指处于运输状态(在途)而暂时处于储存状态的商品。不同的运输方式速度和费用不同,会产生不同程度的存货成本。如速度最快的空运,在途时间短,存货成本相应较低,但运输费用却很高;铁路或水运的运输费用较低,但在途时间较长,因此会产生较高的存货成本。

2. 按照库存在社会再生产过程中所处的领域分类

(1)制造库存

制造库存是指制造商为了满足自己生产消耗的需要,保证生产的连续性和节奏性而建立的储备。而按照储备的用途又可细分为:原材料库存、辅助材料库存、半成品库存和产成品的库存。在产品供大于求的情况下,库存正由制造商逐渐向供应商和销售商转移,这已经成为一种趋势。

(2)流通库存

流通库存是指为了满足生产和生活消费的需要,补充制造储备和生活消费储备的不足而建立的库存,包括批发商、零售商为保证商品的供应和销售而建立的物资储备,以及在车站、码头、港口、机场等待中转运输和在途运输过程中的物资商品。

(3)国家储备

国家储备是流通库存的一种特殊形式,它是国家为了应对自然灾害、战争和其他突发意外事件而建立的长期储备,如石油战略储备、国家粮库储备等。

库存还可以按物品的价值、在企业中的用途进行分类。

三、库存管理的意义

进行库存管理的意义就在于:它能确保物畅其流,促使企业经营活动繁荣兴旺。不论什么企业,都要储备一些物资。以生产为主的企业,不储备一定的物资,不能维持其连续生产;服务性行业,也要备置某些需用的设备和服务用具;就连一般的事业单位,也要备有某些办公用品等。因此,各行各业都存在不同程度的库存管理业务。

实行库存管理有如下优点:

1. 有利于资金周转

因为在某些特殊情况下,可以做到将库存需要的投资额规定为零。为此可使经营活动更为灵活,把用于建立原材料、制成品、商品等常备库存所需要占用的资金转为经营其他项目,这就有可能使经营活动向更新、更高的阶段发展。

2. 促使生产管理更为合理

这是因为库存管理工作的目标之一就是必需的物资,即在需要时,按需要量供应。目前生产管理较为混乱的主要原因在于一些急需的物资不能及时供应,要从根本上杜绝此类现象,就要认真搞好库存管理。

3. 有利于顺利地进行运输管理,也有助于有效地开展仓库管理工作

通过库存管理,可将原来零散放置的物料整理得井然有序,可使企业的生产环境整洁一新,实现文明生产。废旧物料堆放整齐,报废的设备及时运走,工厂的空地整洁干净,这样的环境,自然令人感到心情舒畅。此外,还可以把经常动用的物料以及危险性物料分片保管,以保证工厂的安全生产。

库存管理工作的好坏,对改善企业生产环境将起着举足轻重的作用。

四、库存管理的功能

一般情况下,生产与消费之间均有时间差,库存管理的主要功能,就是在供应和需求之间进行时间调整。

此外,生产或收获的产品,产出多少就销售多少,不进行库存管理,价格必然暴跌,为了防止这种情况的发生,也需要把产品保管在仓库里。可见库存管理在提高时间功效的同时还有调整价格的功能。因此,我们说库存管理具有以调整供需为目的的调整时间和调整价格的双重功能。

以前,人们把保管看作是一种储存,最近对于库存的认识已发生了变化。过去把仓库叫作"储存仓库",也就是把夏天生产出来的产品存放到冬天,或是把秋天收获的农产品存放到下一个收获季节,并进行质量的管理。

世界经济的发展,曾经历过经济高度增长的大批量生产、大批量销售的时代,进入稳定增长时期之后,由于需求方式出现了个性化、多样化、特色化的改变,生产方式也变为多品种、小批量的柔性生产方式。物流也由少品种大批量物流进入多品种、少批量或多批次、小批量时代,库存管理功能从重视保管效率逐渐变为重视如何才能更顺利地进行发货和配送作业。

流通仓库作为物流服务的据点,在流通过程中发挥着重要的作用,它将不再以储存保管为其主要目的。库存管理包括拣选、配货、检验、分类等作业,并具有多品种小批量、多批次小批量等收货配送功能以及附加标签、重新包装等流通加工功能。

五、与库存管理有关的费用

1. 订货费

订货费用是指为补充库存、订购物品时发生的费用。它包括办理订货手续、物品运输与装卸、验收入库等费用以及采购人员的差旅费等。

2. 保管费

保管成本是物品在仓库内存放期间发生的成本。它包括仓库管理费,货物在存放过程中发生变质、损坏、丢失、陈旧、报废等的损失以及保险、税金、占用资金的利息等支出。这部分成本随库存储备数量与时间的增加而增加。

3. 购置费

购置费用是购置物品时所花费的费用,即购置物品所支出的货款。如果物品的购置费用不受批量大小的影响,在库存管理决策中可以不考虑这项费用。但当采购量影响物品价格时,如供应商对购货量大的物品给折扣时,则必须考虑此项费用。

4. 缺货费

缺货费是指由于不能满足用户需要而产生的费用。它包括:(1)由于赶工处理这些误期任务而产生的生产与采购费用;(2)由于丢失用户而对企业的销售与信誉造成的损失;(3)误期的赔偿费。显然,缺货费随缺货量的增加而增加。

5. 补货费

补货是当用户买货时,仓库没有现货供应,为不丧失销售机会,仍希望用户在这里订货,进行欠账经营,进货后立刻补货给用户。为了实现补货,往往发生补货费用。如为了吸引顾客,需要花费招待费、感情费、回扣费等,或是优惠服务和优惠价格等产生的费用。补货费与补货量、补货次数和补货时间有关。

相关链接

部分企业零库存战略

从库存概念上来理解的话,零库存永远只是各个生产商、代理商的追求,因为严格从操作意义上来说,零库存是不可能真正实现的。由于受到不确定供应、不确定需求和生产连续性等诸多因素的制约,企业的库存不可能为零,所以众多商家才确定了基于成本和效益最优化的安全库存,即企业库存的下限。但是,通过有效的运作和管理,企业可以最大限度地逼近零库存。而我们现在讨论的就是从理论上以及目前众商家的实施程度上来讨论现实中的零库存运作方案。

现在我们来确定一个前提。零库存方案在先排除物流运作的因素之后，首先要考虑的就是信息的交换问题。因为只有信息及时、合理地正常沟通，才能正确预测出物料的准确需求量以及供求时间。

家电企业美的有这样一个理念：宁可少卖，不多做库存。这句话体现了美的控制库存的态度以及决心。而不同的生产模式对应着企业不同的库存控制方法，也就成就了全球大多数拥有经典库存控制法的成功企业。像 Dell 这样采取按单生产模式的企业，控制原材料和零配件库存更是重中之重。一般情况下，包括手头正在进行的作业在内，dell 的任何一家工厂里的库存量都不超过 5～6 个小时的出货量。这种模式，就是 JIT 方式，即以最准时、最经济的生产资料采购和配送满足制造需求。

要想做准预测，来自市场的信息更是不可忽视。然而，从销售渠道中逐级反馈得到的信息，容易产生"皮鞭效应"，因此缩短销售渠道或利用信息系统实现信息共享不失为有效方法。虽然美的目前的销售仍然沿着一级经销商、二级经销商到零售商的渠道，但它的第三方物流公司一般把产品直接运送到指定的二级经销商或零售商处，从而缩短了与市场的距离。物流公司所掌握的市场流量信息的有效性相对提高，为物流事业部的库存预测提供了帮助。而海尔的市场渠道更短，面对零售商的销售公司能够直接获取市场信息，这也为他们的订单下达增加了把握。而宝洁和它发射了卫星的零售商沃尔玛之间则用信息系统架起了直通桥梁（VMI：Vendor Managed Inventory，供应商管理库存）。宝洁可以实时跟踪其产品在沃尔玛的库存情况，从而及时制订批量生产计划，实现为沃尔玛自动补货。这样，一方面减少占用沃尔玛的库存资源，同时也可以节省自己的生产资源，减低自己的库存成本。但是尽管有诸多参数和技术系统的辅助，信息系统中也有装备精良的预测模型，但仍然不能全部排除市场的不确定性。到目前为止，没有哪家企业能够做到 100% 的准确预测，如果滞销，则作为库存积压；如果脱销，则不能满足市场。

毕竟是买方市场，作为企业自身来讲只能按照最成熟的理论模型模拟和预测消费者的采购行为，再根据适时销售统计系统的信息做出最佳采购数量、时间的安排。

现在来看海信的例子。海信电器股份有限公司表现出来的零库存管理的核心在于必须尽快地制造更好的产品，并有一个反应迅速的营销体系，以便更迅速地把它们交到消费者手中，周期尽可能缩到最短，有效库存降到最低。这样可以大大提高资金周转率，很好地降低了经营风险，并能及时提供给消费者高质量的"保鲜"产品。海信的零库存管理是建立在整个企业数字化管理的基础上的。它每年都要事先做好下一年的年度计划，如年度的销售额、产量、市场占有率、销售网点等等。而且海信早在 1995 年就开始兴建有专人负责的销售网络，现在它的产品在市场上总共有 20 个型号，每个型号仓库里有多少台，分公司仓库里有多少台，以及分公司下辖的网点有多少台机器，都有准确的统计数据，而且通过海信投巨资兴建的遍布全国的完善的网络，每一天销售多少台机器都能一清二楚，这样使调配资源有充分的依据。同时，为确保各管理环节的落实，他们还实行百分制考核，包括市场销售人员，每个月都要打分，对每个人的任务完成时间，完成程度都落到实处，绝不能有虚假。

这样我们看到，零库存管理其实也就是库存控制的延续和升华。这也再次强调了国有大中型企业想要做到、做好零库存战略，首先就要从头做起，做好最基本的库存控制，了解库存的战略意义，并做出适宜的库存战略管理计划，这样才能为将来的零库存战略积累丰富的经验和打下坚实的基础。

第二节 库存管理方式

海尔理念
——零库存、零距离、零营运资本

以订单为中心,意味着海尔的产品一定是有订单的,拿到订单再组织生产,整个流程生产的是有用户需求的产品。这个产品对用户来讲,应该是一手交货,一手交钱,这样做就实现了"三个零"的目标。

1. 零库存

物流是以时间消灭空间,用速度时间消灭库存空间。把所有仓库都消灭掉,这是海尔的一个目标。

海尔通过三个 JIT 打通这些水库,把它们变成一条流动的河,不断地流动。

JIT 采购。就是需要多少,采购多少;通过国际化分供方,采购到完成订单最需要的零部件和原材料。

JIT 送料。在海尔,仓库只是一个配送站。海尔规定,在仓库存放的所有物料从采购进来到车间的制造系统不能超过 7 天,海尔立体库的零部件一般只存放 3 天。

JIT 配送。海尔在全国建立物流中心系统,无论任何地方,海尔都可以送货。

2. 零距离

市场链的第二个目标是服务零距离,即根据用户的需求拿到订单,再以最快的速度满足需求。这与商流有关,商流是以空间消灭时间。用户在网上订货,海尔根据订单送货,流程便结束。

零距离是获取订单信息流的关键,企业努力缩短乃至消灭企业与用户之间的距离,获取用户的个性化订单并予以满足。如果没有零距离,不知道用户的需求,那么企业所有的工作都是徒劳。

3. 零营运资本

市场链的第三个目标是零营运资本,是企业将货币转换为实物,再将实物转变为货币的能力。

零营运资本,就是流动资金的占用为零。企业在给分供方的付款期到来之前,先把用户的货款拿来。因为企业是根据用户的订单来制造的。这就是企业进入良性运作的过程。

一、基本库存管理方式

1. 零库存方式

(1)零库存的含义

"零库存"是一种特殊的库存概念,其对工业企业和商业企业来讲是个重要分类概念。零库存的含义是以仓库储存形式的某种或某些种物品的储存数量很低的一个概念,甚至可以为"零",即不保持库存。不以库存形式存在就可以免去仓库存货的一系列问题,如仓库建设、管理费用、存货维护、保管、装卸、搬运等费用,存货占用流动资金及库存物的老化、损失、变质等问题。

零库存(zero inventory)可追溯到20世纪的六七十年代,当时的日本丰田汽车实行准时制(jit:just in time)生产,在管理手段上采用了看板管理,以单元化生产等技术实行拉式生产(pull Manufacturing),以实现在生产过程中基本没有积压的原材料和半成品。这种前者按后者需求生产的制造流程不但大大的降低了生产过程中库存和资金的积压,而且在实现 jit 的这个过程中,也相应的提高了相当于生产活动的管理效率。而生产零库存在操作层面上的意义,则是指物料(包括原材料、半成品和产成品)在采购、生产、销售等一个或几个经营环节中,不以仓库储存的形式存在,而均是处于周转的状态。也就是说零库存的关键不在于适当不适当,这和是否拥有库存没有关系,问题的关键在于产品是存储还是周转的状态。

如此看来零库存的好处是显而易见的。如果企业能够在不同环节实现零库存的话,将使得库存占有资金减少;优化应收和应付账款;加快资金周转;库存管理成本降低;以及规避市场的变化及产品的更新换代而产生的降价、滞销的风险等等。

小锦囊

零库存管理在国外的发展现状

零库存管理作为产生于日本的先进管理方式,在日本企业中有着广泛的应用。截至1989年,零库存管理方式在日本制造业中已经被广泛采用。谈到零库存管理在日本的成功应用,日本丰田汽车公司无可争议地成为了零库存管理最大的受益者,也是最好的证明。随着零库存管理在日本丰田汽车公司的成功实施,越来越多的日本企业加入到了实行零库存管理的行列中。经过几十年的发展,零库存管理在日本已经拥有了供、产、销的集团化作业团队,形成了以零库存管理为核心的供应链体系。

而美国的企业从上世纪80年代开始逐步了解并认识了零库存管理理论。现在,零库存管理管理已从最初的一种减少库存水平的方法,发展成为内涵丰富,包括特定知识、技术、方法的管理学。如 Dell 计算机公司运用直销模式以实现产成品的零库存,通过"供应商管理库存"(VMI,Vendor Management Inventory)的方式,实现原材料的零库存管理。

零库存管理方式不仅在日本、美国广泛应用,其应用足迹也遍布欧洲、大洋洲等世界各地。

(2)零库存的形式

零库存是对某个具体企业、具体商店、车间而言,是在有充分社会储备保障前提下的一种特殊形式。

1)委托保管方式

接受用户的委托,由受托方代存代管所有权属于用户的物资,从而使用户不再保有库存,甚至可不再保有保险储备库存,从而实现零库存。受托方收取一定数量的代管费用。这种零库存形式优势在于:受委托方利用其专业的优势,可以实现较高水平和较低费用的库存管理,用户不再设库,同时减去了仓库及库存管理的大量事务,集中力量于生产经营。但是,这种零库存方式主要是靠库存转移实现的,并不能使库存总量降低。

2)协作分包方式

即美国的"SUB—CON"方式和日本的"下请"方式。主要是制造企业的一种产业结构形式,这种结构形式可以为若干企业的柔性生产准时供应,使主企业的供应库存为零;同时主企业的集中销售库存使若干分包劳务及销售企业的销售库存为零。

在许多发达国家,制造企业都是以一家规模很大的主企业和数以千百计的小型分包企业组成一个金字塔形结构。主企业主要负责装配和产品开拓市场的指导,分包企业各自分包劳务、分包零部件制造、分包供应和分包销售。例如分包零部件制造的企业,可采取各种生产形式和库存调节形式,以保证按主企业的生产速率,按指定时间送货到主企业,从而是使主企业不再设一级库存,达到推销人或商店销售,可通过配额、随供等形式,以主企业集中的产品库存满足各分包者的销售,使分包者实现零库存。

3)轮动方式

轮动方式也称同步方式,是在对系统进行周密设计前提下,使各环节速率完全协调,从而根本取消甚至是工位之间暂时停滞的一种零库存、零储备形式。这种方式是在传送带式生产基础上,进行更大规模延伸形成的一种使生产与材料供应同步进行,通过传送系统供应从而实现零库存的形式。

4)准时供应系统

在生产工位之部或在供应与生产之间完全做到轮动,这不仅是一件难度很大的系统工程,而且需要很大的投资,同时,有一些产业也不适合采用轮动方式。因而,广泛采用比轮动方式有更多灵活性、较易实现的准时方式。准时方式不是采用类似传送带的轮动系统,而是依靠有效的衔接和计划达到工位之间、供应与生产之间的协调,从而实现零库存。如果说轮动方式主要靠"硬件"的话,那么准时供应系统则在很大程度上依靠"软件"。

5)看板方式

看板方式是准时方式中一种简单有效的方式,也称"传票卡制度"或"卡片"制度,是日本丰田公司首先采用的。在企业的各工序之间,或在企业之间,或在生产企业与供应者之间,采用固定格式的卡片为凭证,由下一环节根据自己的节奏,逆生产流程方向,向上一环节指定供应,从而协调关系,做到准时同步。采用看板方式,有可能使供应库存实现零库存。

6)水龙头方式

水龙头方式,是一种拧开自来水管的水龙头就可以取水而无须自己保有库存的零库存形式。这是日本索尼公司首先采用的。这种方式经过一定时间的演进,已发展成即时供应制度,用户可以随时提出购入要求,采取需要多少就购入多少的方式,供货者以自己的库存和有效供应系统承担即时供应的责任,从而使用户实现零库存。适于这种供应形式实现零库存的物资主要是工具及标准件。

7)无库存储备

国家战略储备的物资,往往是重要物资,战略储备在关键时刻可以发挥巨大作用,所以几乎所有国家都要有各种名义的战略储备。由于战备储备的重要,一般这种储备都保存在条件良好的仓库中,以防止其损失,延长其保存年限。因而,实现零库存几乎是不可想象的事。无库存的储备,是仍然保持储备,但不采取库存形式,以此达到零库存。

8)配送方式

这是综合运用上述若干方式采取配送制度保证供应从而使用户实现零库存的方式。

(3)零库存的可能实现形式

1)即进即售

指当产品入库后,在正常库存周期内将所有的产品都销售出去,并同时收回货款。这种方式是最理想的销售方式,但除非是处于垄断地位或极为畅销的产品,这种情况几乎是不可能存在。

2）即进半售

指当产品入库后，除即进即售情况外，可以采取接受定金或分期付款的办法，将产品半卖半"送"，这是实际销售中最主要的方式，是比较好实现的。

3）超期即"送"

对于超过正常库龄的产品，可采取不付款"送"给用户先使用，即赊销的办法。对于处于长期呆滞的库存产品，可采取用它们支付有关费用的办法"送"出去，如用呆滞产品代替现金支付广告费、赞助费用、运费、仓储费等等。

（4）零库存管理法的评价

"零库存"是综合管理实力的体现。在物流方面要求有充分的时空观念，以严密的计划、科学的采购，达到生产资料的最佳衔接；要求资金高效率运转，原材料、生产成本在标准时间内发挥较好的作用与效益，达到库存最少的目的。要做到"零库存"，你就得重视市场，把市场需求摸得滚瓜烂熟。要以销定产、以产定购，做到产得出、销得掉，发运及时。任何企业都须明白"市场是产品的最后归宿"，仓库不过是产品的休息室，只有产品投向市场的快捷反应，才会顺利跨越生产至销售的惊人一跳，达到"零库存"的目标。

（5）如何做到零库存

零库存实现的方式有许多，就目前企业实行的"零库存"管理，可以归纳为6类：

1）无库存储备

无库存储备事实上是仍然保有储备，但不采用库存形式，以此达到零库存。有些国家将不易损失的铝这种战备物资作为隔音墙、路障等储备起来，以备万一，在仓库中不再保有库存就是一例。

2）委托营业仓库存储和保管货物

营业仓库是一种专业化、社会化程度比较高的仓库。委托这样的仓库或物流组织储存货物，从现象上看，就是把所有权属于用户的货物存放在专业化程度比较高的仓库中，由后者代理用户保管和发送货物，用户则按照一定的标准向受托方支付服务费。采用这种方式存放和储备货物，在一般情况下，用户自己不必再过多地储备物资，甚至不必再单独设立仓库从事货物的维护、保管等活动，在一定范围内便可以实现零库存和进行无库存式生产。

3）协作分包方式

协作分包方式主要是制造企业的一种产业结构形式。这种形式可以以若干企业的准时供应，使主企业的供应库存为零，同时主企业的集中销售库存使若干分包劳务及销售企业的销售库存为零。

4）采用适时适量生产方式

适时适量（JIT）生产方式，即"在需要的时候，按需要的量生产所需的产品"。这是在日本丰田公司生产方式的基础上发展起来的一种先进的管理模式，它是一种旨在消除一切无效劳动，实现企业资源优化配置，全面提高企业经济效益的管理模式。看板方式是适时适量生产方式中的一种简单有效的方式，也称传票卡制度或卡片制度。采用看板方式，要求企业各工序之间或企业之间或生产企业与供应者之间采用固定格式的卡片为凭证，由下一环节根据自己的节奏，逆生产流程方向，向上一环节指定供应，其主要目的是在同步化供应链接计划的协调下，使制造计划、采购计划、供应计划能够同步进行。在具体操作过程中，可以通过增减看板数量的方式来控制库存量。

5）按订单生产方式

在拉动(PULL)生产方式下,企业只有在接到客户订单后才开始生产,企业的一切生产活动都是按订单来进行采购、制造、配送的,仓库不再是传统意义上的储存物资的仓库。而是物资流通过程中的一个"枢纽",是物流作业中的一个站点。物是按订单信息要求而流动的,因此从根本上消除了呆滞物资,从而也就消灭了"库存"。

6)实行合理配送方式

一般来说,在没有缓冲存货情况下,生产和配送作业对送货时间不准更敏感。无论是生产资料还是成品,物流配送在一定程度上影响其库存量。因此,通过建立完善的物流体系,实行合理的配送方式,企业及时地将按照订单生产出来的物品配送到用户手中,在此过程中通过物品的在途运输和流通加工,减少库存。企业可以通过采用标准的零库存供应运作模式和合理的配送制度,使物品在运输中实现储存,从而实现零库存。

● 采用"多批次、少批量"的方式向用户配送货物。企业集中各个用户的需求,统筹安排,实施整车运输。增加送货的次数,降低每个用户、每个批次的送货量,提高运输效率。配送企业也可以直接将货物运送到车间和生产线,从而使生产企业呈现出零库存状态。

● 采用集中库存的方法向用户配送货物。通过集中库存的方法向用户配送货物,增加库存商品的数量,形成规模优势,降低单位产品成本,同时,在这种有保障的配送服务体系支持下,用户的库存自然会日趋弱化。

● 采用"即时配送"和"准时配送"的方法向用户配送货物。为了满足客户的特殊要求,在配送方式上,企业采用"即时配送"和"准时配送"的方法向用户配送货物。"即时配送"和"准时配送"具有供货时间灵活、稳定、供货弹性系数大等特点。因此作为生产者和经营者,采用这种方式,库存压力能够大大减轻,甚至企业会选择取消库存,实现零库存。

小锦囊

国外企业零库存管理对我国的借鉴

虽然零库存在美国、日本及欧洲的许多国家里已经被普遍推广,但它充满了诱惑也充满了风险,零库存能否真正实现取决于各方面的具体条件和情况,包括供应商、技术、产品、客户和企业自身决策层的支持,因此,建议企业做好以下工作:

(1)转变员工观念,树立全员对减少库存的认识。企业在推行零库存管理前,应对全体员工广泛宣传教育,对于不同专业的员工进行针对性宣传。做到人人了解推行零库存管理的意义,形成推行零库存管理的良好氛围。

(2)合理选择供应商,与供应商建立合作伙伴关系。由于零库存要求供应商在需要的时间提供高质量的原材料,因此对于原料库存、供应商的距离远近及运输方式的选择是关键因素。同时注重与供应商建立长期的合作伙伴关系,分享信息,共同协作解决问题,保证对订货的及时供应。

(3)建立由销售定生产的观念。销售部门要致力于拓展销售市场,并保证销售渠道的稳定,而生产部门要有灵活的应变能力和以弹性的生产方式全力配合销售部门的工作,使企业能较均衡地进行生产,这对减少存货是有利的。

(4)严格奖惩制度。在零库存管理系统中,企业生产经营各环节、各生产工序的相互依存性空前增强。企业内部整条作业环节中的任何一个环节出现差错,都会使整条作业链出现紊乱甚至瘫痪。因而应严格奖惩制度,来保障生产经营活动顺利进行。

2. 先入先出的库存管理方式

先入先出法是在库存管理中经常使用的方法,即当使用时,先入库的物料先出库,又称为新陈代谢法。先入库的物料先使用,剩下的物料都是新的;反之,先入库的物料不先用,剩下的物料必定都是旧的。例如,铁板或粉末类物资,剩下部分堆积日久,受潮生锈,或被虫蛀,可能导致质量下降或成废品。因此,应采用先入先出法。

由于物料种类不同,有的必须保护,有的则不需要采取保护措施。假如由于某种原因,库存逐渐增大,当责怪库存为什么增加时,就会有人强调:虽然库存增加,但质量并没下降。因为采用先入先出法,剩下的物料都是新的。但是,库存管理的根本任务在于调整库存,使其始终保持最适宜库存量,因此应采用与之相适应的库存方式。

3. 后入先出的库存管理方式

（1）直达方式

在采用新陈代谢法时,经常有人把它作为争辩的理由。为了避免这种现象,可以采用后入先出法。这是一种新型管理方法,后入库的物料先发放,剩下的物料都是旧的。这就会促使有关人员设法改进工作,从而实现采用这种库存方式的目的。例如,当库存中旧物料增多时,管理人员就会反复考虑,倾听各方面意见,研究怎样改进工作,从而制定出调整库存量的好办法。这时,现场物料保管人员,根据剩余量的具体情况,为了做到不生锈、不结块,他们会积极提出入库的适宜时间,或者提出调整库存量的意见。这样,改进库存管理工作和调整库存量,就不仅仅限于纸面上的计划要求,而且还能通过保管人员和领用人员的呼声,促进管理工作的改进。采用后入先出法,可以促使计划人员、库存管理负责人、现场实物保管人员团结一致,共同行动,这一点是非常必要的。所以,这种方式受到库存经营管理人员的普遍重视。

（2）实际做法

新物料入库后立刻发放,而先入库的物料仍旧在原处存放。上述立刻入库的具体做法是,物料入库并不运往保管场地,而是直接运到为直达物料预先准备的存放场地,或者在接收物料现场的某处,在这里暂存几天,以便投入使用。如有剩余物料,就送入保管库区内,同样,每次都把剩余物料送入保管库区保管起来。如果当时没有入库品却需要发放时,就可以把每次存于库内的剩余物料发放出去。假如剩余物料越来越多,越来越陈旧,有的就会质量下降,有的就会陈腐变质。这就需要物料保管人员积极考虑自己库内存在的问题,并向有关部门提供库存信息,或者调整入库量,或者增加使用量,或者减少库存量。

采用后入先出方式,先发放新入库的物料,对于那些长期存放不作处理的物料,反而能促使管理人员想尽办法,尽快处理,这种方式在物料的领取方法方面也较合理,可以避免物料积压。

二、库存模式

优秀的库存模式既能保证供给,满足市场要求,又减少了采购次数及管理费用,并扩大了盈余,这无疑是企业管理者们共同期盼的目标。本章提供的几种优秀库存模式,相信会对您有所启迪和帮助。

1. 定期观测库存控制模式

定期观测库存控制模式,又称为定期控制或订货间隔期法。它是一种以固定检查和订货间隔期为基础的库存控制法。在这个控制模式中,以固定的订货间隔期 T 提出订货。定期控制模式不存在固定的订货点,但有固定的订货间隔期。每次订货的数量不固定,需要根据某种规则补充到目标库存 S 中。目标库存 S 与订货间隔期 R 是事先确定的主要参数,其中 S 的确定主要考虑为库存设定一个控制限额。订货量由以下规则确定:

设订货的实际库存为 I,则:当 I 大于 S 时,不订货;当 I 小于 S 时,需要订货。可按下述公式确定订购量 Q:

定购量＝平均每日需用量×(订购时间＋订购间隔)＋保险储备定额－实际库存量－定货余额

上式中订货余额是已订货、尚未到货的数量。

例如,某种物资的订购间隔期为 30 天,即一个月订购一次。订购时间为 10 天,每日需用量为 20t,保险储备定额为 200t,订购日之实际库存量为 450t,订货余额为零,则:订购量＝20×(10＋30)＋200－450－0＝550t

由上例可见,订购间隔期为 30 天,在通常情况下,一次订购量应为 600×(20×30)t,而按现在计算则为 550t,这是由于实际库存已经超储,因而在订购时对批量作了调整。

这种控制方式可以省去许多库存检查工作,在规定订货的时候检查库存,简化了工作。其缺点是如果某时期需求量突然增大,有时会发生缺货,所以这种方式主要用于重要性较低的物资。

2. ABC 重点控制模式

ABC 重点控制模式是把物资按品种和占用资金大小分类,再按各类重要程度不同分别控制,抓住重点和主要矛盾,进行重点控制。ABC 重点控制模式的基本原理是从错综复杂、品种繁多的物资中,抓住重点,照顾一般。ABC 重点控制模式的具体做法是先把物资分类,再针对重要程度不同的各类物资分别控制。库存物资按企业的物资品种以及占用资金多少进行分类,可分为 A、B、C 三大类。

A 类物资,品种约占 15% 左右,占用资金 75% 左右;B 类物资,品种约占 30% 左右,占用资金 20% 左右;C 类物资,品种约占 55% 左右,占用资金 5% 左右。这三类物资重要程度不同:A 类物资最重要,是主要矛盾;B 类物资次之;C 类物资再次之。这就为物资库存控制工作抓住重点、照顾一级提供了数量上的依据,从而针对各类物资分别进行控制:对 A 类物资要重点、严格控制。对 A 类物资的采购订货,必须尽量缩短供应间隔时间,选择最优的订购批量,在库存控制中,采取重点措施加强控制。对 B 类物资也应引起重视,适当控制。在采购中,其订货数量可适当照顾到供应企业确定合理的生产批量以及选择合理的运输方式。对 C 类物资放宽控制或一般控制。由于品种繁多复杂,资金占用又小,如果订货次数过于频繁,不仅工作量大,而且经济效果不明显。一般来说,根据供应条件,规定该物资的最大储备量和最小储备量,当储备量降到最小时,一次订货到最大储备量,以后订购量照此办理,不必重新计算。这样就有利于采购部门和仓库部门集中精力抓好 A 类和 B 类物资的采购和控制。但这不是绝对的。若对 C 类物资绝对不管,有时也会造成严重损失。

例如,上海电表厂是个多品种、小批量的生产单位,生产计划变动很大,外购物资繁多,他们加强了采购计划人员,对物资采取了 ABC 重点控制,结果获得了部级年度物资管理先进单位。具体做法是:把上级核定的储备资金 827.5 万元,归 6 个采购计划员分管,对 6 个计划员分别管理的资金进行 ABC 分析,其中一个采购计划员是"大头",共 274 万元,占总数的 33%,如图 5-1 所示。

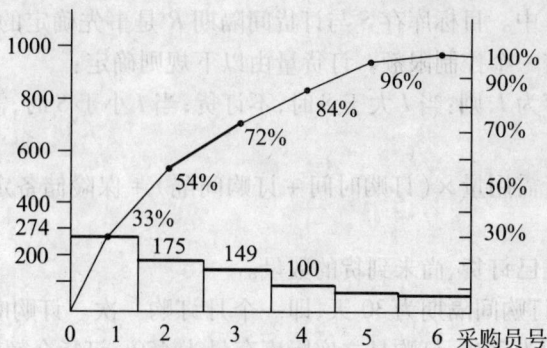

图 5-1　ABC 重点控制模式图示

经过分析,领导重点抓这个采购计划员,控制储备资金的耗用。一号计划员对自己掌握的物资再进行 ABC 分析,从而确定自己的重点控制对象(物资)。晶体管的品种在一号计划员管的品种中只占 15%,而资金却占 76%。于是他抓住了晶体管,也就抓住了关键。上海电表厂由于采用重点控制模式,实施前后对比,产值占用储备资金数量显著下降,总产值增加了,储备资产下降了。

实行 ABC 重点控制模式的好处:对物资控制做到重点与一般相结合,有利于建立正常的物资秩序,有利于降低库存,节约仓库管理费用,节约资金,加速资金周转,提高经济效益,方法运用简便,易于推广,有利于简化控制工作。

3. 库存的最优控制模式

最优的库存控制应该是既能满足生产需要,保证生产正常进行,又最经济。因此,研究库存最优控制模式的中心问题,是要通过计算确定在各种条件下的最优订购批量,即经济订购批量。这个经济订购批量是指订购费用与保管费用总和最低的一次订购批量。在允许缺货的条件下,经济订购批量的总费用包括订购费用、保管费用和缺货损失费用。订购费用、保管费用前已叙及,缺货损失费用指因停工待料而采取应急措施所花的费用。它包括停工损失费、加班加点资或因对客户延期交货而支出的违约罚金,以及因采取临时性补救措施而发生的额外采购支出等。生产比较稳定的企业应尽量避免这类费用,对于生产不稳定的企业,允许一定程度的缺货是一项很重要的存贮策略。通常来说,在生产不稳定的情况下,要想完全避免缺货,必然要大大提高存贮量和提高存贮费用,而当存贮费用超过缺货损失费用时,显然是不划算的。

库存的最优控制模式可以分为简单条件下的最优控制模式和复杂条件下的最优控制模式。

(1)简单条件下的最优控制模式

所谓简单条件是指假定在控制过程中所涉及的物资品种单一,不允许出现缺货现象,采购条件中不规定价格折扣条款,每批订货均能一次到货。在这种条件下建立的经济订购批量控制模式为基本模式。此时控制的存储总费用只包括订购费用和保管费用两项。这两类费用与物资的订购次数和订购数量有密切的关系。在物资总需要量为一定的条件下,由于订购次数多,每次订购批量就小,订购费用就大,而保管费用则小;反之,每次订购数量大,订购费用就小,而保管费用则大。因此,订购费用和保管费用两者是相互矛盾的,确定简单条件下的经济订购批量,就是要选择一个最适当的订购批量,使有关的订购费用和保管费用的总和为最低。

经济订购批量的基本模式为:Q 或 $EOQ = \sqrt{\dfrac{2RS}{CK}}$

式中:K——保管费用率;

R——年物资需要量;

S——一次订购费用;

C——物资单价;

Q——经济订购批量。

(2)复杂模式下的最优控制模式

在价格折扣时的经济订购批量控制模式。经济订购批量的基本模式,在实际应用中往往会碰到各式各样的问题,必须对基本模式进行调整。最常见的情况有三种,即价格折扣、允许缺货、分批连续进货,必须针对这三种情况分别对基本模式进行调整。具体计算公式参见有关书籍。

4. 其他模式

(1)定量订货模式

包括:边生产边使用的定量订货模式、建立安全库存、既定服务水平下的定量订货模式。

(2)定期订货模式

在定期订货系统中,库存只在特定的时间进行盘点,例如每周一次或每月一次。

上述定量订购模式和定期订购模式的假设条件虽然有很大不同,但以下两点是共同的:

● 单价为常数,与订购量无关;

● 再订购过程是连续的,也就是说,所订购与存储的物资有连续的需求。

(3)批量折扣模式

该模式表明了单价随订购批量变化时对订量的影响,适用于产品售价随批量大小变化的情况。

(4)单周期存储模式

在这种情况下,每次订购和存储都要对成本进行权衡斟酌,这类模式适合用边际分析来求解。

相关链接

供应链管理环境下的库存问题

供应链环境下的库存问题和传统的企业库存问题有许多不同之处,这些不同点体现出供应链管理思想对库存的影响。传统的企业库存管理侧重于优化单一的库存成本,从存储成本和订货成本出发确定经济订货量和订货点。从单一的库存角度看,这种库存管理方法有一定的适用性,但是从供应链整体的角度看,单一企业库存管理的方法显然是不够的。

目前供应链管理环境下的库存控制存在的主要问题有三大类:信息类问题、供应链的运作问题、供应链的战略与规划问题。这些问题可综合成以下几个方面的内容。

1. 没有供应链的整体观念

虽然供应链的整体绩效取决于各个供应链的节点绩效,但是各个部门都是各自独立的单元,都有各自独立的目标与使命。有些目标和供应链的整体目标是不相干的,更有可能是冲突的。因此,这种各行其道的山头主义行为必然导致供应链的整体效率的低下。

比如,美国北加利福尼亚的计算机制造商电路板组装作业采用每笔订货费作为其压倒一切的绩效评价指标,该企业集中精力放在减少订货成本上。这种做法本身并没有不妥,但是它没有考虑这样做对整体供应链的其他制造商和分销商的影响,结果该企业维持过高的库存以保证大批量订货生产。而印第安纳的一家汽车制造配件厂却在大量压缩库存,因为它的绩效评价是由库存决定的。结果,它到组装厂与零配件分销中心的响应时间变得很长且波动不定。组装厂与分销中心为了满足顾客的服务要求不得不维持较高的库存。这两个例子说明,供应链库存的决定是各自为政的,没有考虑整体的效能。

一般的供应链系统没有针对全局供应链的绩效评价指标,这是普遍存在的问题。有些企业采用库存周转率作为供应链库存管理的绩效评价指标,但是没有考虑用户的反应时间与服务水平,用户满意应该成为供应链库存管理的一项重要指标。

2. 对用户服务的理解与定义不恰当

供应链管理的绩效好坏应该由用户来评价,或者由评价对用户的反应能力来评价。但是,对用户的服务的理解与定义各不相同,导致对用户服务水平的差异。许多企业采用订货满足率来评估用户服务水平,这是一种比较好的用户服务考核指标。但是用户满足率本身并不保证运作问题,比如一家计算机工作站的制造商要满足一份包含多产品的订单要求,产品来自各供应商,用户要求一次性交货,制造商要把各个供应商的产品都到齐后才一次性装运给用户,这时,用总的用户满足率来评价制造商的用户服务水平是恰当的,但是,这种评价指标并不能帮助制造商发现是哪家供应商的交货迟了或早了。

传统的订货满足率评价指标也不能评价订货的延迟水平。两家同样具有90%的订货满足率的供应链,在如何迅速补给余下的10%订货要求方面差别是很大的。其他的服务指标也常常被忽视了,如总订货周转时间、平均回头订货、平均延迟时间、提前或延迟交货时间等。

3. 不准确的交货状态数据

当顾客下订单时,他们总是想知道什么时候能交货。在等待交货过程中,也可能会对订单交货状态进行修改,特别是当交货被延迟以后。我们并不否定一次性交货的重要性,但我们必须看到,许多企业并没有及时而准确地把推迟的订单交货的修改数据提供给用户,其结果当然是用户的不满和良好愿望的破灭。如一家计算机公司花了一周的时间通知用户交货日期,有一家公司30%的订单是在承诺交货日期之后交货的,40%的实际交货日期比承诺交货日期偏差10天之久,而且交货日期修改过几次。交货状态数据不及时、不准确的主要原因是信息传递系统的问题,这就是下面要谈的另外一个问题。

4. 低效率的信息传递系统

在供应链中,各个供应链节点企业之间的需求预测、库存状态、生产计划等都是供应链管理的重要数据,这些数据分布在不同的供应链组织之间,要做到有效地快速响应用户需求,必须实时地传递,为此需要对供应链的信息系统模型做相应的改变,通过系统集成的办法,使供应链中的库存数据能够实时、快速地传递。但是目前许多企业的信息系统并没有很好地集成起来,当供应商需要了解用户的需求信息时,常常得到的是延迟的信息和不准确的信息。由于延迟引起误差和影响库存量的精确度,短期生产计划的实施也会遇到困难。例如企业为了制定一个生产计划,需要获得关于需求预测、当前库存状态、订货的运输能力、生产能力等信息,这些信息需要从供应链的不同节点企业数据库获得,数据调用的工作量很大。数据整理完后制定主生产计划,然后运用相关管理软件制定物料需求计划(MRP),这样一个过程一般需要很长时间。时间越长,预测误差越大,制造商对最新订货信息的有效反应能力也就越小,生产出过时的产品和造成过高的库存也就不奇怪了。

5. 忽视不确定性对库存的影响

供应链运作中存在诸多的不确定因素,如订货提前期、货物运输状况、原材料的质量、生产过程的时间、运输时间、需求的变化等。为减少不确定性对供应链的影响,首先应了解不确定性的来源和影响程度。很多公司并没有认真研究和跟踪其不确定性的来源和影响,错误估计供应链中物料的流动时间(提前期),造成有的物品库存增加,而有的物品库存不足的现象。

6. 库存控制策略简单化

无论是生产性企业还是物流企业,库存控制目的都是为了保证供应链运行的连续性和应付不确定需求。了解和跟踪不确定性状态的因素是第一步,第二步是要利用跟踪到的信息去制定相应的库存控制策略。这是一个动态的过程,因为不确定性也在不断地变化。有些供应商在交货与质量方面可靠性好,而有些则相对差些;有些物品的需求可预测性大,而有些物品的可预测性小一些;库存控制策略应能反映这种情况。

许多公司对所有的物品采用统一的库存控制策略,物品的分类没有反映供应与需求中的不确定性。在传统的库存控制策略中,多数是面向单一企业的,采用的信息基本上来自企业内部,其库存控制没有体现供应链管理的思想。因此,如何建立有效的库存控制方法并能体现供应链管理的思想,是供应链库存管理的重要内容。

第三节　库存商品的保管和养护

话题引入

仓库保管员的职责

1. 热爱本职工作,坚守工作岗位;
2. 物资和商品入库要检查,清点数量、检查质量、办理入库手续、妥善存放;
3. 库存商品必须挂标签,标明名称、数量、技术参数、标牌整洁齐全,做到账卡物相符;
4. 物资进出库各类原始记录齐全,及时准确做好货损货差记录,各种台账齐全;
5. 合理使用仓库面积,注意仓库的安全,做好防火、防盗、防潮等工作,保障仓库和物资财产的安全;
6. 仓库要严格保卫制度,禁止无关人员擅自入库;
7. 定期对库存物资进行检查,发现有损坏的及时报告部门负责人。

知识梳理

物质资料的生产和消费之间,在时间、空间、数量、品种等方面总是存在一定的差异。为了消除这些差异,必须要建立一定的储备。有了商品储备必然要求相应的商品保管和养护。

一、库存商品的保管

1. 保管的含义

保管(Storage)的定义是:仓库保管人员对库存物品进行保存和数量、质量管理控制的活动。

商品保管是物流的主体,它包括对商品进行合理地储存和科学地养护。商品储存是将商品按照一定的原则存放在适宜的场所和位置;库存商品看上去好像是静止不变的,但实际上则不然,它每一瞬间都在运动着、变化着。因为这种变化是从微观到宏观、从量变到质变、从隐蔽到明显,所以在一段时间内,商品发生的轻微变化,凭人的感官是觉察不到的,只有发展到一定程度才能被发现。

库存商品变化的原因,有内因和外因两个方面。内因是商品本身所固有的特性,主要是物理和化学性质。外因是指外界自然因素的影响,如温度、湿度等。内因是变化的根据,外因是变化的条件,外因通过内因起作用。

库存商品的变化是有规律的,它不以人的主观意志为转移,但其规律是能够被人们所认识的。商品保管就是在认识和掌握库存商品变化规律的基础上,灵活有效地运用这些规律,采取相应的技术和组织措施,削弱和抑制外界因素的影响,最大限度地减缓库存商品的变化,以保存商品的使用价值和价值。

2. 保管的重要性

商品保管的质量直接关系到国家和企业财产的完整与安全,如果对库存商品不能进行合理地存储和科学地养护,就会使商品发生质量上的变化和数量上的损耗,降低甚至丧失其实用价值,就会给国家和企业造成经济上的损失。特别是由于对库存商品保管不当或失误,引起燃烧、爆炸,酿成重大事故时,其损失更是巨大的。这种损失绝不仅限于仓储设施和库存商品本身的价值,它还会直接损害消费者利益。尤其是生产资料的变质和损失,会影响物资供应,致使生产单位的生产不能正常进行,甚至停工待料,这种间接损失远远大于商品本身的损失。

此外,加强商品保管在我国更有特殊意义。由于我国库存商品数量大、在库时间长、周转比较缓慢,仓储设施陈旧落后,保管条件差,加上我国幅员辽阔,地理气候条件复杂,都对商品保管不利,所以商品保管的任务更为艰巨,加强商品保管就显得更为重要。

3. 保管的任务

商品保管的基本任务是,根据商品本身的特性及其变化规律,合理规划并有效利用现有仓储设施,采取各种行之有效的技术与组织措施,确保库存商品的质量与安全。其具体任务包括以下几方面:

(1)规划与配备仓储设施

仓储设施是进行商品保管的物质技术基础,是组织商品保管活动的必要条件。仓储设施主要包括仓库建筑物和有关保管设备。对仓储设施要有全面规划,包括库区的平面布局、仓库建筑物的结构特点和保管设备类型等的确定。

(2)制定商品储存规划

商品储存规划是根据现有仓储设施和储存任务,对各类、各种商品的储存在空间和时间上作出全面安排。如分配保管场所、布置保管场所、建立良好的保管秩序。合理的储存规划是进行科学养护的前提。

(3)提供良好的保管条件

各种商品由于具有不同的物理、化学性质,所以要求相应的保管条件。这种保管条件主要是通过创造适宜的保管环境来实现的。即为商品保管创造一个温、湿度适宜,有利于防锈、防腐、防霉、防虫、防老化、防火、防爆的小气候。

(4)进行科学地保养与维护

库存商品由于受外界自然因素的影响,总是要发生某些变化,为此应采取一定的防治措施,抑制其变化,减少损失。如金属涂油防锈、有机物的防霉与救治、仓库害虫的杀灭、机电设备的检测与保养等。

(5)掌握库存商品信息

商品保管,一方面是对商品,实体的保管,另一方面还要对商品信息进行管理。信息流和物流是密不可分的,信息流是物流的前提。在商品保管中,实物和信息两者必须一致。库存商品信息管理,主要包括各种原始单据、凭证、报表、技术证件、账卡、图纸、资料的填制、整理、保存、传递、分析和运用。

(6)建立健全必要的规章制度

商品保管不但是一项技术工作,而且也是一项组织工作,除采取必要的技术措施外,还应采取适当的组织措施。建立健全有关商品保管的规章制度就是一个重要方面,如岗位责任制、经济责任制、盘点制、奖惩制等。

4. 保管应遵循的基本原则

商品保管是一项比较复杂的综合性工作。为了以较少的劳动消耗,高质量地完成商品保管任务,在实际工作中应遵循以下基本原则:

(1)质量第一

商品保管的根本目的就是保持商品原来的使用价值和价值,以优质产品满足社会生产和人们生活的需要。因此,商品保管必须把提高商品保管质量放在首位,保证库存商品质量良好、数量正确、齐全配套、账物相符,达到用户和货主满意。

(2)预防为主

为了避免或减少库存商品在保管中的质量劣化和数量损耗,应积极采取预防措施,有效地控制商品质量和数量的变化,把质量事故消灭在萌芽状态,以防患于未然,这样可以收到事半功倍的效果。

(3)讲究科学

商品保管要讲究科学,就是严格按照事物的客观规律办事。即根据库存商品本身的物理、化学特性及其变化规律,采取相应的保管措施,并利用外界的自然因素(如温度、湿度等)的变化规律,为商品保管创造一个适宜的外部环境。商品保管要从实效出发,切忌形式主义。

(4)提高效率

在商品保管工作中应努力提高各方面的效率。要充分发挥人的积极性和主观能动性,不断提高劳动生产率;充分有效地利用各种仓储设施,提高仓库利用率和设备利用率;合理制定储备量,加速商品周转,减少资金占用等。

(5)确保安全

在商品保管工作中,确保安全非常重要。它包括商品安全、仓储设施安全和人身安全。必须采取有效措施防盗、防破坏、防火、防爆、防洪、防雷击、防毒等。

5. 影响库存商品变化的因素

库存商品发生变化的原因有内因和外因,对此必须全面了解,方能掌握库存商品变化的规律。

(1)影响库存商品变化的内因

商品在储存期间发生各种变化,起决定作用的是商品本身的内在因素。如化学成分、结构形态、物理化学性质、机械及工艺性质等。

1)化学成分

不同的化学成分及其不同的含量,既影响商品的基本性质,又影响商品抵抗外界自然因素侵蚀的能力。如普通低碳素钢中加入少量的铜和磷的成分,就能有效地提高其抗腐蚀性能。

2)结构形态

构成商品的原材料,其材料结构分为微观结构与宏观结构。微观结构又分为晶体结构和非晶体结构。商品的形态主要分为固态、液态和气态。不同的结构形态会产生不同形式和不同程度的变化。

3）理化性质

商品的物理化学性质是由其化学成分和组织结构所决定的。物理性质主要是指：挥发性、吸湿性、水溶性、导热性等；化学性质主要是指：化学稳定性、燃烧性、爆炸性、腐蚀性等。这些都是商品发生变化的决定性因素。

4）机械及工艺性质

商品的机械性质，是指强度、硬度、韧性、脆性、弹性等。商品的工艺性质，是指其加工程度（毛坯、半毛坯、成品）和加工精度等。不同的加工程度和加工精度的产品，在同等条件下，其变化的程度是不一样的。

5）包装状况

包装虽然不是产品本身的构成部分，但它却是商品流通过程中产品的载体。大部分商品都有包装，其主要功能是保护商品。包装形式、包装材料、包装技法等对商品的变化都会产生一定的影响。

（2）影响库存商品变化的外因

影响库存商品变化的外界因素很多，从大的方面可分为自然因素和社会因素两大类。这里主要介绍自然因素。

1）温度

适当的温度是商品发生物理变化、化学变化和生物变化的必要条件。温度过高、过低或急剧变化，都会对某些商品产生不良影响，促使其发生各种变化。如易燃品、自燃品，温度过高容易引起燃烧；含有水分的物质，在低温下容易结冻失效；精密仪器仪表在温度急剧变化的情况下会影响其准确性。

2）湿度

大气湿度对库存商品的变化影响最大。大部分商品怕潮湿，但也有少数商品怕干燥。过分潮湿或干燥，会促使商品发生变化。如金属受潮后锈蚀；水泥受潮后结块硬化；木材、竹材及其制品，在过于干燥的环境中，易开裂变形。

3）日光

日光实际上是太阳辐射的电磁波，按其波长，可分为紫外线、可见光和红外线。紫外线能量最强，对商品的影响最大，如它可促使高分子材料老化、油脂酸败、着色物质褪色等。可见光与红外线能量较弱，它被物质吸收后变为热能，加速商品发生物理化学变化。

4）大气

大气是由干洁空气、水汽、固体杂质所组成。空气中的氧、二氧化碳、二氧化硫等，对商品都会产生不良影响；大气中的水汽会使湿度增大；大气中的固体杂质、特别是其中的烟尘危害也很大。

5）生物及微生物

影响商品变化的生物，主要是指仓库害虫、白蚁、老鼠、鸟类等，其中以虫蚀鼠咬危害最大。微生物主要是霉菌、木腐菌、酵母菌、细菌等。如霉菌会使很多有机物质发霉；木腐菌使木材、木制品腐朽。

6. 库存商品的损耗

库存商品由于受自然因素的影响，会发生各种变化，其变化的结果是商品本身的损耗。商品损耗的原因是多方面的，因此商品损耗也有多种类型。

马克思在论述"机器和大工业"时，谈到机器的磨损，提出了机器的有形损耗和无形损耗的理论。指出："机器的有形损耗有两种:一种是由于使用,就像铸币由于流通而磨损一样;另一种是由于不使用,就像剑入鞘不用而生锈一样。在后一种情况下,机器的磨损是由于自然作用。但是,机器除了有形损耗外,还有所谓无形损耗。只要同样结构的机器能够更便宜地再生产出来,或者出现更好的机器同原有机器相竞争,原有机器的交换价值就会受到损失。在这两种情况下,即使原有机器还十分年轻和富有生命力,它的价值也不再由实际物化在其中的劳动时间来决定了。因此,它或多或少地贬值了。"马克思的这一精辟论述,虽然是针对工业生产中的机器而言,但这一理论同样适用于库存商品。

库存商品毫无疑问存在着由于不使用产生的有形损耗。按其损耗的原因又分为两种情况:一是异常损耗,一是自然损耗。所谓异常损耗是由于非正常原因,如对商品保管不善、装卸搬运不当、管理制度不严所造成的锈蚀、变质、破损、丢失、燃烧等有形损耗。所谓自然损耗,是指商品在储存过程中,由于受自然因素的影响,本身发生物理或化学变化,所造成的不可避免的自然减量。其主要表现为:干燥、风化、挥发、粘结、散失、破碎等。

商品的自然损耗是不可避免的,但其损耗量的大小也必须有一个标准。损耗量在规定的标准之内是合理的,若超出规定的标准,则视为不合理的损耗。衡量商品的自然损耗是否合理的标准就是自然损耗率。它是指在一定时间内和一定条件下,某种商品的损耗量与该商品库存量的百分比。商品的自然损耗受多种因素的影响,如商品的类别品种、包装、状态、储存地点、保管条件、保管季节、在库时间等。具体情况不同,其自然损耗率有很大的不同。所以应分别按照不同的情况,根据长期积累的历史统计资料,进行综合分析和计算,制定出不同商品在不同时间、不同条件下的自然损耗率。

库存商品除存在有形损耗外,同样存在无形损耗。特别是机电产品,由于更新换代比较快,新的产品出现后,库存同种原产品就会贬值甚至报废。如电子器件,由电子管发展到晶体管,又由晶体管进一步发展到集成电路。由原来体积大、性能差、耗电多、价钱高的产品,发展到体积小、性能好、耗电少、价钱便宜的新产品,从而使老产品在库贬值,造成无形损耗。库存商品的无形损耗所造成的损失是巨大的,必须给予足够的重视。从某种意义上讲,减少库存商品的无形损耗比减少其有形损耗更为重要。

二、库存商品的养护

商品的储存和养护是相互联系、相互制约的统一体,必须辩证地处理好两者的关系,既要搞好储存又要重视养护。只储存不养护或重储存轻养护都是有害的。

1. 商品养护的概念

商品的养护是指商品由生产领域进入流通领域后,由管理人员分别对不同性质的商品在不同储存条件下采取不同的技术措施,防止物品质量发生变化的活动。它是一项综合性、应用性、科学性的技术性工作。

2. 商品养护的目的和任务

商品只能在一定的时间内,一定的条件下,保持其质量的稳定性。商品经过一定的时间,就会发生质量变化,这种情况在运输和储存中都会出现,而且商品的不同,其质量变化的快慢程度也不同。由于商品本身和储运条件的不同决定商品质量的变化程度的不同,同时也决定了商品流通的时间界限。商品越容易发生质变,它对储运条件的要求就越严格,它的空间流通也就越狭窄,它的销售市场就越带有地方性。因此,易发生变质的商品,对它的流动时间限制就越大,就越需要商品养护。

进行商品的养护,要求我们研究各类商品在不同储运环境条件下的质量变化规律,采取有效的技术措施和科学管理方法,控制不利因素,创造良好的储运条件,从而保护商品质量,减少商品的损耗,达到商品养护的目的。

商品养护是流通领域各部门不可缺少的重要工作之一。因此我们应该在商品的养护过程中贯彻"以防为主、防重于治、防治结合"的方针,达到最大限度地保护商品质量,减少商品数量损失的目的。防是指不使商品发生质量上的降低和数量上的减损,治是指商品出现问题后采取救治的方法,防和治是商品养护不可缺少的两个方面。

要做好商品养护工作,首先必须研究商品储存期间导致其质量变化的两个因素。第一个因素是商品本身的自然属性,即商品的结构、成分和性质,这是内因;第二个因素是商品的储存环境,它包括空气的温度、湿度及氧气、阳光、微生物等,这是外因。只有抓住了这两个因素,着重解决这两个因素对于商品的数量和质量的影响,才能做好商品的养护工作。

3. 商品养护的措施

在商品储存中,绝大多数商品质量的变化是由仓库的温、湿度变化引起的。因此,在仓储管理中,温、湿度的管理十分重要。在商品的储存仓库中,仓库保持稳定的温度和适宜的湿度,是维护商品质量的重要措施之一。

(1)合理安排物资商品的储存场所

商品在由生产部门进入流通领域的时候,首先要进入储存环节。为了保护商品的质量,管理人员应该根据商品的性能和特点,选择适当的储存位置,同时要注意避免与同一库房储存的其他商品在性质上发生抵触,避免互相串味、污染变质以及其他影响。同时要注意采取一致的养护措施和方法。

(2)加强仓库温湿度的管理控制

1)仓库的温度和湿度

空气温度是指大气的冷热程度,简称为气温。衡量气温高低的尺度称为温标。常用的温标有摄氏和华氏两种。在仓库的温度管理中,一般我们使用的是摄氏温标。

空气湿度是指空气中含水汽的多少,即潮湿的程度。空气湿度有以下几种表示方法:

● 绝对湿度。绝对湿度是指单位体积的空气中实际所含的水汽量。单位为克/米。空气的绝对湿度与温度的变化成正比关系;

● 饱和湿度。饱和湿度是指一定温度下,单位体积空气中所能容纳水汽的最大限量,也用克/米表示。如果空气中的水汽量超过此限,多余的水汽就会凝结成液态水;

● 相对湿度。相对湿度表示空气中实际所含水汽量距离饱和状态的程度。即同一温度下,空气的绝对湿度与饱和湿度的百分比。

2)仓库温湿度的控制与调节

控制与调节温湿度的方法很多,有密封、通风、吸湿和加湿、升温和降温等几种方法。将几种方法合理地结合使用,效果会更好。

● 密封。是指在库外高温高湿条件下,使商品库房严密封闭,减少温、湿度对商品的影响从而达到安全储存的目的。密封是温、湿度管理的基础,它是利用一些不透气、能隔热、能隔潮的材料,把商品严密地封闭起来,以隔绝空气,降低或减少空气温、湿度变化对商品的影响。密封形式可分为整库、整垛、整件密封等。密封也是进行通风、吸湿等方法的有效保证;

● 通风。指在库外温湿度较低条件下,利用空气流通的规律使库内外空气交换,以达到降温降湿的目的。通风的方法有自然通风,即开启库房门窗和风洞产生自然对流;还有机械通

风,指在库房上部装设排风扇,下部装设送风扇,以加速空气的交换,达到通风的目的;

● 吸湿和加湿。在不能采用通风来调节湿度或需要迅速改变湿度的情况下,可采用吸湿剂、空气去湿机或用洒水、湿擦、盛水等方法增湿。在仓库储存中多数的商品和纺织品要降低湿度,多数生鲜商品和鲜活商品需要增加湿度;

● 升温和降温。在不能用通风来调节温度时,可用暖气设备来提高库房温度,也可用空调设备来升温或降温;

● 自动调控温湿度。指利用光电自动控制设备,在规定的仓库温湿度范围内自动报警、开窗、开动去湿机、记录和调节库内温、湿度等,当库内温、湿度调至适宜时,又可自动停止工作。具有占地面积小(仅 $1m^2$ 左右),使用灵敏准确的优点,为最先进的仓储设备。

3)加强仓库的检查力度,做好商品防锈和防霉工作

金属商品发生锈蚀,不仅影响外观质量,造成商品陈旧,同时会使其机械强度下降,降低其使用价值,严重的甚至报废。例如,各种刀具常因锈蚀使其表面形成斑点、凹陷,以至难以平整和保持锋利;精密量具,只要轻微锈蚀,都可能影响其使用的精确度。金属的防锈蚀就是防止金属与周围介质发生化学作用或电化学作用,使金属免受破坏。在仓储中一般采用改善仓储条件控制环境温、湿度和空气中腐蚀性气体的含量,还可采用表面涂防锈油、气体缓蚀剂、可剥性塑料、干燥空气封存等方法防治金属商品的锈蚀。几种主要方法简介如下:

● 涂油防锈

涂油防锈是在金属表面涂刷一层油脂薄膜,使商品在一定程度上与大气隔离开来,而达到防锈目的。这种方法省时、省力、节约、方便且防锈性能较好。涂油防锈一般采取按垛、按包装或按件涂油密封。涂油前必须清除金属表面灰尘污垢,涂油后要及时包装封存。常用的防锈油脂有防锈油、凡士林、黄蜡油、机油等。

● 气相防锈

气相防锈是利用挥发性缓蚀剂,在金属制品周围挥发出缓蚀气体,来阻隔腐蚀介质的腐蚀作用,以达到防锈目的。常用的气相防锈有气相防锈纸防锈、粉末法气相防锈、溶液法气相防锈三种形式。对不同的金属,应选择适当的挥发性缓蚀剂,方能达到有效防锈的目的。

● 可剥性塑料封存

可剥性塑料是用树脂为基础原料,加入矿物油、增塑剂、缓蚀剂、稳定剂以及防霉剂等,加热溶解后制成。这种塑料液喷涂于金属制品表面,能形成可以剥脱的一层特殊的塑料薄膜,像给金属制品穿上一件密不透风的外衣,它有阻隔腐蚀性介质对金属制品的作用,以达到防锈的目的。可剥性塑料按其组成和性质的不同,可分为热熔型和溶剂型两大类。

小锦囊

金属商品常见除锈方法

要是发生了金属商品生锈的情况,那我们就要采取措施,对金属商品进行除锈处理,一般的方法有:

A. 人工除锈:这种方法只用简单的除锈工具,如粗质的布粒、棕刷、钢丝刷、砂纸、刮刀等,通过人的手工操作来对金属制品上的锈斑、锈痕进行除锈作业。

B. 机械除锈：一般有抛光法、钢丝轮除锈法和喷射法三种方法。

C. 化学除锈：金属的锈蚀主要是金属氧化物。化学除锈就是酸溶液和这些金属氧化物发生，使其溶解在酸溶液中，达到将锈蚀物从金属表面除去的目的。酸溶液一般有硫酸、盐酸和磷酸，多用于齿轮、轴承、量具、刀具以及中小型部件的除锈。

D. 电化学除锈：这种方法是将生锈的金属商品浸入到电解液当中，并接上电源，通过电化作用出去锈蚀物的方法。电化学方法除锈主要用于形体比较大的金属商品的除锈。

糖类、蛋白质、油脂和有机酸等物质是微生物生长和繁殖所必需的营养物质。因此，在环境条件适宜微生物生长繁殖的情况下，它将在含有这些营养物质的商品上迅速地生长繁殖，造成商品的霉变和腐烂。常见的易霉腐的商品有：含纤维较多的商品，如棉麻织品、纸张及其制品、部分橡胶、塑料和化纤制品等；含蛋白质较多的非食品商品，如丝毛织品、毛皮及皮革制品等；含蛋白质较多的食品商品，如肉、鱼蛋及乳制品等；含多种有机物质的商品，如水果、蔬菜、干果干菜、卷烟、茶叶、罐头以及含糖较多的食品等等。

加强仓储管理是防霉腐的重要措施。关键是应尽量减少霉腐微生物对商品的污染和控制霉腐微生物生长繁殖的环境条件。储存商品质量的变化有一个从量变到质变的过程。因此，加强商品的仓储管理尤其是储存商品的养护工作显的特别重要。商品的养护工作必须坚持以防为主，从加强仓储管理入手，同时针对不同商品的不同性质、特点，采取相应的措施，以防变质。仓库温度和湿度是微生物生长繁殖的重要外界因素，为了劣化微生物生长繁殖的温、湿度条件，就要调节一个可以抑制或延缓其生长繁殖的温度范围，以及与商品安全含水量相适应的相对湿度范围。所以，必须根据不同商品的不同要求，认真地控制和调节库房的温、湿度。

小锦囊

库存商品的防霉腐主要有下列几种方法

A. 化学药剂防霉腐

有些商品可采用药剂防霉，这种方法就是在生产过程当中把防霉剂加入到商品中，或把抑制微生物生长的化学药剂喷洒在商品上和包装物上，可达到防霉的目的。

B. 气体防霉腐

气体防霉腐是根据好氧性微生物需氧代谢的特性，在密封环境中改变气体的组成成分，降低氧气的浓度，来抑制微生物的生理活动、酶的活性和鲜活食品的呼吸强度，达到防霉防腐和保鲜的目的。这种方法效果显著，应用面广。具体方法有真空充氮防霉腐、二氧化碳防霉腐等。

C. 低温冷藏防霉腐

一般的易霉腐商品，可以通过上述措施加以防酶防腐。但是，多数含水大的易腐商品，如鲜肉、鲜鱼、水果、蔬菜等，要长期保管，多采用低温冷藏的办法。低温冷藏是利用各种制冷剂降低温度，以保持仓库中所需要的一定低温，来抑制微生物的生理活动和酶的活性，使易腐商品在整个保藏期内，基本上处于无变化的状态。常用的制冷剂有液态氨、天然冰以及冰盐混合物等。按降低温度的范围，分为冷藏和冷冻两种。

此外，还有干燥、盐腌、酸渍、辐射等防霉腐方法。

（3）进行合理的堆垛和苫垫

库存的商品应根据性质、包装条件以及安全要求采用适当的堆垛方式，满足安全牢固、堆垛方便、节约仓库的目的。堆垛时要留出适当的距离，方便检查、通风、防火和库房建筑安全。

为了防止商品受潮和防汛的需要，货垛底部应适当垫高，对于怕潮湿的商品垛底，还要加垫隔潮层。露天堆垛的物品必须苫盖严密，防止风吹、雨淋、日晒。

（4）经常检查仓库

管理人员应对所储存的商品进行经常检查，及时发现发生质量变化的商品，采取适当的技术措施，减少货物损失，降低库存成本。

小锦囊

第 三 方 物 流

第三方物流企业的英语名称为 Third – partlogistics 或 3 – partlogistics，简写为 TPL 或 3PL。关于"第三方物流"的定义，国家标准术语中是这样提到的：第三方物流是由供方与需方以外的物流企业提供物流服务的业务模式；广义地讲，第三方物流是与自营物流相对而言，即第三方物流是专业物流企业面向全社会提供物流服务，按照客户要求进行货物的运输、包装、保管、装卸、配送、流通、加工等项目的有偿服务。

第三方物流企业能够向用户提供增值服务，表现在物流总成本的下降。企业通过购买第三方物流服务，企业外部的物流总成本可能增加或者说物流总成本可能大于原来每个物流单项费用的总和。但是，通过第三方物流服务，企业的总体物流成本应当下降，也就是企业内部和物流有关的人力成本、管理成本和运营成本都会下降。

第三方物流企业具备如下优势：

（1）专业优势。第三方物流企业是专门从事物流服务的企业，专业水平是第一位的。不仅专业化服务品质高、专业化作业能力强，而且速度快、运作的成本低。

（2）服务品质优势。第三方物流企业必须有较高的服务水准和品质保证。服务水准包括：服务品质高、服务态度热情、服务宗旨明确、服务意识强、服务项目多、服务有系统性和整合性等。

（3）信息优势。信息优势为第三方物流企业的必备条件。现代物流企业不仅要自己掌握市场销售、价格、周转、库存、订货等物流信息，还要向委托方提供与物流业务相关的各种参考性意见及全方位的咨询信息。

（4）管理和人才优势。第三方物流企业为委托方服务的项目本身，也包括帮助委托方提高对物流的管理能力，使委托方的物流管理合理化、科学化。这就要求第三方物流企业具备管理的高水平，能够正确分析和判断委托方在物流管理方面存在的问题，并准确找出矛盾的症结，帮助其解决。

（5）规模优势。第三方物流企业具有规模优势，可以组织客户群体，开展共同运输、联合配送，也可以减少交叉运输、空车返程，节约运输费用；同时还能够通过规模化运作，降低物流成本；有了规模优势，又能实施供应链管理，使物流综合化、系统化。

别拿别人的库存不当钱

我们看到:很多从事"流通"的经销或零售企业并没有在"库存"上动太大的"脑筋"——是这个问题不重要吗?不是,有人认为库存管理是零售企业的三大核心能力之一(另两个是商品管理和顾客行为分析)。那为什么分销企业对此"漠然"呢?原因也很简单:他们不知道同样做到了800万元的销售额,但A企业是用600万元库存做到的,而B企业是用1 000万元库存做到的——B企业可能到因资金链断裂而倒闭的那一天都不知道:是库存出了问题。

让我们看看上海通用是如何解决这个问题的。

上海通用三种车型的零部件总量有5 400多种!这相当于一个中型超市的单品数。通用的这些零部件来自180家供应商,这也和一个大型卖场的供应商数量相近。我们来看看通用是怎么提高供应链效率、帮助整个供应链降低库存的。

通用的部分零件是本地供应商所生产的,这些供应商会根据通用的生产要求,在指定的时间直接送到生产线上。这样,因为不进入原材料库,所以保持了很低或接近于"零"的库存,省去大量的资金占用。但供应商并不愿意送那些用量很少的零部件。于是,以前的传统汽车制造商要么有自己的运输队,要么找运输公司把零件送到公司。这种方式的缺点是:

1. 有的零件根据体积或数量的不同,并不一定正好能装满一卡车。但为了节省物流成本,他们经常装满一卡车才给你——如果装不满,就要等待。这样不仅造成了库存高,占地面积大,而且也影响了对客户的服务速度。

2. 不同供应商的送货环节缺乏统一的标准化的管理,在信息交流、运输安全等方面,都会带来各种各样的问题,如果想管好它,必须花费很多的时间和很大的人力资源。

所以通用就改变了这种做法,使用了叫做"循环取货"的小技巧:他们聘请一家第三方物流供应商,由他们来设计配送路线,然后每天早晨依次到不同的供应商处取货,直到装上所有的材料,再直接送到上海通用。这样,通过循环取货,通用的零部件运输成本可以下降30%以上。这种做法省去了所有供应商空车返回的浪费,充分节约运输成本,而且体现了这样的基本理念:把所有增值空间不大的业务外包给第三方,他们会比通用更懂得怎样节省费用。

同样,如果一个大卖场有300个供应商,他们是否有必要每一家都包一辆车,把货物送到收货处呢?你认为供应商会白白地替你送货吗?而且你用考核指标要求他们不能断货,要及时送到,那么这就是在逼迫供应商在当地为你保有一定的库存量。这部分库存成本,供应商是白白为你付出吗?如果没有厂家愿意出,他们都是把费用打到了商品价格中。

在日本7-11刚开始快速发展的时候,是让众多供应商非常头疼的一个客户,为什么?因为当时7-11的确发展很快,已经达到100家以上了,供应商不肯放弃或得罪这样一个有潜力的零售客户。但问题是,7-11在要求厂家直供门店时,供应商们发现:7-11都是便利店,由于定位针对年轻顾客,即食商品多,因此要求门店存货少。这样,供应商送货时要面对频繁的送货次数,复杂的送货路线,小批量的订单,大量的上下搬运作业——没有几个供应商愿意承担这样的成本。但如果采取大批量小频率送货,7-11就要承担大量库存的风险。于是,7-11建议自己的供应商联合起来送货,最初响应的人很少,但最终人们发现这样的确可以降低大量的成本。但问题出来了,为了保证7-11的低库存,为了能在7-11要货时就能备足各种品类,就要求供应商多准备很多库存,怎么办?

实际上上海通用也遇到了这种情况。上海通用采取的是"柔性化生产",即一条生产流水线可以生产不同平台多个型号的产品。这种生产方式对供应商的要求极高,即供应商必须时常处于"时刻供货"的状态,这样就会给供应商带来很高的存货成本。但是,供应商一般不愿意独自承担这些成本,就会把部分成本打在给通用供货的价格中。同时,他们还会把另一部分成本"赶"到了其上游的供应商那里——于是上游就准备了更大的库存。

为了克服这个问题,上海通用与供应商时刻保持着信息沟通。通用有一年的生产预测,也有半年的生产预测,生产计划是滚动式的,基本上每个星期都有一次滚动,在滚动生产方式的前提下,通用的产量在作不断的调整。这个运行机制的核心是要让供应商也看到通用的计划,让其能根据通用的生产计划安排自己的存货和生产计划,减少对存货资金的占用。

实际上零售商一样可以做到这一点。问题就是,零售商要把销售数据和促销计划提前通知供应商。供应商至少在以下三个降低库存的方面非常需要零售商的 POS 数据:①销售预测:这决定了供应商的日常库存;②补货运作:这里终端数据决定了供应商的存货量和补货速度;③促销计划:这决定了供应商的促销库存,以及清理以往快过季的库存。

本章要点回放

1. 库存管理的概念
2. 库存的分类
库存可以按照不同的标准、不同角度进行分类,满足不同目的的研究。
(1)按照企业库存管理的目的不同划分;
(2)按照库存在社会再生产过程中所处的领域不同进行分类。
3. 库存管理的意义
进行库存管理的意义就在于:它能确保物畅其流,促使企业经营活动繁荣兴旺。不论什么企业,都要储备一些物资。以生产为主的企业,不储备一定的物资,不能维持其连续生产;服务性行业,也要备置某些需用的设备和服务用具;就连一般的事业单位,也要备有某些办公用品等。因此,各行各业都存在不同程度的库存管理业务。
4. 库存管理的功能
5. 与库存管理有关的费用
6. 基本库存管理方式
(1)零库存方式;
(2)先入先出的库存管理方式;
(3)后入先出的库存管理方式。
7. 库存模式
(1)定期观测库存控制模式;
(2)ABC 重点控制模式;
(3)库存的最优控制模式;
(4)其他模式。
8. 库存商品的保管
(1)保管的含义;
(2)保管的重要性;
(3)保管的任务;
(4)保管应遵循的基本原则;

（5）影响库存商品变化的因素；

（6）库存商品的损耗。

9. 库存商品的养护

（1）商品养护的概念；

（2）商品养护的目的和任务；

（3）商品养护的措施。

每章一练

1. 简述库存管理的重要性。

2. 简述 ABC 重点控制模式的要点。

3. 零库存的含义是什么？如何实现零库存？

4. 库存商品如何进行保管和养护？

第六章　仓储安全与信息管理

仓储安全和仓储信息管理是一个企事业单位不可缺少的部分,它的内容对于企业的决策者和管理者来说都是至关重要的。多了解仓储消防安全知识对保证仓库安全十分必要;仓库信息管理系统应该能够为用户提供充足的信息和快捷的查询手段。本章主要讲述仓储安全管理和仓储信息管理的一些基本知识。

章节要点

- 仓储安全管理
- 消防安全基础知识
- 仓储风险管理
- 仓储信息管理

第一节　仓储安全管理

话题引入

仓储消防安全管理制度

1. 认真组织学习消防安全法规和消防安全管理制度,对仓储人员经常进行消防安全知识教育,从思想上提高认识,增强消防安全意识;

2. 仓储商品堆码要规范化,以便于意外火灾事故发生后扑救工作顺利进行;

3. 值班人员要坚守岗位,加强责任心,严格控制外来人员进入仓库,不准在库房周围燃烧明火和燃放烟花鞭炮,严禁烟火,杜绝各类火种出现,仓库周围三米内及库房内无烟头;

4. 加强易燃易爆物品的管理,按规定分类存放保管,严格管理制度;

5. 不准私自乱拉电源,严禁使用电炉烤火,对老化、裸露破损的电源线应及时修理或更换;

6. 消防器材、设备必须配备齐全;

7. 仓储内物品堆码除保持必要的通道外,物品堆码还应坚持"五距",即:顶距、灯距、墙距、柱距、堆距。

知识梳理

一、仓储安全管理

1. 仓库防雷

雷电有其特殊的破坏力,常常给人类带来巨大损失。雷击可以把建筑物劈裂,使架空的电线短路、引起森林大火,还会造成人员的直接伤亡。

小锦囊

防雷措施

● 一般应在仓库易受雷击部位安装避雷装置,使库房和突出库房屋面的物体,均处于接闪器的保护范围之内;

● 仓库内的金属制品和突出屋面的金属物应接到防雷电感应的接地装置上;

● 低压架空线宜用长度不小于50m的金属铠装电缆直接埋地引入,入户端电缆的金属外皮应与防雷接地装置相连,电缆与架空线连接处,还应装置阀型避雷器。

2. 仓库消防

火灾发生后,除了造成人身伤亡外,还会给仓库建筑、储存的商品和周围的单位带来巨大损失。因此,为了加强仓库消防安全管理,保护仓库免受火灾危害,必须贯彻"预防为主、防消结合"的方针,实行谁主管谁负责的原则。

● 直接火源主要有三种:明火、电火花、雷击;

● 间接火源主要有两种:加热自燃起火、商品本身。

二、消防安全基础知识

1. 火灾报警

报警早,损失少。一旦发生火灾要迅速报警,无电话的地方,要采取积极措施直接向公安机关或消防部门报告,有电话的迅速拨打"119"报警。报警时要注意如下几点:

● 说清楚地点和单位;

● 要报出自己的电话号码,以便消防队随时查询情况,报警后要留人,并立即派人到路口迎候消防车;

● 尽可能讲清楚是什么东西着火和着火的范围。

2. 灭火器的使用

灭火器是扑救初起火灾最常用的灭火设备,灭火器的种类较多,常用的有:二氧化碳灭火器、干粉灭火器、1211灭火器等。

● 干粉灭火器适用范围:适用于扑救石油及其产品、可燃性气体和电气设备的初起火灾。

使用方法:将灭火器提到起火地点,并上下颠倒几次,拔掉铅封和保险销,接近火源,左手紧握喷嘴对准火焰根部,右手将压把压下,干粉即可喷出。

● 二氧化碳灭火器适用范围:适用于扑救图书档案、珍贵设备、精密仪器、少量油类和其他一般物质的初起火灾。

使用方法:将灭火器提到起火地点,拔出保险销,接近火源,左手紧握喇叭管对准火焰根部,右手将压把压下,二氧化碳即可喷出(使用二氧化碳灭火器时要防止冻伤)。

● 1211灭火器适用范围:适用于扑救油类、有机溶剂、可燃性气体、精密仪器和文物档案等火灾。

使用方法:将灭火器提到起火地点(不要把灭火器放平或颠倒),拔掉铅封和保险销,接近火源,左手紧握喷嘴对准火焰根部,右手将压把压下,灭火剂即可喷出。

3. 火场逃生自救

发生火灾时,如有人被大火围困,应首先组织力量,贯彻"救人第一,救人与灭火同步进行"的原则,积极施救。被困者要保持头脑冷静,不要慌乱,根据火势选择最佳的自救方案,以争取时间脱离危险区,现介绍几种火场逃生的自救方法。

● 平时防盗网一定要留逃生口,逃生口锁匙要放在固定和易取的地方,以便逃生;

● 发生火灾后,不要为穿衣、找钱财而耽误宝贵的逃生时间,应尽快从安全通道、安全出口和消防楼梯撤离,切勿盲目乱窜或使用电梯逃生;

● 逃离火场时,遇到浓烟不要直立行走,应尽量采用低姿势行走或匍匐前行,用湿毛巾捂住口鼻,以免被浓烟窒息;

● 楼梯已起火,但尚未烧断且火势不很猛烈时,可披上用水浸湿的衣裤或被单由楼上迅速冲下。楼梯已经烧断且火势相当猛烈时,可利用绳子或把床单撕成条状连接起来,一端拴在牢固的门窗或其他重物上,然后顺绳子或布条滑下(三楼以上住户慎用);

● 各种逃生之路均被切断时,应退回居室内,采取防烟堵火措施,关闭门窗,并向门窗上浇水,还要用湿毛巾捂住口鼻,做好个人防护,同时,向室外挥动鲜艳的东西(在夜晚则可向外打手电),发出求救信号;

● 逃生时一旦衣服被烧着,着火人可就地倒下打滚,把身上的火焰压灭,或由其他人帮忙扑灭火焰,切记不能奔跑。

三、仓储风险管理

风险管理是指对风险的识别、分析与衡量,采取损失控制措施,以最少的成本使风险引起的损失降低到最低程度的一系列管理方法。

不发生风险,没有意外事故,就是仓储管理赢利的保障。人身伤亡、火灾、水灾、自然灾害、失窃、污染、商品质量变异、财产贬值、未按合同办事遭到索赔等都是仓储风险管理的内容。仓储管理既要以最经济、最有效的措施和最低的成本避免或减少风险带来的损失,即使发生意外,也能尽快地恢复到正常的生产能力和规模;又要为员工提供安全适宜的工作环境,使员工的身心健康并提高工作效率。

防范风险的意识,全体员工必须时刻牢记,随时检查,定期培训。

1. 识别风险

(1)财务报表分析法

运用财务报表分析法,可以根据仓库的资产负债表、财产目录、损益表等,联系仓库的财务预算,对固定资产和流动资产的分布及经营状况进行分析研究,确定仓库的潜在损失,发现潜在风险,包括资产本身可能遭遇的风险,以及遭受风险引起生产或供应业务中断可能出现的损失,甚至包括连带造成人身伤亡和财产损毁应负的法律赔偿责任。使用这种方法,要求管理者掌握财会知识,以便熟练地进行分析。

(2)生产流程分析法

运用生产流程分析法,可以把仓库以入库、存储、出库为中心的仓储作业流程顺序列上流程表,再对每个阶段逐项进行分析,从中发现潜在风险。使用这种方法,要求管理者掌握仓储的作业流程、作业技术、作业规范。

(3)风险清单分析法

运用风险清单分析法,可以把仓库即将面临的潜在损失用一览表的形式列出来,然后进行风险分类,分析它们可能变化的方向和程度以及相互间的联系,为科学地进行风险评估提供依据。使用这种方法,要求管理者具有丰富的经验,对仓库有全面系统的了解,对风险的类型、重要程度、风险评估和风险处理对策都非常熟悉。

损失一览表可以按损失进行编制:财产损失,包括事故、灾害发生给仓库造成的直接损失、间接损失和净收益损失;责任损失,包括库存商品被盗、作业方案错误等各种责任风险发生导致的仓库收入减少额;人身风险,包括事故、灾害发生造成的人员伤亡带给仓库、受害人自身及其家庭的损失。

2. 风险衡量

风险衡量是指衡量损失发生的潜在频率,估算潜在的损失规模以及损失对仓库产生的影响程度。

风险衡量首先应该分析风险对仓库的影响程度。按照对仓库产生的影响程度,风险分为致命风险、重要风险、一般风险。

3. 制定风险管理计划,采取相应措施

仓库如果要回避风险,就可以不从事有风险的业务,但这是一种比较消极的管理方法,因为在回避风险的业务时,仓库就面临没有收益的风险。

小锦囊

使用中重型货架——安全小常识

1. 防超载:货品存放的每层重量不得超过货架设计的最大承载;
2. 防超高超宽:货架层高、层宽已受限制,卡板及货物的尺寸应略小于净空间100mm;
3. 防撞击:叉车在运行过程中,应尽量轻拿轻放;
4. 防头重脚轻:应做到高层放轻货,底层放重货的原则;
5. 防止用不标准的地台板(卡板)在货架上使用;
6. 货架上方有摆放货物时,操作人员尽量不要直接进入货架底部。
7. 如有发现货架的横梁和立柱有严重损坏,应及时通知厂家更换。

相关链接

哪些情形属于火灾隐患?

火灾隐患绝大多数是因为违反消防法规、消防技术标准造成的,大致有三类情形:一是增加了发生火灾的危险性。如违反规定储存、使用、运输易燃易爆危险品,用火、用电、用气,明火作业等;二是火灾时会增加对人身财产的危害。如建筑物防火分隔、建筑结构防火、防烟排烟设施等被随意改变,失去应有作用;建筑物的安全出口、疏散通道堵塞,不能畅通无阻;消防设施、器材不完好、有效;建筑内部装修、装饰违反规定,使用易燃可燃材料等。三是火灾时会影响灭火救援行动。如缺少消防水源;消防车道堵塞;消火栓、水泵结合器、消防电梯等不能使用或不能正常运行等。发现并及时消除火灾隐患是单位一项重要的消防安全职责。

第二节　仓储信息管理

话题引入

条码的起源与发展

条码最早出现在20世纪40年代,通信员环形码,俗称公牛眼条码,并申请了美国专利,它

是历史上的第一个条码。

20世纪60年代中期,美国超市业者组织了一个由零售商、批发商和制造商组成的超市委员会,制定了一套商品代码—环球商品代码(universal produce code,简称UPC)。

1972年蒙那奇·马金(Monarch Marking)等人研制出库德巴码(Code bar),美国的条码技术开始进入新的发展阶段。

1973年,美国统一编码协会(简称UCC)选用UPC代码建立条码系统,并制定了相应的标准。UPC条码是首次被大规模应用的条码。

1974年,Ineternet公司的David C. Allias发明了39码。

20世纪80年代初,128码和93码这两种高信息速度的条码被研制出来,它们的条码符号密度比39码高出30%。

20世纪年代中期,我国开始研究和逐步推广应用条码技术,并在一些行业如图书、邮电、物资管理部门和外贸部门开始应用条码技术。1988年底,我国成立了"中国物品编码中心"。1991年,中国物品编码中心代表中国加入国际物品编码协会。

在今天,人们每天几乎要扫描50多亿次条码,条码每年可为超市和大型商场的客户,零售商和制造商节约300亿美元的费用。

知识梳理

一、仓储管理信息系统

1. 系统概述

CCS是一个领先的仓储管理信息系统。它提供了高效的仓储管理方案、强大的业务处理能力、灵活的部署机制,为企业级的业务管理提供了高性能的仓储管理方案。

CCS利用了当前先进的RFID技术,结合现今成熟的条码技术,为企业级用户提供了灵活而强大的管理方案和数据分析能力,使得用户不需要掌握复杂的技术,减少了管理过程中人为因素造成的误差,真正实现企业仓储管理的自动化、业务管理的灵活化。

2. 功能特点

在改变观念后,通过把"进、销、存"系统的注意力放在过程和监督中,系统数据的采集将分散在不同时间、不同地点、随时进行。也就是每一个数据在它产生之日就输入到系统中,并随着业务行为的进展,数据的属性也在改变,计划中的数据变成结果数据。比如计划采购的设备变成已经采购的设备,计划采购设备的数量和价格变成已经采购设备的数量和价格。

库存中采用条形码和RFID技术管理货品,实现设备最小单元化理货,设备摆放计算机化,减轻库管工作负担,提高工作效率。

计划员可以方便地根据当前库存状况及订购设备计划,科学制定订货计划。可以根据当前的库存状况,合理安排出库,并能及时通知计划人员缺货情况。

库管人员利用条码和RFID自动化技术,可以高效的出入设备,加快盘库时间,提高仓库利用率。方便领导及时查阅和统计计划、销售、库存状况,辅助决策。

3. 体系结构

CCS既可以作为一个独立的系统运行,又可以作为用户单位计划管理系统或者ERP系统(统称为"环境系统")的一个组成部分。

根据各类用户的不同应用需求,我们设计了了不同的系统运行模式。

（1）单机模式

单机运行模式适合于系统独立运行且管理范围相对集中的用户采用,并且可以在日后条件充裕的情况下进行升级。

（2）远程通信模式

远程通信模式是在单机模式下进行升级,可以管理多个远程设备,适用于库房范围点多线长,范围较大的用户采用。

（3）网络运行模式

网络运行模式适合于有集中的服务器,需要有多个登陆点的运行模式,但是库房范围相对集中的用户采用。

（4）混合运行模式

混合运行模式为以上远程通讯模式和网络运行模式的综合运用,适合于库房系统配合其他系统运行,但库房范围点多线长,范围较大,或者实施整行业管理的用户采用。混合运行模式兼备远程通讯模式和网络运行模式的特点。

4. 功能模块

（1）计划管理

包括平衡库存(库存查询)、物资汇总、计划录入、打印等功能。

（2）入库通知

（3）库房管理

库房管理包括入库、出库和盘库三部分。

系统应实现以下报表汇总:

- 月收、支、存报表(月收支存直拨项数、数量、金额);
- 出库按月、按领料单位、型号、大类统计表;
- 结存统计表(当前账本结存情况项数、数量、金额);
- 计划落实情况统计表;
- 到货情况统计表;
- 付款情况统计表;
- 直拨情况统计表;
- 核销库存情况统计表;
- 储备库存情况统计表;
- 月收益情况统计表。

5. 应用部署

支持独立服务器模式;支持多种读写器和条码设备,可以灵活的配置软件模块结构。

6. 适用对象

适用于企事业单位库房、仓储管理;适用于各种物流企业末端,对响应的系统进行接入。

小锦囊

仓储管理系统

仓储管理以及仓储作业管理系统一般统称为仓储管理系统(Warehouse Management System 简称 WMS)。随着企业规模扩大,产品结构越来越复杂,且整个市场对产品的个性化要求也日益提高,随之而来的问题是如何存储这些产品,如何在需要这些产品的时候迅速地找到它们,如何利用有限的仓储面积存储更多的物品,以及如何合理配置产品品项以最低的品项数和库存数满足市场的需要,如何安排仓库门口(Docking)的装卸作业,使该作业能够迅速准确地完成。

先进的仓储系统为了能够达到上述结果,在系统内设计了一个先进的计划系统,该系统对于现场的作业状态非常敏感,它可以根据现场情况变化而实时调整作业计划,使整个作业计划安排能够达到最佳。在计划自动生成的时候,所考虑的因素主要有品项特性(是否对存储和搬运有特殊要求)、储位分布以及储位分配情况、仓储作业面积、操作人员数以及操作人员的训练程度、作业允许的时间以及客户给定的服务时间、仓储设备的运行状况等等。另外,某些 WMS 系统采用了 Rule base 或 Knowledge Base 技术,将人们在实际仓储作业中的优秀经验整合到系统作业管理中,使系统能够充分整合现有的仓储资源而达到作业效率的最佳化,另外仓储作业管理系统还要支持仓储内所有自动化设备。

二、现代信息技术在仓储管理中的应用

1. 条形码技术

(1)条形码(Bar Code)

条形码是由一组按一定规则排列的条、空、符号组成的编码符号,用以表示一定的字符、数字及符号信息;这种编码可以供机器识读。

条码技术与其他输入技术(如键盘输入、OCR 输入、磁卡输入、射频输入)相比,具有识别速度快、误码率低、设备便宜、应用成本低廉和技术成熟等优点,目前已被广泛应用于商业、工业、图书、医疗等领域。

(2)条形码的种类

1)一维条形码

一维条码是由一组规则排列的条和空、相应的数字组成,这种用条、空组成的数据编码可以供机器识读,而且很容易译成二进制数和十进制数。因此此技术广泛地应用于物品信息标注中。因为符合条码规范且无污损的条码的识读率很高,所以一维条码结合相应的扫描器可以明显地提高物品信息的采集速度。加之条码系统的成本较低,操作简便,又是国内应用最早的识读技术,所以在国内有很大的市场,国内大部分超市都在使用一维条码技术。但一维条码表示的数据有限,条码扫描器读取条码信息的距离也要求很近,而且条码上损污后可读性极差,所以限制了它的进一步推广应用,同时一些其他信息存储容量更大、识读可靠性更好的识读技术开始出现。

2)二维条形码

二维条码是指在水平和垂直方向的二维空间存储信息的条形码,称为二维条形码(2 - dimensional bar code)。二维条码是一种由点、空组成的点阵条码,它不需要数据库的支持就可以使用,实际上是一种高密度、高信息量的便携式数据文件,具有信息容量大、编码范围广、纠错能力强、译码可靠性高、防伪能力强等技术特点,可广泛应用于各个领域。

(3)条形码的识读设备

二维条码的阅读设备按照阅读原理的不同可分为:

● 线性 CCD 和线性图像式阅读器（Linear Imager）可阅读一维条码和线性堆叠式二维码（如 PDF417），在阅读二维码时需要沿条码的垂直方向扫过整个条码，我们称为"扫动式阅读"。这类产品比较便宜，有很好的性价比；

● 带光栅的激光阅读器可阅读一维条码和线性堆叠式二维码。阅读二维码时将光线对准条码，由光栅元件完成垂直扫描，不需要手工扫动；

● 图像式阅读器（Image Reader）采用摄像方式将条码图像摄取后进行分析和解码，可阅读一维条码和所有类型的二维条码，是一种高端设备。美国 Hand Held Products 公司是世界上主要的条码阅读设备制造商之一，其 CCD 技术、图像式阅读器（Image Reader）技术以及译码技术处于世界领先地位，最近又提出了线性图像（Linear Imaging）技术的新概念。以先进的技术为基础，HHP 的二维条码阅读设备一直领导着世界的潮流，其主要产品包括 IT3800 和 IT4600 等。

（4）条形码技术在仓储管理中的运用

仓储管理过程中牵涉到发货单据的处理。发货单据含有大量的信息，包括：发货人信息、收货人信息、货物清单、运输方式等等。单据处理的前提是数据的录入，人工键盘录入的方式存在着效率低、差错率高的问题，已不能适应现代运输业的要求。二维条形码在这方面提供了一个很好的解决方案，将单据的内容编成一个二维条形码，打印在发货单据上，在运输业务的各个环节使用二维条形码阅读器扫描条形码，信息便录入到计算机管理系统中，既快速又准确。

小锦囊

商品条形码中的前缀码是用来标识国家或地区的代码，赋码权在国际物品编码协会，如 00－09 代表美国、加拿大，45－49 代表日本，690－693 代表中国内地，471 代表我国台湾地区，489 代表香港特区。制造厂商代码的赋权在各个国家或地区的物品编码组织，我国由国家物品编码中心赋予制造厂商代码。商品代码是用来标识商品的代码，赋码权由产品生产企业自己行使，生产企业按照规定条件自己决定在自己的何种商品上使用哪些阿拉伯数字为商品条形码。商品条形码最后用 1 位校验码来校验商品条形码中左起第 1－12 数字代码的正确性。

2. 射频识别技术（RFID）

（1）射频识别

RFID 射频识别是一种非接触式的自动识别技术，它通过射频信号自动识别目标对象并获取相关数据，识别工作无需人工干预，可工作于各种恶劣环境。RFID 技术可识别高速运动物体并可同时识别多个标签，操作快捷方便。

短距离射频产品不怕油渍、灰尘污染等恶劣的环境，可在这样的环境中替代条码，例如用在工厂的流水线上跟踪物体。长距射频产品多用于交通上，识别距离可达几十米，如自动收费或识别车辆身份等。

（2）射频识别系统

最基本的 RFID 系统由三部分组成：

● 标签（Tag，即射频卡）：由耦合元件及芯片组成，标签含有内置天线，用于和射频天线间进行通信；

● 阅读器:读取(在读写卡中还可以写入)标签信息的设备;
● 天线:在标签和读取器间传递射频信号。

有些系统还通过阅读器的 RS232 或 RS485 接口与外部计算机(上位机主系统)连接,进行数据交换。

(3)RFID 在仓储管理中的应用

● 节约管理成本,提高管理水平;
● 方便操作,降低劳动强度;
● 加强货物的出入库管理。

3. 便携式数据终端(PDT)

(1)便携式数据终端(PDT)概述

便携式数据终端(PDT)一般包括一个扫描器、一个体积小但功能很强并有存储器的计算机、一个显示器和供人工输入的键盘。所以是一种多功能的数据采集设备,PDT 是可编程的,允许编入一些应用软件。PDT 存储器中的数据可随时通过射频通信技术传送到主计算机。

(2)便携式数据终端(PDT)的应用

● 商品的入库验收;
● 商品的出库发货;
● 库存盘点;
● 商品卖场中的应用;
● 自动补充订货;
● 到货确认;
● 盘点管理。

小锦囊

仓储资源管理

仓储管理系统中另一个重要管理对象是仓储资源管理,仓储资源除了仓储本身还包括了仓储结构、仓储设备以及仓储作业人员等资源的管理。主要功能体现在仓储设备的合理调配,并通过设备检修计划提高设备完好率;合理配置仓储结构,提高场地利用率;合理组织仓储作业人员,使仓储作业效率能够得到最大化。

相关链接

仓储如何提高利用率

传统物流界有句俗话叫:仓库有多大,库存就有多高。此言论虽然有点片面化,但的确反映出来了一些仓库管理者的烦恼和痛苦。当初使用 ERP 系统的初衷就是想要把库存降下来,现在 ERP 系统也在运行,但库存却越来越大。

因此,一些管理者开始迷茫。但他们并没有意识到,ERP 系统并不是万能的。仓库说白了就是一个水库,怎样合理控制水位和监测到准确的库容数据非常重要,ERP 系统反映的仅仅是一些数据,当每天面对不断更新的各种数据,有没有及时去找到相应的策略来处理这些事情才是关键。

当然,ERP 系统与仓储对接只是仓储信息化其中的一环。应该说,现代物流业的发展离不开现代化的仓储,现代仓储的发展也必然会推动现代物流的发展,仓储是物流与供应链系统中的重要节点和调控中心。现代仓储业在现代服务业中据具着独特地位。

在现有仓储环境的基础上,信息网络的建设和信息技术的应用,将使仓储增值业务水平进一步提高,有效地将各操作环节合理对接,并使其综合物流业务成为仓储业发展的主要方向,把仓储业的功能向上下游延伸,从而可以获得更多的增值收入。

更进一步的说,仓储业的发展要与国际接轨,离不开信息化水平的不断提升,其业务流程的优化和改革将大大提高仓储业的效率,扩大服务的对象。仓库高度的进一步增高,楼库、立体仓库、货架等基础设施的增长速度也会更快。

在现代化的仓储模式中,从先进技术的应用到作业流程的管理,从货物的入库到接单配送等个各环节,信息技术及管理系统的应用已成为现代化仓储的重要支柱。

现在的很多企业已经意识到仓储管理的重要作用,逐渐加大仓储现代化改造的步伐,表现在两方面:其一,加大对仓库的硬件投入。这包括库房建设和改造,购置新型货架、托盘、数码自动识别系统和分拣、加工、包装等新型物流设备,大幅度提升现有仓储自动化水平和物流运作效率,增加物流服务功能;其二,加大对仓库的软件投入,加强物流信息化建设,实现仓储管理、商品销售、开单结算、配送运输、信息查询、客户管理、货物跟踪查询等功能,为客户提供更为方便、可靠、快捷的物流服务信息化。

除此以外就是供应链管理系统。运输和仓储是目前中国市场最主要的物流业务,也是物流企业信息化中的首要功能。在此基础上,以供应链管理为代表的信息系统近几年开始不断发展。如中储总公司利用供应链管理,依靠 IT 技术和要素资源整合,较快地提高了劳动效率,使库存货物的平均周转次数由 10.6 次提高到 13.6 次,极大地缓解了生产制造企业在产前、产中、产后各环节中对原材料、半成品和产成品的资金占用。

再就是企业资源计划系统。物流企业所建设的 ERP 系统,往往只包括了财务管理、订单管理、分销管理等一些通用模块,并没有体现出物流企业综合管理的独特需求。目前,许多物流企业的物流信息化工作没有解决好运作层和运作管理层的信息采集问题,以至于系统缺乏足够信息源,因而大大影响了整个企业信息资源的开发利用。不少企业忽视信息资源规划工作,缺乏统筹规划和统一的信息标准,致使设计、生产和经营管理信息不能快捷流通,不能共享,形成许多信息孤岛,企业还没有享受到信息化投资应产生的效益,从而阻碍了物流管理信息化的进程。

当我们很好地解决了这些问题之后,仓储信息化的利用率也就能够相应地得到提高。

本章要点回放

1. 仓储安全管理

(1)仓库防雷;

(2)仓库消防。

2. 消防安全基础知识

(1)火灾报警;

(2)灭火器的使用;

(3)火场逃生自救。

3. 仓储风险管理

(1)识别风险;

（2）风险衡量；

（3）制定风险管理计划，采取相应措施。

4. 仓储管理信息系统

（1）系统概述；

（2）功能特点；

（3）体系结构；

（4）功能模块；

（5）应用部署；

（6）适用对象。

5. 现代信息技术在仓储管理中的应用

（1）条形码技术；

（2）射频识别技术（RFID）；

（3）便携式数据终端（PDT）。

每章一练

1. 简述消防安全知识。

2. 灭火器如何使用？

3. 如何识别仓储风险？

4. 简要概述仓储管理信息系统。

5. 现代信息技术在仓储管理中的应用有哪些？

第七章　仓储包装技术

在超级市场,对某些食品预先包装已非常普及,从保证卫生的角度出发,食品包装非常必要。包装是生产过程的终点,同时也是物流过程的起点,它在物流过程中起着保护产品的作用,它能提供物流产品的信息,帮助人们区别产品,了解产品。适当的包装还提高了物料搬运的效率。所以产品的包装设计也直接影响物流成本、物流的搬运、储存设备等系列问题。可见包装在物流中的作用极其重要。

章节要点

- 包装的种类、含义和功能
- 包装材料、包装容器及包装标志
- 包装的现代化、标准化和合理化
- 包装技术

第一节　包装概述

话题引入

包装的发展史

包装伴随着人类文明的发展,经历了漫长的演变和发展过程。包装发展的历史,大致可分为原始包装的萌芽、古代包装、近代包装和现代包装四个基本阶段。其中古代包装和近代包装又可统称为传统包装。

1. 原始包装萌芽阶段

此阶段相当于原始社会的旧石器时代。那时人类的生产力十分低下,仅靠双手和简单的工具采集野生植物,捕鱼狩猎以维持生存。人类从对自然界的长期观察中受到启迪,学会使用植物茎条进行捆扎,学会使用植物叶、果壳、兽皮、动物膀胱、贝壳、龟壳等物品来盛装转移食物和饮水。这些几乎没有技术加工的动、植物的某一部分,虽然还称不上是真正的包装,但从包装的含义来看,已是萌芽状态的包装了。

2. 古代包装阶段

此阶段历经了人类原始社会后期、奴隶社会、封建社会的漫长过程。在这个阶段中,人类文明发生了多方面的巨大变化,生产力的逐步提高使越来越多的产品用于交易目的,产生了商品和商业。商品的出现即要求对其进行适当的包装以适应远距离运输和交易的便利。人类开始以多种材料制作作为商品的生产工具和生活用具,其中也包括了包装器物。

3. 近代包装阶段

此阶段相当于16世纪末到19世纪。西欧、北美国家先后从封建社会过渡到资本主义社会,社会生产力和商品经济都得到较快的发展。自18世纪中期到19世纪晚期,在西方国家所经历的两次工业革命中,先后出现了蒸汽机、内燃机,以致电力的广泛使用,使人类的社会生产力成倍增长。大量产品的生产又导致商业的迅速发展。轮船、火车及汽车的发明使交通发展到海、陆路大规模的运输。这样,就要求商品必须经过适宜的包装才能适应流通的需要。大量的商品包装使一些发展较快的国家开始形成机器生产包装产品的行业。

4. 现代包装阶段

现代包装实质上是进入 20 世纪以后开始的,伴随着商品经济的全球化扩展和现代科学技术的高速发展,包装的发展也进入了全新时期。主要表现有如下几个方面:

- 新的包装材料、容器和包装技术不断涌现;
- 包装机械的多样化和自动化;
- 包装印刷技术的进展;
- 包装测试的进展;
- 包装设计进一步科学化现代化。

知识梳理

一、包装的含义

任何产品从生产领域转移到消费领域,都必须借助于包装。包装的含义是随着包装的发展而发展的。早期的观点认为,包装是物品的器具或对物品进行盛装捆扎以对容纳物施予保护的材料。这种观点只是把包装当作一种手段,是从静态的角度来看待包装。现代的包装定义是从整个物流环节中用动态的观点表述的。

我国国家标准 GB4122—1983《包装通用术语》中,对包装是这样定义的:包装为在流通过程中保护产品,方便储运,促进销售,按一定技术而采用的容器及辅助物等的总体名称,同时也指为了达到上述目的而采用容器、材料和辅助物的过程中,施加一定技术方法等的操作活动。

小锦囊

包装在高级汉语大词典中的定义

1. 把东西打捆成包或装入箱等容器的动作或过程。
2. 包装商品的东西,即起覆盖作用的外表、封套或容器;特指储藏或运输商品时用的保护性的单元。

二、包装在物流中的作用

在社会再生产过程中,包装处于生产过程的末尾和物流过程的开头,既是生产的终点,又是物流的始点。

在现代物流观念形成以前,包装被天经地义地看成生产的终点。因而一直是生产领域的活动,包装的设计往往主要从生产终结的要求出发,因而常常不能满足流通的要求。物流的研究认为,包装与物流的关系,比之与生产的关系要密切得多,其作为物流始点的意义比之作为生产终点的意义要大得多。因此,包装应进入物流系统之中,这是现代物流的一个新观念。

现代商品包装是实现现代物流、加速商品流通的必要条件及手段。

1. 包装在运输中的作用

物流对运输的要求是方便、快速、安全。包装的防护功能能够保证商品在复杂运输环境中的安全,保持其质量和数量不变;包装的方便功能能够提高运输工具的装载能力,降低商品对运输环境的要求,减少运输难度,从而提高运输工作效率。

2. 包装在装卸搬运中的作用

包装商品可以采用机械化或半机械化装卸搬运作业,减轻劳动强度及难度,加快装卸搬运速度,并且可以使商品能够承受一定的装卸搬运中的机械冲击力,达到保护商品、方便装卸搬运、提高装卸搬运效率的目的。

3. 包装在保管中的作用

适当包装后的商品能方便商品的计数、验收和发料过程,能提高验收、发料速度;能便于商品的堆码叠放,节省仓库空间;良好的包装能抵御存储环境可能对商品的侵害,使物流的存储功能能顺利地实现。

小锦囊

我国在解放初期,由于商品经济不发达,对包装问题重视不够,更谈不上对包装立法,在出口商品包装方面只能参照有关国际包装的法规或相应国家的法规。近十几年来,我国包装行业有了飞速的发展,中国包装协会起草的《包装管理条例》已实施,草拟了《包装法》,使我国包装业逐步走上规范行列。1991年试行的《出口商品运输包装检验管理办法》、1995年12月,国家技术监督局第43号令发布的《定量包装商品计量监督规定》,以行政法规形式对出口商品运输包装的检验工作做了强制性规定,极大地提高了我国出口商品在国际市场的竞争力,提高了国家的信誉度。

三、物流包装的基本要求

现代物流对于商品包装的要求体现了物流包装作业管理的基本内容,可以总结为下述三方面。

1. 流动要求

流动要求是由通过供应链中流通部分或最终消费者,是搬运、储存和装卸等各环节更加有效的包装功能所决定的。物流包装的供应、产品充填、内部材料流动、产品输送或搬动、材料用后处理和回收处理等都是确定包装流动要求在供应链中所有的活动内容,这种流动要求中,包装将发挥出三个重要功能:

- 防护功能:是指防止商品在流通中发生破损;
- 操作功能:是指通过包装后可以方便地促使商品在市场上流通;
- 配置功能:是指由于外包装所指示的各项信息所能达到正确的移动位置及方向。

2. 市场要求

市场要求是由通过产品供应链的组成部分,使得产品具有附加值,并使其更加吸引人的包装要求所决定的。包装的经济收益将体现在这一项要求中。对包装的市场要求主要表现在下述三项功能:

- 信息功能:指的是包装及产品上都具有必要的、符合规范要求的信息或说明,例如,产品特性、使用说明、维修方法和注意事项及条码等;
- 促销功能:指的是有符合现代美学的装潢设计、先进技术的结构方案以及满足顾客直接交流的其他吸引消费者的方法等;

● 安全功能:指的是通过包装以后,无论对于被包装产品来说,还是对于消费者本身及其财产而言,都是有安全保障的。例如,防伪包装、防偷换包装和儿童安全包装等。

3. 环境要求

这项要求显得尤为重要,体现出绿色包装受到关注和重视。现代物流对包装与环境的协调方面,要求包装具有资源与材料的优化利用的功能。这项要求突出地表现在以下三种功能:

● 改善资源利用率,即包装件在生产加工及其流动过程中,材料和能源必须得到最有效的利用,使其消耗率最低;

● 尽量不用或少用有害材料,这主要指在包装材料的选用和加工中,有害材料的使用量最小,尽可能不考虑采用不利于环境和有害于人体的原、辅材料作为包装材料;

● 形成的废物量最少,这是指在包装用品加工及使用过程中产生的废料数量或体积都要最小。在包装废弃物处理时将大力提倡和重视材料再循环,不必要的包装和不适当的包装材料的使用,不仅会使回收和废弃发生无为成本,还会成为污染自然环境的要因,应开发可再利用的容器和容易融于自然环境的包装材料,积极选择并使用它们。

包装从物流角度来说,要求结实、尽量压缩体积、标准化、模块化、容易操作而且价廉。包装在物流方面特别重要的是标准化和模块化。包装构成物流的操作单位,根据包装尺寸的倍数来定物流空间。商品包装单位的大小用托盘来衡量,1 100mm × 1 100mm 为基准,决定运输包装系列的尺寸。如果商品的外围尺寸遵循了这个系列尺寸,即使单个包装、包装箱、包装盒、包装体积变大,也能够毫无浪费地装载到托盘上和集装箱里,实施有效的保管和运输。这种包装设计是符合国际标准的。

四、包装的功能

包装的发展,对包装的功能要求越来越多,但包装最基本的功能有三个,即防护功能、方便功能和促销功能。

1. 保护功能(无声的卫士)

包装最基本的功能。保护商品的包装,我们不能简单地理解这是给商品一个防止外力入侵的外壳,实际上保护商品的意义是多重的:

● 包装不仅要防止商品物理性的损坏如防冲击、防震动、耐压等,也包括各种化学性及其他方式的损坏。如啤酒瓶的深色可以保护啤酒少受到光线的照射,不变质。还有各种复合膜的包装可以在防潮、防光线辐射等几方面同时发挥作用;

● 还有,包装不仅要防止由外到内的损伤,也要防止由内到外产生的破坏。如化学品的包装如果不达到要求而渗漏,就会对环境造成破坏;

● 包装对产品的保护还有一个时间的问题,有的包装需要提供长时间甚至几十年不变的保护,如红酒。而有的包装则可以运用简单的方式设计制作,可以容易地销毁。

2. 方便功能(无声的助手)

便于运输和装卸,便于保管与储藏,便于携带与使用,便于回收与废弃处理。(规格、尺寸、形态、重量以及包装工艺、材料、结构、开启方法等)

● 时间方便性:科学的包装能为人们的活动节约宝贵的时间,如快餐、易开包装等;

● 空间方便性:包装的空间方便性对降低流通费用至关重要。尤其对于商品种类繁多、周转快的超市来说,是十分重视货架的利用率,因而更加讲究包装的空间方便性。规格标准化包装、挂式包装、大型组合产品拆卸分装等,这些类型的包装都能比较合理的利用物流空间。

● 省力方便性：按照人体工程学原理,结合实践经验设计的合理包装,能够节省人的体力消耗,使人产生一种现代生活的享乐感。

3. 促销功能(无声的推销员)

这是包装设计最主要的功能之一。在超市中,标准化生产的产品云集在货架上,不同厂家的商品只有依靠产品的包装展现自己的特色,这些包装都以精巧的造型、醒目的商标、得体的文字和明快的色彩等艺术语言宣传自己。

促销功能以美感为基础,现代包装要求将"美化"的内涵具体化。包装的形象不仅体现出生产企业的性质与经营特点,而且体现出商品的内在品质,能够反映不同消费者的审美情趣,满足他们的心理与生理的需求。

五、包装的分类

商品包装的分类是把商品包装作为一定范围的集合整体,按照一定的分类标志或特征,逐次归纳为若干概念更小、特征更趋一致的局部集合体,直至划分为最小的单元。商品包装分类是根据一定目的,满足某种需要而进行的。商品包装在生产、流通和消费领域中的作用不同,不同部门和行业对包装分类的要求也不同,分类的目的也不一样。包装工业部门、包装使用部门、商业部门、包装研究部门根据自己行业特点和要求,采用不同的分类标志和分类方法,对包装进行分类。一般来讲,包装工业部门多按包装技法、包装适用范围、包装材料等进行分类;包装使用部门多按包装的防护性能和适用性进行分类;商业部门多按商品经营范围和包装机理分类;运输部门则按不同的运输方式、方法进行分类。由于包装种类繁多,选用分类标志不同,分类方法也多种多样。根据选用的分类标志,常见商品包装分类方法有以下几种:

1. 按包装在流通中的作用分类

以包装在商品流通中的作用作为分类标志,可分为运输包装和销售包装。

（1）运输包装

它是用于安全运输、保护商品的较大单元的包装形式,又称为外包装或大包装。例如,纸箱、木箱、桶、集合包装、托盘包装等。运输包装一般体积较大,外形尺寸标准化程度高,坚固耐用,广泛采用集合包装,表面印有明显的识别标志,主要功能是保护商品,方便运输、装卸和储存。

（2）销售包装

销售包装是指一个商品为一个销售单元的包装形式,或若干个单体商品组成一个小的整体的包装,亦称为个包装或小包装。销售包装的特点一般是包装件小,对包装的技术要求美观、安全、卫生、新颖、易于携带,印刷装潢要求较高。销售包装一般随商品销售给顾客,起着直接保护商品、宣传和促进商品销售的作用。同时,也起着保护优质名牌商品以防假冒的作用。

2. 按包装材料分类

以包装材料作为分类标志,一般可分为纸板、木材、金属、塑料、玻璃和陶瓷、纤维织品、复合材料等包装。

（1）纸制包装

它是以纸与纸板为原料制成的包装。它包括纸箱、瓦楞纸箱、纸盒、纸袋、纸管、纸桶等。在现代商品包装中,纸制包装仍占有很重要的地位。从环境保护和资源回收利用的观点来看,纸制包装有广阔的发展前景。

（2）木制包装

它是以木材、木材制品和人造板材（如胶合板、纤维板等）制成的包装。主要有：木箱、木桶、胶合板箱、纤维板箱和桶、木制托盘等。

（3）金属包装

金属包装是指以黑铁皮、白铁皮、马口铁、铝箔、铝合金等制成的各种包装。主要有：金属桶、金属盒、马口铁及铝罐头盒、油罐、钢瓶等。

（4）塑料包装

塑料包装是指以人工合成树脂为主要原料的高分子材料制成的包装。主要的塑料包装材料有聚乙烯（PE）、聚氯乙烯（PVC）、聚丙烯（PP）、聚苯乙烯（PS）、聚酯（PET）等。塑料包装主要有：全塑箱、钙塑箱、塑料桶、塑料盒、塑料瓶、塑料袋、塑料编织袋等。从环境保护的观点来看，应注意塑料薄膜袋、泡沫塑料盒造成的白色污染问题。

（5）玻璃与陶瓷包装

玻璃与陶瓷包装是指以硅酸盐材料玻璃与陶瓷制成的包装。这类包装主要有：玻璃瓶、玻璃罐、陶瓷罐、陶瓷瓶、陶瓷坛、陶瓷缸等。

（6）纤维制品包装

纤维制品包装是指以棉、麻、丝、毛等天然纤维和以人造纤维、合成纤维的织品制成的包装。主要有麻袋、布袋、编织袋等。

（7）复合材料包装

复合材料包装是指以两种或两种以上材料粘合制成的包装，亦称为复合包装。主要有纸与塑料、塑料与铝箔和纸、塑料与铝箔、塑料与木材、塑料与玻璃等材料制成的包装。

3. 商品包装按销售市场分类

商品包装可按销售市场不同而区分为内销商品包装和出口商品包装。

内销商品包装和出口商品包装所起的作用基本是相同的，但因国内外物流环境和销售市场不相同，它们之间会存在差别。内销商品包装必须与国内物流环境和国内销售市场相适应，要符合我国的国情。出口商品包装则必须与国外物流环境和国外销售市场相适应，满足出口所在国的不同要求。

4. 商品包装按商品种类分类

商品包装可按商品种类不同而区分成建材商品包装、农牧水产品商品包装、食品和饮料商品包装、轻工日用品商品包装、纺织品和服装商品包装、化工商品包装、医药商品包装、机电商品包装、电子商品包装、兵器包装等。

各类商品的价值高低、用途特点、保护要求都不相同，它们所需的运输包装和销售包装都会有明显的差异。

小锦囊

国际标准化组织对集装箱下的定义为：集装箱是一种运输设备，应满足以下要求：

1. 具有耐久性，其坚固强度足以反复使用；
2. 为便于商品运送而专门设计的，在一种或多种运输方式中运输时无需中途换装；
3. 设有便于装卸和搬运的装置，特别是便于从一种运输方式转移到另一种运输方式；
4. 应注意到便于货物装满或卸空；
5. 为 $1m^2$ 或 $1m^2$ 以上。

相关链接

仓储环节对包装的要求

1. 对环境的适应性

被包装的货物在流通过程中受到的环境影响因素有物理环境、气象环境和生物环境。在仓储过程中，包装保护功能的发挥，在很大程度上受到仓储环境的影响。例如，仓库的气温、湿度，对瓦楞纸箱的强度性能有较大影响。随着空气相对湿度增加，纸箱含水量增加，纸箱的各项物理性能均有下降，此时考虑采用防潮瓦楞纸箱；对于须在干燥条件下储存的产品，对空气的相对湿度更为敏感，需要用阻湿性更强的包装材料密封包装；对于气候干燥地区的物品仓储，也同样要注意保护易因水分流失而品质下降的商品；对离海岸近的仓库，库房物品难免由于潮湿和盐分而引起锈蚀现象，故在此类地区保管的商品，应注意采取防锈措施。包装设计前，应充分了解产品的仓储环境条件，必要时还必须跟踪观察和实地测试，分析其对包装产品质量及仓储操作带来的不良影响，并研究解决方法，正确设计其包装材料和包装结构。

2. 对仓储设备及仓储管理的适应性

为适应现代物流仓储中的各种机械化搬运工具和储存设施，包装件的外形尺寸应与其相配套。因此，各种包装容器都要以包装模数化这一准则为依据进行设计制造，以适合物流模数尺寸。在仓储环节，尤其应考虑到包装件尺寸与仓库、托盘等尺寸的配套，使它们成为一个组合装置系统，最高效率地利用各种仓储设施。

而且产品包装要适应自动化仓储管理的要求，严格遵守产品条形码使用标准，并且在进行包装设计时，合理设计条形码的位置，使之在进出库、销售等流通环节方便读码。

3. 堆码强度的要求

（1）从提高仓库面积利用率的角度出发，产品包装设计应尽量提高包装件的抗压强度，并尽量减少包装材料用量，减小包装件体积；

（2）从提高包装容器的堆码强度角度考虑，在进行纸箱类包装设计时，要充分考虑到各种仓储、运输、制造、设计因素等造成的纸箱强度下降，合理确定和计算堆码安全系数，保证仓储堆码安全性。

第二节　包装器材

话题引入

对包装器材的基本要求

考虑到被包装商品的性能、商品流通方式及流通环境条件，对包装器材的基本要求是，包装器材应有足够的保护性能、安全性能、适宜的加工性能和方便性能。

用作包装的容器与材料应对水分、气体、光线和热量等有一定的阻挡能力，并应对被包装商品有一定的机械保护能力，可以抗冲击、抗振动、抗压力等；在安全方面，包装器材应具有防静电、防虫鼠害的能力，包装材料本身的化学性质应稳定，并且毒性小、不释放毒气；包装材料应易于加工，可以通过大规模生产制成包装容器，并易于实现包装作业的机械化、自动化；包装容器应满足一定的方便要求，便于装卸搬运、便于运输、便于存储并便于回收，容器规格应标准化。

知识梳理

一、包装材料

包装材料是用于制造包装容器、进行包装装潢、包装印刷、包装运输的材料以及包装辅助材料的总称。它既包括木材、纸、金属、塑料等主要包装材料,又包括缓冲材料、涂料、粘合剂、装潢与印刷材料和其他辅助材料。在这里只介绍构成包装容器主体的主要包装材料。

1. 木材与人造板材

几乎所有的木材都可以做包装材料,特别是外包装材料。它具有分布面广、易就地取材、重量轻、有较好的强度和抗冲击能力、易于加工、价格低、不生锈、不易腐蚀、可以回收复用等优点,目前仍是大型、重型商品和某些化学药剂的重要包装材料。但作为包装材料,木材易受温、湿度影响吸收或蒸发水分,产生箱体变形或裂缝,且易燃、易被虫蛀,特别是我国木材资源不足,因此不宜多用。近年来大量采用竹材制品和人造板材替代木材做包装材料,主要有胶合板、纤维板、颗粒板、木塑材料及复合木材等。

2. 纸与纸板

纸与纸板是另一类广泛使用的包装材料,具有透气、热绝缘、化学稳定、无毒、重量轻等优良性能,且具有折叠灵活、价格低廉、可实现自动化大量生产、还可以与其他包装材料进行复合以克服本身不足的特点。但由于纸本身的抗压、防潮、防火性能较差,常制成纸板或复合材料用于包装。在包装上,纸主要用作包装商品、制作纸袋等,纸板则主要用于生产纸箱、纸盒等包装容器,常用的包装纸板是瓦楞纸板。

3. 塑料

随着塑料工业的发展,塑料在包装中的应用范围不断扩大,除本身可大量直接用于包装外,还可与纸、玻璃、铝等复合在一起用于包装,为包装技术进步做出了极大贡献。塑料作为包装材料有优越的抗拉、抗压、抗弯曲等机械性能,良好的电绝缘性能,并有可塑性和防潮、密闭、化学稳定性,因此其包装有广泛的适应性,而塑料的经济价值及易加工性又为它的大量生产与使用提供了条件。但塑料废弃物对环境与空气的污染,是今后应重视并着重解决的问题。常用于包装材料的塑料有聚乙烯、聚丙烯、聚氯乙烯、聚苯乙烯、酚醛树脂及氨基塑料等。

4. 金属

金属包装材料主要是把金属压延成片用于包装。它有光泽、延伸均匀、有较强的塑料与韧性、具有良好的机械强度和抗冲击能力,因此不易破损,但由于它导电、导热且价格较高,某些金属材料制造工艺要求较高,在包装中应用不很广泛。用量最大的金属包装材料是马口铁,金属箔中主要是铝箔用量比较大,另外还有少量的钢板、铝板等。

5. 玻璃与陶瓷

玻璃与陶瓷都能加工成各种形状,造价便宜,无毒无味,严密不漏,有一定的防光辐射能力和良好的绝缘性。陶瓷还耐酸、耐碱,因此广泛用于酒类、化工原料类、液态物品等的包装。但玻璃与陶瓷容易破碎,且重量大,给搬运带来不便,使其使用范围受到限制。

6. 复合材料

所谓复合包装材料,就是将两种以上的、具有不同特性的材料复合在一起,形成的在性能上相互取长补短的一种更好的包装材料。它是包装材料中的新生力量,有广阔的应用发展前景。

二、包装容器

包装容器是指为运输、储存或销售而使用的盛装被包装物的容器。包装的盛装与保护功能主要是通过包装容器来实现的。包装容器是包装技术和包装方法的承担者,也是商品信息的载体。常用的包装容器有包装袋、包装盒、包装箱及瓶罐等。

1. 包装袋

包装袋是管状的挠性容器,可以用任何一种挠性材料或不同的挠性材料复合而成。包装袋本身重量轻、占空间小、易回收再用,为粉粒状物料的较理想包装容器。近年来发展起来的复塑、编织、镀膜工艺,使包装袋在强度、耐破、耐撕、抗折、伸长等方面有了较大的提高。包装袋按盛装重量可分为:集装袋、一般运输包装袋和小型包装袋。集装袋,是一种盛装重量在 1t 以上,多由聚丙烯或聚乙烯纤维编织而成的大容积运输包装袋;一般运输包装袋,盛装重量 50kg ~ 100kg,多由植物纤维或合成树脂纤维编织而成的织物袋;小型包装袋,盛装重量较少,大多是单层或双层的纸袋和塑料袋。

2. 包装盒

包装盒是一种刚性或半刚性容器,有规则的几何形状,容量一般较小。一般可分为固定包装盒,即外形固定不能折叠的包装盒;折叠包装盒,即在未盛装物品时可以折叠变形的包装盒。包装盒中以折叠包装盒用量最大。

3. 包装箱

包装箱也是一种刚性或半刚性容器,容量比包装盒大许多,一般箱型为长方体。从材料上分,最常用的包装箱有瓦楞纸箱和木箱;从结构上分,包装箱有框板箱、框架箱两类。

4. 瓶

包装用瓶最常见的有瓷瓶、玻璃瓶及塑料瓶。主要用于液体物料的盛装,常用于销售包装。

5. 罐

罐是一种各处横截面基本相同的桶状容器,一般有良好的密封性能,常用于盛装液体及粉粒状固体。可分为金属罐和非金属罐两类。

三、包装器材的选择原则

1. 包装器材与被包装物的特性相适应

根据被包装物的种类、物理化学性能、价格价值、形状形态、体积重量等,在实现包装功能的基础上,应以降低材料费、加工费和方便作业为目的选择包装器材。运输包装中,贵重易碎易破损物资,包装容器应相应坚实,用材上应予以保证;一般物资包装器材的选择,只要有一定防护功能、方便功能即可。应注意防止过分包装的倾向。

2. 包装器材与包装类别相协调

运输包装、销售包装在包装器材的选择上不尽相同。运输包装器材的选择着重注意包装的防护与储运方便性,不太讲究美观、促销问题。销售包装器材的选择着重注意商品信息的传递、开启的方便及促销功能,而不太注重防护功能。所以在包装器材的选择上,销售包装常用纸袋、纸盒、纸箱、瓷瓶、玻璃瓶和易拉罐,而运输包装常用托盘、集装箱、木箱、大纸箱和铁皮等。

3. 包装器材应与流通条件相适应

包装器材必须保证被包装的商品在经过流通和销售的各个环节之后,最终能数量正确、质量完好地到达消费者手中。因此,要求包装器材的物理性能良好,在运输、堆码、装卸搬运中,包装器材的强度、阻热隔热性、吸湿性不因气候变化而变化;还要求包装器材的化学性能稳定,在日光、空气、温湿度和酸碱盐作用下,不发生化学变化,有抗老化、抗腐蚀的能力;包装器材选择还应有利于实施包装技法和实现包装作业。

4. 有效防止包装物被盗及促进销售

选择包装器材时,应从包装器材的结构与强度上做防盗准备,应该结构牢固,封缄严密;同时包装器材应能起到宣传商品、刺激购买欲、促进销售的作用。

四、包装标志

包装标志是指在包装容器上用醒目的文字、图形、颜色所做的特定记号和说明,其目的是为了方便运输、存储、装卸、销售和使用。

1. 包装标记

包装标记是根据包装物本身的特征用文字和阿拉伯数字在包装上标明规定的记号。

● 一般包装标记。一般包装标记也称为包装的基本标记;

● 收发货地点和单位的标记。这是注明商品起运、到达地点和收、发货单位的文字记号,反映的内容是收、发货具体地点(收货人地点、发货人地点、收货到站、到港和发货站、发货港等),和收、发货单位的全称;

● 标牌标记。标牌标记是在物资包装上钉打说明商品性质、特征、规格、质量、产品批号、生产厂家等内容的标识牌。

2. 包装标志

包装标志是用来指明被包装物的性质和物流活动安全以及理货分运的需要,在储运包装件外部制作的特定记号或说明,其主要作用是便于在物流管理中识别和辨认货物。良好的储运包装标志能加速货物交接和点验。

(1)运输标志

又称识别标志,通常由简单的几何图形、字母、数字及文字表明在运输包装的一定位置上,主要供收货人识别产品的标志。

(2)指示标志

指示标志用来指示运输、装卸、保管人员在作业时需注意的事项,以保证物资的安全。这种标志主要表示物资的性质,物资堆放、开启、吊运等的方法。如小心轻放、防潮、防热、重心在此等。如表7-1 所示:

表7-1　包装储运指示标志(GB 191—2000)

序号	标志名称	标志图形	含义	序号	标志名称	标志图形	含义
1	易碎物品		运输包装件内装易碎品,因此搬运时应小心轻放	10	禁用叉车		不能用升降叉车搬运的包装件

序号	标志名称	标志图形	含义	序号	标志名称	标志图形	含义
2	禁用手钩		搬运运输包装件时禁用手钩	11	由此夹起		表明装运货物时夹钳放置的位置
3	向上		表明运输包装件的正确位置是竖直向上	12	此处不能卡夹		表明装卸货物时此处不能用夹钳夹持
4	怕晒		表明运输包装件不能直接照晒	13	堆码重量极限		表明该运输包装件所能承受的最大重量极限
5	怕辐射		包装物品一旦受辐射便会完全变质或损坏	14	堆码层数极限		相同包装的最大堆码层数,n表示层数极限
6	怕雨		包装件怕雨淋	15	禁止堆码		该包装件不能堆码并且其上也不能放置其他负载
7	重心		表明一个单元货物的重心	16	由此吊起		起吊货物时挂链条的位置
8	禁止翻滚		不能翻滚运输包装	17	温度极限		表明运输包装件应该保持的温度极限
9	此面禁用手推车		搬运货物时此面禁放手推车				

（3）危险品标志

危险品标志是对危险货物在外包装上用文字、图形、颜色所做的明显标记，用来表示危险品的物理、化学性质，以及危险程度。它可提醒人们在运输、储存、保管、搬运等活动中引起注意。我国国家标准《危险货物分类和名称编号》把危险货物（简称危险品）分为九类二十一种：第一类是爆炸品；第二类是压缩气体和液化气体；第三类是易燃液体；第四类是易燃固体；第五类是氧化剂和有机过氧化剂；第六类毒害品和感染性物品；第七类是放射性物品；第八类是腐蚀品；第九类是杂品。具体可参见 GB190—1990。

相关链接

新华食品公司推出新型保鲜包装材料

广东汕头市升平区新华食品包装材料实业有限公司根据食品包装市场需要和变化，最近成功地开发出适应各类新鲜果蔬、酱料等食品包装保鲜的七层高阻隔热封口膜以及五层高阻隔片材。经国家塑料制品质量监督检验中心检测，气体透气量达到并超过国家制定标准，具有不耐高温和耐118℃以上高温及耐121℃高温蒸煮杀菌3种特性，并可根据各类食品的不同要求选择包装材料，从而保障食品经高温蒸煮杀菌、冷藏速冻保鲜而不折层、不变形、不爆裂，使食品保持原有美味及营养成分，是食品行业可代替以往包装的新型保鲜包装材料。

新华食品包装材料实业有限公司前身为新华食品包装材料厂，创办至今已有十余年历史，是生产七层高阻隔热封口膜、五层高阻隔片材、PE、PPIS等食品热封口专用盖材、高温蒸煮纯铝镀铝高透明印刷复合袋（膜）、多层共挤热熔胶流延膜、纸、塑、铝等材料及其延伸、复合而成的各式软包装系列、各类自立袋系列及加吸管自立袋，卫生用品 PE 流延压花薄膜等产品的专业厂家，具有先进的工艺生产技术，拥有国内外各类先进专业生产设备，如美国产体皮瑞尔多层共挤流延膜生产线、而延复合膜生产线、日本产东谷 PAS—6 型凹版高速印刷机、复合机、复膜机、光电分切机、平膜分切机及电脑显示 β 射线测厚仪、电子拉力仪等质量跟踪检测设施，并运用计算机及闭路电视等科技手段管理及监控质量，可年产流延膜 5 000t。

据新华食品包装材料有限公司负责人介绍，他们研制的高透明七层共挤复合高阻隔热封口膜是采用高阻隔材料制造，有优良的保香性能，能有效阻隔气体的散逸，防止袋外气味的浸入，使包装袋中的食品不与外界物质互相串味。其中，采用高阻隔材料制成的包装袋，广泛应用于肉类及水产类加工食品、乳制品、调味品等食品的包装，能很好地保持食品的原有香味，延长食品的保存期。

第三节　包装技术及包装标准化

话题引入

卡士牛奶：包装的"高端"之美

卡士牛奶的包装设计，保留了原包装的部分元素，同时针对酒店特殊的饮用群体，做出了具体的优化设计。原本包装的主体颜色为咖啡色，咖啡色很容易让人想起巧克力或者朱古力等高热量且太甜的饮用品，但住酒店的主要人群多为中青年人，这部分人群不太喜好甜食；同时咖啡色搭配使用感觉压抑，在设计卡士牛奶包装时，切入点正是用色彩作为包装的主体诉求，配合产品本身的文化，强调一种心情的愉悦，"卡士"带给人们快乐的一天！

知识梳理

一、包装技术

1. 防震保护技术

防震包装又称缓冲包装,在各种包装方法中占有重要的地位。产品从生产出来到开始使用要经过一系列的运输、保管、堆码和装卸过程,置于一定的环境之中。在任何环境中都会有力作用在产品之上,并使产品发生机械性损坏。为了防止产品遭受损坏,就要设法减小外力的影响,所谓防震包装就是指为减缓内装物受到冲击和振动,保护其免受损坏所采取的一定防护措施的包装。

防震包装主要有以下三种方法:

(1)全面防震包装方法

全面防震包装方法是指内装物和外包装之间全部用防震材料填满进行防震的包装方法。

(2)部分防震包装方法

对于整体性好的产品和有内装容器的产品,仅在产品或内包装的拐角或局部地方使用防震材料进行衬垫即可。所用包装材料主要有泡沫塑料防震垫、充气型塑料薄膜防震垫和橡胶弹簧等。

(3)悬浮式防震包装方法

对于某些贵重易损的物品,为了有效地保证在流通过程中不被损坏,外包装容器比较坚固,然后用绳、带、弹簧等将被装物悬吊在包装容器内,在物流中,无论是什么操作环节内装物都被稳定悬吊而不与包装容器发生碰撞,从而减少损坏。

2. 防破损保护技术

缓冲包装有较强的防破损能力,因而是防破损包装技术中有效的一类。此外还可以采取以下几种防破损保护技术:

(1)捆扎及裹紧技术

捆扎及裹紧技术的作用,是使杂货、散货形成一个牢固整体,以增加整体性,便于处理及防止散堆来减少破损。

(2)集装技术

利用集装,减少与货体的接触,从而防止破损。

(3)选择高强保护材料

通过外包装材料的高强度来防止内装物受外力作用破损。

3. 防锈包装技术

(1)防锈油防锈蚀包装技术

大气锈蚀是空气中的氧、水蒸气及其他有害气体等作用于金属表面引起电化学作用的结果。如果使金属表面与引起大气锈蚀的各种因素隔绝(即将金属表面保护起来),就可以达到防止金属受大气锈蚀的目的。防锈油包装技术就是根据这一原理将金属涂封防止锈蚀的。

用防锈油封装金属制品,要求油层要有一定厚度,油层的连续性好,涂层完整。

(2)气相防锈包装技术

气相缓蚀剂是一种能减慢或完全停止金属在侵蚀性介质中的破坏过程的物质,它在常温下即具有挥发性,它在密封包装容器中,在很短的时间内挥发或升华出的缓蚀气体就能充满整个包装容器内的每个角落和缝隙,同时吸附在金属制品的表面上,从而起到抑制大气对金属锈蚀的作用。

4. 防霉腐包装技术

在运输包装内装运食品和其他有机碳水化合物货物时,货物表面可能生长霉菌,在流通过程中如遇潮湿,霉菌生长繁殖极快,甚至延伸至货物内部,使其腐烂、发霉、变质,因此要采取特别防护措施。

包装防霉烂变质的措施,通常是采用冷冻包装、真空包装或高温灭菌方法。冷冻包装的原理是减慢细菌活动和化学变化的过程,以延长储存期,但不能完全消除食品的变质;高温杀菌法可消灭引起食品腐烂的微生物,可在包装过程中用高温处理防霉。有些经干燥处理的食品包装,应防止水汽浸入以防霉腐,可选择防水汽和气密性好的包装材料,采取真空和充气包装。

真空包装法也称减压包装法或排气包装法。这种包装可阻挡外界的水汽进入包装容器内,也可防止在密闭着的防潮包装内部存有潮湿空气,在气温下降时结露。采用真空包装法,要注意避免过高的真空度。以防损伤包装材料。

防止运输包装内货物发霉,还可使用防霉剂,防霉剂的种类甚多,用于食品的必须选用无毒防霉剂。

5. 防虫包装技术

防虫包装技术,常用的是驱虫剂,即在包装中放人有一定毒性和嗅味的药物,利用药物在包装中挥发气体杀灭和驱除各种害虫。常用驱虫剂有萘、对位二氯化苯、樟脑精等。也可采用真空包装、充气包装、脱氧包装等技术,使害虫无生存环境,从而防止虫害。

6. 危险品包装技术

危险品有上千种,按其危险性质,交通运输及公安消防部门规定分为十大类,即爆炸性物品、氧化剂和有机过氧化物、压缩气体和液化气体、自燃物品、遇水燃烧物品、易燃液体、易燃固体、毒害品、腐蚀性物品、放射性物品等,有些物品同时具有两种以上危险性能。

对有毒商品的包装要明显地标明有毒的标志。防毒的主要措施是包装严密不漏、不透气。例如重铬酸钾(红矾钾)和重铬酸钠(红矾钠),为红色透明结晶体,有毒,应用坚固铁桶包装,桶口要严密不漏,制桶的铁板厚度不能小于1.2mm。对有机农药类的商品,应装入沥青麻袋,缝口严密不漏。如用塑料袋或沥青纸袋包装的,外面应再用麻袋或布袋包装。用作杀鼠剂的磷化锌,有剧毒,应用塑料袋严封后再装入木箱中,箱内用两层牛皮纸、防潮纸或塑料薄膜衬垫,使其与外界隔绝。

对有腐蚀性的商品,要注意商品和包装容器的材质发生化学变化。金属类的包装容器,要在容器壁涂上涂料,防止腐蚀性商品对容器的腐蚀。例如,包装合成脂肪酸的铁桶内壁要涂有耐酸保护层,防止铁桶被商品腐蚀,从而商品也随之变质。再如氢氟酸是无机酸性腐蚀物品,有剧毒,能腐蚀玻璃,不能用玻璃瓶作包装容器,应装入金属桶或塑料桶,然后再装入木箱。甲酸易挥发,其气体有腐蚀性,应装入良好的耐酸坛、玻璃瓶或塑料桶中,严密封口,再装入坚固的木箱或金属桶中。

对黄磷等易自燃商品的包装,宜将其装入壁厚不少于1mm的铁桶中,桶内壁须涂耐酸保护层,桶内盛水并使水面浸没黄磷,桶口严密封闭,每桶净重不超过50kg。再如碳化钙,遇水即分解并产生易燃乙炔气,对其应用坚固的铁桶包装,桶内充入氮气。如果桶内不充氮气,则应装置放气活塞。

对于易燃、易爆商品,例如有强烈氧化性的,遇有微量不纯物或受热即急剧分解引起爆炸的产品,防爆炸包装的有效方法是采用塑料桶包装,然后将塑料桶装入铁桶或木箱中,每件净重不超过 50kg,并应有自动放气的安全阀,当桶内达到一定气体压力时,能自动放气。

7. 特种包装技术

（1）充气包装

充气包装是采用二氧化碳气体或氮气等不活泼气体置换包装容器中空气的一种包装技术方法,因此也称为气体置换包装。这种包装方法是根据好氧性微生物需氧代谢的特性,在密封的包装容器中改变气体的组成成分,降低氧气的浓度,抑制微生物的生理活动、酶的活性和鲜活商品的呼吸强度,达到防霉、防腐和保鲜的目的。

（2）真空包装

真空包装是将物品装入气密性容器后,在容器封口之前抽真空,使密封后的容器内基本没有空气的一种包装方法。

一般的肉类商品、谷物加工商品以及某些容易氧化变质的商品都可以采用真空包装,真空包装不但可以避免或减少脂肪氧化,而且抑制了某些霉菌和细菌的生长。

（3）收缩包装

收缩包装就是用收缩薄膜裹包物品(或内包装件),然后对薄膜进行适当加热处理,使薄膜收缩而紧贴于物品(或内包装件)的包装技术方法。

收缩薄膜是一种经过特殊拉伸和冷却处理的聚乙烯薄膜,由于薄膜在定向拉伸时产生残余收缩应力,这种应力受到一定热量后便会消除,从而使其横向和纵向均发生急剧收缩,同时使薄膜的厚度增加,收缩率通常为 30% ~ 70%,收缩力在冷却阶段达到最大值,并能长期保持。

（4）拉伸包装

拉伸包装是 20 世纪 70 年代开始采用的一种新包装技术,它是由收缩包装发展而来的,拉伸包装是依靠机械装置在常温下将弹性薄膜围绕被包装件拉伸、紧裹,并在其末端进行封合的一种包装方法。由于拉伸包装不需进行加热,所以消耗的能源只有收缩包装的二十分之一。拉伸包装可以捆包单件物品,也可用于托盘包装之类的集合包装。

（5）脱氧包装

脱氧包装是继真空包装和充气包装之后出现的一种新型除氧包装方法。脱氧包装是在密封的包装容器中,使用能与氧气起化学作用的脱氧剂与之反应,从而除去包装容器中的氧气,以达到保护内装物的目的。脱氧包装方法适用于某些对氧气特别敏感的物品,用于那些即使有微量氧气也会促使品质变坏的食品包装中。

二、包装标准化

1. 包装标准化的概念及作用

包装标准化不是单纯的包装本身的事情,而是在整个物流系统实现合理化、有序化、现代化、低成本的前提下包装合理化及现代化。

（1）物流包装标准化

物流包装标准化是以物流包装为对象,对包装类型、规格、容量、使用材料、包装容器的结构类型、印刷标志、产品的盛放、规格、缓冲措施、封装方法、名词术语、检验要求等给予统一的政策和技术措施。

（2）包装标准化对物流标准化的作用

物流包装标准化是提高物流包装质量的技术保证和物质保证，同时它也是供应链管理中核心企业与节点企业及节点企业间无缝链接的基础。物流包装的标准化可以保证资源和原材料的合理利用，并提高包装制品的生产效率，保证在物流整个供应链中的畅通。我国加入WTO后，包装标准化与国际接轨，可以减少贸易技术壁垒中的国际物流争端，降低损耗，减少运输费用，提高运输效率，进而提高产品在国际市场上的竞争能力。鉴于物流标准化对物流发展的重要作用，世界各国对物流标准化建设都比较重视，并且十分强调本国物流标准与国际物流的衔接。日本是对物流比较重视的国家之一，物流标准化的建设速度也很快，建立许多与物流有关的标准，主要侧重于物流模数体系、集装的基本尺寸、输送用包装的系列尺寸、包装用语、大型集装箱、塑料通用箱、平托盘、卡车车厢内壁尺寸等。此外，澳大利亚在运输工具和包装容器的标准化方面做出了成果，物流信息系统的标准化率先迈出了一步，从而提高了整个运输的效率。美国、欧洲目前基本实现了物流工具和设施的统一标准，大大降低了系统的运转难度。在欧洲，对于物流信息技术方面实现了企业与欧洲统一市场的标准化。

可以看出，发达国家物流标准化的工作的绝大部分都是包装标准化，从而可以看出实现物流标准化，必须先实现包装标准化。

2. 包装合理化

包装与物流各环节都有密切的联系。因此，包装必须合理化。关于包装的合理化，国内外开展了广泛的研究，例如，美国提出了"包装5步研制方法"：①确定环境；②确定产品的易损性；③选用适当的缓冲垫；④设计及创造原型包装；⑤试验原型包装。

包装合理化的要点是：

（1）从物流总体角度出发，用科学方法确定最优包装

产品从出厂到最终销售目的地所经过的流通环境条件，如：装卸条件、运输条件、储存条件、气候条件、机械条件、化学和生物条件等都对包装提出了要求。从现代物流观点看，包装合理化不单是包装本身合理与否的问题，而是整个物流合理化前提下的包装合理化。

对包装发生影响的第一因素是装卸，不同装卸方法决定着包装。目前我国铁路运输，特别是汽车运输，还大多采用手工装卸，因此，包装的外形和尺寸就要适合于人工操作。另一方面，装卸人员素质低、作业不规范也直接引发商品损失。例如，广州某快运公司曾发生这样一件案例：从香港报关进口的一件大木箱，内装精密设备，要求运输途中不能倾斜。当木箱运至客户手中时，货主肯定地认为货物已被倾斜了，因为木箱外包装上有一个标识变成了红色。原来该货物倾斜45°时，外包装上的标识就会变色。因此，引进装卸技术，提高装卸人员素质，规范装卸作业标准等都会相应地促进包装、物流的合理化。

对包装有影响的第二个因素是保管。在确定包装时，应根据不同的保管条件和方式而采用与之相适合的包装强度。

对包装有影响的第三个因素是运输。运送工具的类型、输送距离的长短、道路情况等对包装都有影响。我国现阶段，存在很多种不同类型的运输方式：航空的直航与中转，铁路快运集装箱，包裹快件，行包专列等，汽车的篷布车、密封厢车等，以上不同的运送方式对包装都有着不同的要求和影响。

（2）防止包装不足和包装过剩

由于包装强度不足，包装材料不足等因素所造成商品在流通过程中发生的损耗不可低估。据我国1988年相关统计分析，因此而引起的损失，一年达100亿元以上。

由于包装物强度设计过高，保护材料选择不当而造成包装过剩，这一点尤在发达国家表现

突出,日本的调查结果显示,发达国家包装过剩约在20%以上。

（3）不断改进包装

改进包装应注意的一些问题是：

1）采用单元货载尺寸和运输包装系列尺寸

物流系统高效率化的关键在于使单元货载系统化。所谓单元货载系统是把货物归整成一定数量的单件进行运输。其核心是自始至终采用托盘运输,即从发货至到货后的装卸,全部使用托盘运输方式。为此,在物流过程中所有的设施、装置、机具均应引进物流标准概念。

物流标准是指为实现标准化,提高物流效率,将物流系统各要素的基准尺寸体系化。其基础就是单元货载尺寸。

采用这种运输包装系列尺寸,可以使货物恰好不多不少地码放在托盘上,既不至于溢出,也不留有空隙。卡车的车箱规格,也最好按单元货载尺寸的要求制造,使装载货物时既不致超出也不致余空。

物流托盘标准化的思想就是把运输包装系列尺寸、单件货载尺寸、车箱尺寸和一系列的规格尺寸作为一个整体联系起来。

小锦囊

单元货载尺寸是运输车辆、仓库、集装箱等能够有效利用的尺寸。单件货载尺寸按日本JIS20603的规定,托盘以1 100mm×1 100mm和1 000mm×1 200mm为标准。将这一标准数值进行整数分割或组合而成的69种数值的正方形尺寸和40种数值的长方形尺寸作为运输包装系列尺寸的规格值。

2）包装大型化

随着交易单位的大型化和物流过程中搬运的机械化,单个包装亦趋大型化。如作为工业原料的粉粒状货物,就使用以吨为单位的柔性容器进行包装。

大批量出售日用杂货或食品的商店因为销售量大,只要不是人力搬运,也无须用20kg的小单位包装。包装单位大型化可以节省劳力,降低包装成本。与包装大型化同步的是最近在有的批发商店里,直接将工业包装的货物摆在柜台上,可见对这种大型化包装应给予足够的重视,由此也可以看出包装的趋势。

3）包装机械化

包装过去主要是依靠人力作业的人海战术,进入大量生产、大量消费时代以后,包装的机械化也就应运而生。包装机械化从逐个包装机械化开始,直到装箱、封口、捆扎等外包装作业完成。此外,还有使用托盘堆码机进行的自动单元化包装,以及用塑料薄膜加固托盘的包装等。在超级市场,预先包装（原包装）业已普及,就是从保证卫生出发,食品包装机械化也是非常必要的。

包装机械化对于节省劳力,货物单元化,提高销售效率,以及无人售货方式等均是必要的,不可缺少的。

4）节省资源的包装与拆装后的废弃物处理必须和社会系统相适应

包装的寿命很短,多数到达目的地后便废弃了,但随着物流量的增大,垃圾公害问题提上议事日程。随着对"资源有限"认识的加深,包装材料的回收利用和再生利用受到了重视。今后应尽可能地积极推行包装容器的循环使用,并尽可能地回收废弃的包装容器予以再生利用。

5）绿色包装

绿色包装是指符合环保要求的包装。绿色包装首先要求用料要节约资源,力求减少废弃物量,用后易于回收、重复使用或再生为其他有用之材。其次是焚烧时可回收热能,不会产生毒害性气体,填埋时少占用土地并能自然降解。

实现绿色包装可通过如下几个途径:

● 简化包装,节约材料,既降低了成本,又减轻了环境污染,更主要的是树立了企业的良好形象,拉近了同消费者的距离;

● 包装重复使用或回收再生,如在日本兴起了多功能包装,这种包装用过之后,可以制成展销陈列架、储存柜等,实现了包装的再利用;

● 开发可分解、降解的包装材料,目前已开发研制出多种可降解塑料。如有的塑料包装品能够在被弃埋入土壤后,成为土壤中微生物的食物,在很短时间内化为腐殖质。

相关链接

物流包装绿色化

一些发达国家迫于资源危机和防止污染的双重压力,纷纷发展绿色包装。日本夏普公司设计易于再循环包装容器和包装材料是其绿色物流的行动计划之一。夏普公司通过观察发现,对于家用电器类商品,大多数垃圾一般都来自于包装箱里的减震物。因此公司开发出用纸板制作的缓冲材料来取代原先的普通塑料,这样不仅废弃后容易降解,而且也容易再生。另外,公司还开发出可反复使用的安全气袋作为包装袋的减震衬垫,这一方法使得日本的聚苯乙烯消耗量每月降低了 $216m^3$。夏普公司还设计了一种特殊结构的纸箱用来包装音频产品,它可以轻松地折叠成体积较小,便于处理的形状,可以多次重复使用,减少了耗材。瑞典有一家乳品厂,设计了一种用聚碳酸酯制成的塑料奶瓶,可以重复使用 75 次,大大减少了包装废弃物并节约了包装材料。

另外,许多发达国家还颁布了系列的法规条律来约束人们增强环保意识,实施环保行动。如美国佛罗里达州的《废弃物处理预收费法》、德国的《包装废弃物处理》以及日本的《能源保护和促进回收法》等等。采用法规来调控对包装废弃物的回收再利用,减少了环境污染,节省了资源。

现在,还有些国家实施绿色标志,通过图形、说明等标志,向消费者表明产品对环境保护的作用。事实上,人们在选购商品时就是在参与环保活动,可直接影响到物流包装的环境决策。随着现代工业的快速发展和人类环境保护意识的不断增强,物流包装要实现绿色化是一种必然的趋势。我们要从宏观和长远利益的角度,通过节约资源、保护环境、发展技术来满足社会经济可持续发展的需求。

本章要点回放

1. 包装的含义

任何产品从生产领域转移到消费领域,都必须借助于包装。包装的含义是随着包装的发展而发展的。早期的观点认为,包装是物品的器具或对物品进行盛装捆扎以对容纳物施予保护的材料。这种观点只是把包装当作一种手段,是从静态的角度来看待包装。现代的包装定义是从整个物流环节中用动态的观点表述的。

2. 包装在物流中的作用

(1)包装在运输中的作用;

（2）包装在装卸搬运中的作用；

（3）包装在保管中的作用。

3. 物流包装的基本要求

现代物流对于商品包装的要求体现了物流包装作业管理的基本内容，可以总结为下述三方面。

（1）流动要求；

（2）市场要求；

（3）环境要求。

4. 包装的功能

（1）保护功能；

（2）方便功能；

（3）促销功能。

5. 包装的分类

（1）按包装在流通中的作用分类；

以包装在商品流通中的作用作为分类标志，可分为运输包装和销售包装。

（2）按包装材料分类；

（3）商品包装按销售市场分类；

（4）商品包装按商品种类分类。

6. 包装材料

7. 包装容器

8. 包装器材的选择原则

9. 包装标志

包装标志是指在包装容器上用醒目的文字、图形、颜色所做的特定记号和说明，其目的是为了方便运输、存储、装卸、销售和使用。

（1）包装标记；

（2）包装标志。

10. 包装技术

（1）防震保护技术；

（2）防破损保护技术；

（3）防锈包装技术；

（4）防霉腐包装技术；

（5）防虫包装技术；

（6）危险品包装技术；

（7）特种包装技术。

11. 包装标准化

（1）包装标准化的概念及作用；

（2）包装合理化。

每章一练

1. 物流包装对环境要求有哪些？
2. 从物流角度来说，对包装有什么要求？
3. 包装的功能和分类有哪些？
4. 塑料作为包装材料有什么优、缺点？
4. 包装标志有什么作用？主要有哪些标志？
5. 常用的商品包装技术有哪些？你在日常生活中都见过吗？试举例说明。
6. 包装标准化的概念是什么？
7. 物流包装合理化的三要点是什么？

第八章 仓储成本与经济效益分析

降低仓储成本是现代物流企业的重要研究课题之一。物流作为现代经济的重要组成部分和工业化进程中最为经济合理的综合服务形式之一,越来越受到企业管理层的重视,实行科学的物流管理已经成为降低成本、提高效益的重要途径。企业降低仓储成本的途径与其经营状况有着密切的联系。本章主要介绍仓储成本的概念、构成、核算标准及经济效益分析等。

章节要点

- 仓储成本的概念及构成
- 仓储成本的核算标准
- 仓储经济效益分析

第一节 仓储成本

话题引入

研究仓储成本管理的意义

仓储成本是衡量仓储企业经营管理水平和管理质量高低的重要标志。原有的仓储成本管理的指标体系,已不能适应目前仓储企业经营现状,再加上现代仓储成本管理的指标体系受到"黑大陆"学说、"冰山说"的影响,使得研究仓储企业的成本管理,既有必要,又有难度。

知识梳理

一、仓储成本的概念

大多数仓储成本不随存货水平变动而变动,而是随存储地点的多少而变。仓储成本包括固定资产折旧、工资和福利费、能源费、水、耗损材料费、设备维修费、大型设备的修理费、管理费用、财务费用、销售费用、销售费用、外协费、税费等。

现代仓储是保证社会再生产顺利进行的必要条件,是国家满足急需特需的保障,是平衡市场供求关系、稳定物价的重要条件,是物资供销管理工作的重要组成部分,是保持物资原有使用价值的重要手段。但是,仓储需要一定的成本。因此,要对仓储的成本进行周密的计算、分析与控制。

小锦囊

仓储商务管理

仓储商务是指仓储经营人利用所具有的仓储保管能力向社会提供仓储保管产品和获得经济收益所进行的交换行为。仓储商务是仓储企业对外的基于仓储经营而进行的经济交换活动,是一种商业性的行为,因而,仓储商务发生在公共仓储和营业仓储之中,企业自营仓储则不发生仓储商务。

　　仓储商务管理则是仓储经营人对仓储商务所进行的计划、组织、指挥和控制的过程,是独立经营的仓储企业对外商务行为的内部管理,属于企业管理的一个方面。仓储商务管理的目的是为了仓储企业充分利用仓储资源,最大限度地获得经济收入和提高经济效益。仓储商务管理涉及到企业的经营目标、经营收益,因而更为重视管理的经济性、效益性。相对于其他企业项目管理,商务管理具有外向性,围绕着仓储企业与外部发生的经济活动的管理;商务管理又有整体性的特征,商务工作不仅是商务职能部门的工作,涉及到仓储企业整体的经营和效益,也是其他部门能否获得充足工作量的保证。

二、仓储成本的计算

　　仓储成本的计算分为以下两种:

　　● 按支付形态计算把仓储成本分为:仓储搬运费、仓储保管费、人工费、仓储管理费、仓储占用资金利息等;

　　● 按仓储项目把仓储成本分为:仓储租赁费、仓储保管费、材料消耗费、搬运费、仓储管理费等。

　　与按形态计算成本的方法相比,这种方法更能进一步找出妨碍实现仓储合理化的症结,而且可以计算出标准仓储成本,以便确定合理化目标。

三、仓储成本分析

1. 仓储成本分析的意义

　　仓储成本是指仓储企业在开展仓储业务活动中各种要素投入的、以货币计算的总和。仓储成本是物流成本的重要组成部分,对物流成本的高低有直接影响。仓储成本分析对于物流企业来说,意义重大。

　　(1)仓储成本分析为企业制定仓储经营管理计划提供依据

　　仓储经营管理计划是仓储企业为适应经营环境变化,通过决策程序和方案选择,对仓储经营活动的内容、方法和步骤进行明确化、具体化的设想和安排。在制定经营管理计划时,必须考虑自身的经营能力,仓储成本正是仓储经营能力的重要指标,因此通过仓储成本的分析,能帮助企业对不同经营方案进行比较,选择成本最低、收益最大的方案制定经营计划,开展经营。

　　(2)仓储成本分析为仓储产品定价提供依据

　　仓储企业的根本目的依然是追求利润最大化。仓储企业在为社会提供仓储产品(服务)时,需要有明确的产品价格,即仓储费。从长远看,必须保证仓储费高于仓储成本,才能保证仓储企业的生存与发展。因此仓储成本是仓储费制定的主要依据。

　　(3)仓储成本分析有利于加速仓储企业的现代化建设

　　仓储成本分析有利于推动仓储技术革新,充分挖掘仓库的潜力,为仓储设施、设备改造提供依据。仓储企业要提高仓储能力和仓储效率必然要进行技术革新,改造设施和设备,但是设施、设备的投入必须获得相应的产出回报,这必须在准确的成本核算和预测的基础上才能提供保证。

（4）仓储成本分析为仓储企业的劳动管理提供依据

劳动力成本本身就是仓储成本的重要组成部分，但是劳动力成本与其他成本之间可能存在着替代关系，也可能有互补关系，因而确定劳动量的使用的决定性因素是收益，以能够获得总成本最低或者总收入增加为原则确定劳动力的使用量。同时，成本因素也是劳动考核、岗位设置的依据和决定劳动报酬的参考依据。

总之，通过仓储成本分析，有利于提高仓储企业的经济效益，降低仓储生产经营中的各种浪费，同时也可以将企业的经济利益与职工的经济利益紧密地联系起来，提高企业经营者的自觉性，从而提高企业仓储经营管理水平和经济效益。

2. 仓储成本的构成

与库存成本不同，货物的仓储成本主要是指货物保管的各种支出，其中一部分为仓储设施和设备的投资，另一部分则为仓储保管作业中的活劳动或者物化劳动的消耗，主要包括工资和能源消耗等。根据货物在保管过程中的支出，可以将仓储成本分成以下几类：

（1）保管费

为存储货物所开支的货物养护、保管等费用，它包括：用于货物保管的货架、货柜的费用开支、仓库场地的房地产税等。

（2）仓库管理人员的工资和福利费

仓库管理人员的工资一般包括固定工资、奖金和各种生活补贴。福利费可按标准提取，一般包括住房基金、医疗以及退休养老支出等。

（3）折旧费或租赁费

仓储企业有的是以自己拥有所有权的仓库以及设备对外承接仓储业务，有的是以向社会承包租赁的仓库及设备对外承接业务。自营仓库的固定资产每年需要提取折旧费，对外承包租赁的固定资产每年需要支付租赁费。仓储费或租赁费是仓储企业的一项重要的固定成本，构成仓储企业的成本之一。对仓库固定资产按折旧期分年提取，主要包括：库房、堆场等基础设施的折旧和机械设备的折旧等。

（4）修理费

主要用于设备、设施和运输工具的定期大修理，每年可以按设备、设施和运输工具投资额的一定比率提取。

（5）装卸搬运费

装卸搬运费是指货物入库、堆码和出库等环节发生的装卸搬运费用，包括搬运设备的运行费用和搬运工人的成本。

（6）管理费用

管理费用指仓储企业或部门为管理仓储活动或开展仓储业务而发生的各种间接费用，主要包括仓库设备的保险费、办公费、人员培训费、差旅费、招待费、营销费、水电费等。

（7）仓储损失

是指保管过程中货物损坏而需要仓储企业赔付的费用。造成货物损失的原因一般包括仓库本身的保管条件，管理人员的人为因素，货物本身的物理、化学性能，搬运过程中的机械损坏等。实际中，应根据具体情况，按照企业的制度标准，分清责任合理计入成本。

3. 降低仓储成本的措施

仓储成本管理是仓储企业管理的基础，对提高整体管理水平，提高经济效益有重大影响，但是由于仓储成本与物流成本的其他构成要素,如运输成本、配送成本,以及服务质量和水平之间存在二律背反的现象。因此,降低仓储成本要在保证物流总成本最低和不降低企业的总体服务质量和目标水平的前提下进行,常见的措施有:

(1)采用"先进先出"方式,减少仓储物的保管风险

"先进先出"是储存管理的准则之一,它能保证每个被储物的储存期不至于过长,减少仓储物的保管风险。有效的先进先出方式主要有:

● 贯通式(重力式)货架系统利用货架的每层形成贯通的通道,从一端存入物品,另一端取出物品,物品在通道中自行按先后顺序排队,不会出现越位等现象。贯通式(重力式)货架系统能非常有效地保证先进先出;

● "双仓法"储存给每种被储物都准备两个仓位或货位,轮换进行存取,再配以必须在一个货位中出清后才可以补充的规定,则可以保证实现"先进先出";

● 计算机存取系统采用计算机管理,在存货时向计算机输入时间记录,编入一个简单的按时间顺序输出的程序,取货时计算机就能按时间给予指示,以保证"先进先出"。这种计算机存取系统还能将"先进先出"保证不做超长时间的储存和快进快出结合起来,即在保证一定先进先出的前提下,将周转快的物资随机存放在便于存储之处,以加快周转,减少劳动消耗。

(2)提高储存密度,提高仓容利用率

这样做的主要目的是减少储存设施的投资,提高单位存储面积的利用率,以降低成本、减少土地占用。具体有下列三种方法:

● 采取高垛的方法,增加储存的高度。具体方法有采用高层货架仓库、集装箱等都可比一般堆存方法大大增加储存高度;

● 缩小库内通道宽度以增加储存有效面积。具体方法有采用窄巷道式通道,配以轨道式装卸车辆,以减少车辆运行宽度要求,采用侧叉车、推拉式叉车,以减少叉车转弯所需的宽度;

● 减少库内通道数量以增加有效储存面积。具体方法有采用密集型货架,采用不依靠通道可进车的可卸式货架,采用各种贯通式货架,采用不依靠通道的桥式起重机装卸技术等等。

(3)采用有效的储存定位系统,提高仓储作业效率

储存定位的含义是被储存物位置的确定。如果定位系统有效,能大大节约寻找、存放、取出的时间,节约不少物化劳动及活劳动,而且能防止差错,便于清点及实行订货点等的管理方式。储存定位系统可采取先进的计算机管理,也可采取一般人工管理。行之有效的方式主要有:

● "四号定位"方式。"四号定位"是用一组四位数字来确定存取位置的固定货位方法,是我国手工管理中采用的科学方法。这四个号码是:库号、架号、层号、位号。这就使每一个货位都有一个组号,在物资入库时,按规划要求,对物资编号,记录在账卡上,提货时按四位数字的指示,很容易将货物拣选出来。这种定位方式可对仓库存货区事先做出规划,并能很快地存取货物,有利于提高速度,减少差错;

● 电子计算机定位系统。电子计算机定位系统是利用电子计算机储存容量大、检索迅速的优势,在入库时,将存放货位输入计算机。出库时向计算机发出指令,并按计算机的指示人工或自动寻址,找到存放货,拣选取货的方式。一般采取自由货位方式,计算机指示入库货物存放在就近易于存取之处,或根据入库货物的存放时间和特点,指示合适的货位,取货时也可就近就便。这种方式可以充分利用每一个货位,而不需要专位待货,有利于提高仓库的储存能力,当吞吐量相同时,可比一般仓库减少建筑面积。

（4）采用有效的监测清点方式，提高仓储作业的准确程度

对储存物资数量和质量的监测有利于掌握仓储的基本情况，也有利于科学控制库存。在实际工作中稍有差错，就会使账物不符，所以，必须及时且准确地掌握实际储存情况，经常与账卡核对，确保仓储物资的完好无损，这是人工管理或计算机管理时必不可少的。此外，经常的监测也是掌握被存物资数量状况的重要工作。监测清点的有效方式主要有：

● "五五化"堆码。"五五化"堆码是我国手工管理中采用的一种科学方法。储存物堆垛时，以"五"为基本计数单位，堆成总量为"五"的倍数的垛形，如梅花五、重迭五等等。堆码后，有经验者可过目成数，大大加快了人工点数的速度，而且很少出现差错；

● 光电识别系统。在货位上设置光电识别装置，通过该装置对被存物的条形码或其他识别装置（如芯片等）扫描，并将准确数目自动显示出来。这种方式不需人工清点就能准确掌握库存的实有数量；

● 电子计算机监控系统。用电子计算机指示存取，可以避免人工存取容易出现差错的弊端，如果在储存物上采用条形码技术，使识别计数和计算机联结，每次存、取一件物品时，识别装置自动将条形码识别并将其输入计算机，计算机会自动做出存取记录。这样只需向计算机查询，就可了解所存物品的准确情况，因而无需再建立一套对仓储物实有数的监测系统，减少查货、清点工作。

（5）加速周转，提高单位仓容产出

储存现代化的重要课题是将静态储存变为动态储存，周转速度一快，会带来一系列的好处：资金周转快、资本效益高、货损货差小、仓库吞吐能力增加、成本下降等等。具体做法诸如采用单元集装存储，建立快速分拣系统，都有利于实现快进快出、大进大出。

（6）采取多种经营，盘活资产

仓储设施和设备的巨大投入，只有在充分利用的情况下才能获得收益，如果不能投入使用或者只是低效率使用，只会造成成本的加大。仓储企业应及时决策，采取出租、借用、出售等多种经营方式盘活这些资产，提高资产设备的利用率。

（7）加强劳动管理

工资是仓储成本的重要组成部分，劳动力的合理使用，是控制人员工资的基本原则。我国是具有劳动力优势的国家，工资较为低廉，较多使用劳动力是合理的选择。但是对劳动进行有效管理，避免人浮于事，出工不出力或者效率低下也是成本管理的重要方面。

（8）降低经营管理成本

经营管理成本是企业经营活动和管理活动的费用和成本支出，包括管理费、业务费、交易成本等。加强该类成本管理，减少不必要支出，也能实现成本降低。当然，经营管理成本费用的支出时常不能产生直接的收益和回报，但也不能完全取消，因而加强管理是很有必要的。

相关链接

如何降低物流成本

关于物流成本，日本物流成本计算的权威西泽修先生曾提出了物流成本冰山说，将全部物流费用比喻为一座冰山，露出水面的冰山一角，只是企业直接支付给外部单位易于计算和掌握的一小部分物流费用，如运费、装卸费等，还有一大部分在企业内部发生而难以明确划分和单独计算的费用，这一块费用犹如"黑暗大陆"一般潜伏在水下，也是降低企业成本的重点。据分析，在涉及企业物流的所有费用之中，对外委托物流费用占 42.7%，而企业内部间接的物流

成本占 57.3%。中外运降低客户的成本主要从上述两个方面入手，通过动态的物流成本分析，来实现企业物流效益最大化的目标。主要表现为：

1. 降低直接的运输及配送费用。降低运输、仓储等客户对外直接交易费用是降低企业物流总成本的一个方面，过去企业在这方面采取的往往是随机、分散的运力采购方式，这种粗放型的管理一方面增加了服务质量的不确定性，另一方面也增加了交易成本和管理费用，一直是企业经营成本居高不下的原因之一。而通过物流商专门的运输、配送体系和专业性的管理，不仅可以很好地解决上述问题，降低各项运输、装卸费用，而且企业在流通过程中的商品损失风险也可以得到有效转移。

2. "零库存"的成本效应。实现企业的"零库存"是降低客户成本的核心因素，也是中外运物流服务的努力方向。企业库存的降低直接表现为仓储费用降低以及相关保管、管理维护费用的降低。另一方面，随着库存的降低又带来了企业其他一系列各项潜在成本的降低。首先是资金成本的降低。由于企业长期库存的存在，导致了大量的资金的占用与积压。从金融角度看，这本身就是一笔相当可观的费用，因为资金本身是具有时间价值和机会成本的。第二是风险成本的降低。大量库存的存在，不仅提高了企业的各项成本，而且还增加了企业的经营风险。特别是在市场竞争日趋激烈的今天，市场的需求瞬息万变，企业产品升级换代的速度也在不断加快，由此造成了商品价格与需求量的时效性不断增强。库存量越大的商品面临贬值、淘汰的危险就越大。

3. 优化资金流，提高企业的资金效率。从局部看物流服务可以有效的促进企业降低各项成本，从整体看可以进一步改善企业的资金流状况提高企业的资金效率，由此实现从资本运营的角度提高企业的经济效益。全过程的供应链管理是全局性的而不是局部的，是长期性的而不是暂时的，这就决定了在通过物流服务降低客户成本的过程中必须注意对企业资金流的影响与完善。实际上一个成功的物流服务项目是货物流、信息流和资金流的有机结合和高度统一。

第二节 仓储经济效益分析

话题引入

仓储成本分析的重要性

现代物流科学的发展，为企业的发展带来了巨大的经济效益，物流已被誉为"第三利润源"，因而受到企业的高度重视。仓储活动作为现代物流系统中的一个重要环节，涉及物流管理和技术等多学科领域，对保持企业再生产的顺利进行起着重要的作用。在激烈的竞争中谁率先进行科学的仓储管理，擅于进行仓储经济效益分析，谁将赢得竞争的胜利。现代仓储是保证社会再生产顺利进行的必要条件，是国家满足急需特需的保障，是平衡市场供求关系、稳定物价的重要条件，是物资供销管理工作的重要组成部分，是保持物资原有使用价值的重要手段。但是，仓储需要一定的成本。因此，要对仓储的成本进行周密的计算、分析与控制。

知识梳理

一、仓储经济核算制度

仓储经济核算是对仓储经营成果进行检查和监督，促使企业精打细算、力行节约、提高劳动生产率、降低仓储成本、改善经营管理、增加经济效益。外贸仓库要实行企业化管理,合理收费,独立核算。仓库经济核算包括财会专业核算和班组群众核算。

1. 财会专业核算

财会专业核算是以班组核算为基础的全面、综合、系统的核算。核算的指标包括:仓库日平均储存量、上缴利润、费用水平、资金周转、吨天成本、全员劳动生产额等指标。以便全面反映仓库的经营活动和成果。同时通过经济活动分析,发现仓库和班组核算中存在问题,提出改进意见和建议,充分发挥财会专业核算对仓储业务经营的监督指导作用,以不断扩大经营成果。

2. 班组核算

班组核算是一种群众性简易核算,是在财会专业核算指导下,本着"做什么、管什么、算什么"的原则,把仓库各项计划指标通过定额分解成若干小指标,分别落实到科(股)、班组或个人,以完成各项定额指标为主,开展班组核算工作。

配送中心承担了连锁企业绝大部分乃至全部的物流任务,因此其物流成本管理实际上是把连锁企业的利润目标具体化,这便要求推行以预算管理为核心的物流成本计划和统筹管理,并通过成本差异分析发现问题,提出解决问题的方法。

配送中心实施物流成本预算管理,必须按照承担管理责任的各个部门或个人编制预算,明确责任,同时配合进行业绩分析和评定。在配送中心物流成本管理中,要注意协调总体成本最低同个别物流费用降低之间的关系,坚持总体成本最低的思想。

物流成本分析的方法很多,下面简述一下全面分析和详细分析的主要内容。

二、配送中心物流成本的全面分析

计算出配送中心物流成本之后,可以计算出以下各种比率,再用这些比率同前年、大前年比较来考察配送中心物流成本的实际状况,还可以与同行业其他企业比较,或者与其他行业比较。

单位销售额物流成本率 = 物流成本/销售额 × 100%

这个比率越高则其对价格的弹性越低,从连锁企业历年的数据中,大体可以了解其动向,另外,通过与同行业和行业外进行比较,可以进一步了解配送中心的物流成本水平。

该比率受价格变动和交易条件变化的影响较大,因此作为考核指标还存在一定的缺陷。

单位成本物流成本率 = 物流成本/销售额 × 100%

这是考察物流成本占总成本比率的一个指标,一般作为连锁企业内部的物流合理化目标或检查企业是否达到合理化目标的指标来使用。

单位营业费用物流成本率 = 物流成本/(销售额 + 一般管理费) × 100%

通过物流成本占营业费用(销售费 + 一般管理费)的比率,可以判断连锁企业物流成本的比重,而且,这个比率不受进货成本变动的影响,得出的数值比较稳定,因此,适合于做连锁企业配送中心物流合理化指标。

物流职能成本率 = 物流职能成本/物流总成本 × 100%

该指标可以明确包装费、运输费、保管费、装卸费、流通加工费、信息流通费、物流管理费等各物流职能成本占物流总成本的比率。

三、反映仓储作业效率的指标

反映仓储作业效率的指标主要有六个方面,如表8-1所示。

表 8-1　反映仓储作业效率的指标

指标	计算公式
物品吞吐量	一定时期内进库总量 + 同期出库总量 + 物品直拨量
平均收发货时间收发时间	总和/收发货总笔数
物品及时验收率	一定时期内及时验收笔数/同期收货总笔数
全员劳动生产率	仓库全年吞吐量/年平均员工人数
库存物品的周转率	全年物品平均储存量/物品平均日消耗量
仓库作业效率	全年物品出入库总量/仓库全体员工年工作日数

四、反映仓储作业效益的指标

反映仓储作业效益的指标主要有六个方面,如表 8-2 所示。

表 8-2　反映仓储作业效益的指标

指标	计算公式
工资利润率	利润总额/同期工资总额
成本利润	率利润总额/同期仓储成本总额
资金利润率	利润总额/(固定资产平均占用额 + 流动资金平均占用额)
利润总额	报告期仓库总收入额 - 同期仓库总支出额
收入利润率	利润总额/仓库营业收入总额
每吨物品保管利润	报告期利润总额/报告期物品储存总量

五、反映仓储作业设施设备利用程度的指标

反映仓储作业设施设备利用程度的指标主要有四个方面,如表 8-3 所示。

表 8-3　反映仓储作业设施设备利用程度的指标

指标	计算公式
库容周转率	出库量/库容量
单位面积储存量	日平均储存量/仓库或货场使用面积
仓容利用率	存储物品实际占用的空间/整个仓库实际可用的空间
设备利用率	设备实际使用台时数/制度台时数

六、反映仓储作业消耗的指标

反映仓储作业消耗的指标主要有两个方面,如表 8-4 所示。

表 8-4　反映仓储作业消耗的指标

指标	计算公式
材料、燃料和动力消耗指标	由于各仓储企业所用设备不同,因此也没有一个统一标准
平均储存费用	储存费用总额/同期平均储存量

七、反映仓储作业质量的指标

反映仓储作业质量的指标主要有五个方面,如表8-5所示。

表8-5　反映仓储作业质量的指标

指标	计算公式
货损货差率	收发货累计差错次数/收发货累计总次数
设备完好率	完好设备台时数/设备总台时数
保管损耗率	物品损耗量/同期物品库存总量
账物差异率	账物相符件数/账面储存总件数
收发货差错率	账货差错件数/期内储存总件数

八、物品储存的安全性指标

物品储存的安全性指标,主要用发生的各种事故的大小和次数来表示,主要有人身伤亡、仓库失火、爆炸、被盗、机械损坏等几类事故。这类指标一般不需计算,只是根据实际出现事故的损失大小来划分等级。

相关链接

降低仓储成本的分析

仓储成本的分析,应该从取得成本、储存成本、缺货成本、经济批量订货、保险储备这五个方面分析。

1. 取得成本,取得成本是指为取得存货而支出的成本。取得成本又可分为订货成本和购置成本,前者是指取得订单的成本,与订货次数有关,后者是存货本身的价值。因此取得成本为:

$$Tca = F_1 + KaD/Q + DU$$

= 订货固定成本 + 每次订货的变动成本×年需求量/每次订货量 + 每次订货量金额

2. 储存成本,储存成本是指企业为保持存货而发生的成本,如仓储费、搬运费、保险费、占用资金的利息等。储存成本可以分为变动成本和固定成本两部分,前者与存货数量的多少有关,后者与存货数量无关。因此储存成本为

$$TCc = F_2 + KcQ/2$$

= 固定储存成本 + 单位变动储存成本/2

3. 缺货成本,缺货成本是指由于存货不能满足生产经营活动的需要而造成的损失,如失销损失、信誉损失、紧急采购额外支出等。因此缺货成本为:

$$TCs = TC - Tca - TCc$$

= 总成本 - 储存成本 - 取得成本

4. 经济批量的基本模型,经济批量最基本模型的假设条件:(1)企业能及时补充存货,不考虑缺货成本;(2)集中到货;(3)存货单价不变,不考虑现金和折扣。

$$TC = TCa + TCc$$

$$= (F_1 + KaD/Q + DU) + (F_2 + KQ/2)$$

总成本的 $F1$、D、$F2$ 均为常量,则总成本 TC 大小完全由订货变动成本和储存成本决定,与

批量有关的总成本公式为:

$$TC = KaD/Q + KcQ/2$$

在 Ka、D、$F2$ 均为已知常数时,TC 的大小取决于 Q,经济批量的计算公式为: $KcQ/2 = KaD/Q$

$$KcQ \times Q = 2KaD$$

$$Q \times Q = 2KaD/Kc$$

5. 保险储备,上述经济批量模型均假设存货的供需是稳定的,即每日需求量不变。但实际情况并非完全如此,需求量经常会发生变化,交货时间由于各种原因也可能延误。这些不确定因素的存在,要求企业要持有一定的保险储备,以防止延误、存货短缺等造成的损失。此时,存货的再订货点为:

$$R = LD + B$$

$$= 存货时间 \times 平均每日需要量 + 保险储备$$

最佳保险储备的确定,就是在存货短缺所造成的损失和保险储备的储存成本之间做出的权衡,要使总成本达到最小,总成本公式为:

保险储备有关总成本 = 缺货成本 + 保险储备成本

由此,我们要学会对仓储物资的数量进行控制,控制方法有:(1)存货的订购控制法。(2)存货定期控制法。(3)存货的 ABC 分析控制法。

我们要尽量用最经济的办法实现储存的合理化,尽量不要让仓储的时间过长、数量不合理、条件不足或过剩、结构失衡。

在采购、生产、销售的不断循环过程中,库存使各个环节相对独立的经济活动成为可能。所以仓储可以调节各个环节之间由于供求品种及数量的不一致而发生的变化,使采购、生产和销售等企业经营的各个环节连接起来,起到润滑剂的作用。

本章要点回放

1. 仓储成本的概念

2. 仓储成本的计算

仓储成本的计算分为以下两种:

(1)按支付形态计算把仓储成本分为:仓储搬运费、仓储保管费、人工费、仓储管理费、仓储占用资金利息等;

(2)按仓储项目把仓储成本分为:仓储租赁费、仓储保管费、材料消耗费、搬运费、仓储管理费等。

3. 仓储成本分析

(1)仓储成本分析的意义;

(2)仓储成本的构成;

(3)降低仓储成本的措施。

4. 仓储经济核算制度

仓储经济核算是对仓储经营成果进行检查和监督,促使企业精打细算、厉行节约、提高劳动生产率、降低仓储成本、改善经营管理、增加经济效益。外贸仓库要实行企业化管理、合理收费、独立核算。仓库经济核算包括财会专业核算和班组群众核算。

(1)财会专业核算;

（2）班组核算。
5. 配送中心物流成本的全面分析
6. 反映仓储作业效率的指标
7. 反映仓储作业效益的指标
8. 反映仓储作业设施设备利用程度的指标
9. 反映仓储作业消耗的指标
10. 反映仓储作业质量的指标
11. 物品储存的安全性指标

每章一练

1. 仓储成本有哪些构成要素和项目？
2. 如何降低仓储经营成本？
3. 仓储经济核算制度有哪几种？
4. 反映仓储作业效率的指标有几方面？如何计算？
5. 反映仓储作业效益的指标有几方面？如何计算？
6. 反映仓储作业设施设备利用程度的指标有几方面？如何计算？
7. 反映仓储作业消耗的指标有几方面？如何计算？
8. 反映仓储作业质量的指标有几方面？如何计算？

第九章 仓储人员管理和绩效考评

随着生产的发展和科学技术的进步,企业管理由原来的对物质的重视转向对人的重视,对企业的人力资源的管理变成了对企业极其重要的一项管理工作。物流在仓储管理过程中的人力资源管理也成为一项很重要的工作。仓储人员的主要职责是进行仓储管理,仓储管理就是对仓库及仓库内的物资所进行的管理,是仓储机构为了充分利用所具有的仓储资源提供高效的仓储服务所进行的计划、组织、控制和协调过程。通过本章的学习,你将主要掌握仓储人员管理的意义、作用,仓储人员的工作职责和基本素质,仓储绩效考评的方法及标准等。

章节要点

- 仓储人员管理的意义、作用
- 仓储人员的工作职责和基本素质
- 仓储绩效考评的方法及标准

第一节 仓储人员管理概述

话题引入

沃尔玛的仓储人员的管理

沃尔玛是全球零售业的巨头,为了使货源保持不断,沃尔玛的任何一家连锁超市都配备有很大的仓储容量,进而需要相应较多的仓储人员。由于仓储人员较多,沃尔玛建立了一套行之有效的仓储人员管理系统,例如对仓储人员进行工作分析,形成完善的工作说明书,使员工各尽其责,同时在招聘选拔的过程中严格把关,并实施了合理的考评体制,保证了沃尔玛的仓储系统庞而不乱,即使是货流量较大的时候仍然能保证货物的出入库有条不紊地进行。

知识梳理

一、仓储人员的职责

仓储人员的主要职责是进行仓储管理,仓储管理就是对仓库及仓库内的物资所进行的管理,是仓储机构为了充分利用所具有的仓储资源提供高效的仓储服务所进行的计划、组织、控制和协调过程。

企业可以选择自建仓库、租赁公共仓库或采用合同制仓储为库存的物料、商品准备仓储空间。一个企业是自建仓库还是租赁公共仓库或采用合同制仓储需要考虑周转总量、需要的稳定性、市场密度等因素。

仓储的一般业务程序为:签订仓储合同——→验收货物——→办理入库手续——→货物保管——→货物出库。

仓储人员进行仓储管理的内容即仓储人员的主要任务包括以下几项:

- 订货、交货;
- 进货、交货时的检验;
- 仓库内的保管、装卸作业;
- 场所管理;
- 备货作业。

产品在仓储中的组合、妥善配载和流通包装、成组等活动就是为了提高装卸效率,充分利用运输工具,从而降低运输成本的支出。合理和准确的仓储活动会减少商品的换装、流动,减少作业次数,采取机械化和自动化的仓储作业,都有利于降低仓储作业成本。优良的仓储管理,能对商品实施有效的保管和养护,并进行准确的数量控制,从而大大减少仓储的风险。

二、仓储主要人员的具体任务

1. 接单员

(1) 职责范围

- 接收订单资料;
- 在规定的时间内,将客户的订单进行确认和分类,并由此判断与确定所要配送货物的种类、规格、数量及送达时间;
- 建立用户订单档案;
- 对订货进行存货查询,并根据查询结果进行库存分配;
- 将处理结果打印输出,如拣货单、出货单等;
- 根据输出单据进行出货物流作业。

(2) 操作流程

1) 接收订单

通过电话、传真或电子数据传递等方式接收用户的订单资料。

2) 确认订单

接收到顾客订单以后,首先对用户的信用进行确认,看其应收账款是否已经超过信用额度,以确定继续或停止输入该订单。当订单超过信用检查后,便要继续确认订单的其他基本内容,包括订货的种类、数量、配送时间、价格、包装等。

3) 订单分类

将订单按照确认后的交易类型进行分类,以便区别处理。

4) 设计订单档案资料的内容

订单分类后,建立一个完整的用户订单档案,以便于本次交易的进行和以后与用户的长期合作。首先,根据实际需求设计订单档案资料内容,以符合后续作业所需。另外,用相关字段关键词把订单表头文件与订单明细文件加以连接,其中表头文件用于记录订单的整体性资料,如订单单号、订单日期、客户代号等,订单明细文件则记录每笔订货品种详细资料,如商品代号、商品名称、单价等。

5) 输入订单资料

将客户订单、客户电话、传真等基本订货资料输入订单处理系统。

6) 处理订单数据

利用用户订单的基础资料,在各子系统资料,如输配送系统、存货系统、补货系统的资料等的支持下对订单数据进行处理。

7）库存分配

订单资料输入，并确认无误，相关支持数据也准备好后，下一步便是将大量的订货资料，作最有效的汇总、分类、调拨库存。

8）订单数据处理输出

将处理结果打印输出，如拣货单、出货单等，然后再根据这些输出单据进行出货物流作业。

2. 进货员

（1）职责范围

● 组织人员卸货；

● 检验商品条形码、核对商品件数以及商品包装上的品名、规格等，对于件数不符的商品，查明原因，按照实际情况纠正差错；

● 签盖回单。

（2）操作流程

1）组织卸货

当供应商的送货卡车到达进货站台时，组织卸货人员将货物卸到指定地点，并检验送货员递交的抽样商品、送货凭证、增值发票等。

2）货品核对验收

选择合适的验收方法，对商品条形码、商品的总件数、商品包装上的品名、规格、细数等进行仔细核对。

3）签盖回单

在核对单货相符的基础上签盖回单，并在收货基础上盖章并签注日期；对于一份送货单分批送货的商品，将每批收货件数记入收货检查联，待整份单据的商品件数收齐后，签盖回单给送货车辆带回；对于使用分运单回单制度的单位，除分批验收签盖回单外，还要在货收齐后签盖总回单。

4）标明件数

在货物堆齐后，将每一托盘的货物件数标明，并标明此批商品的总件数，以便于保管员核对交接。

（3）商品验收方法

商品验收是交接双方划分责任的界限，要实现把完好的商品收进来，通过配送再把完好的商品送给门店（或客户），必须要经过商品条形码标识、数量、质量、包装四个方面的验收。

1）商品条形码验收

在作业时要抓住两个关键，一是检验该商品是否是有送货预报的商品，二是验收该商品的条形码与商品数据库内已登录的资料是否相符。

2）数量验收

由于配送中的收货工作非常繁忙，通常会几辆卡车接连到达，逐车验收很费时间，而送货卡车又不愿久等，所以一般采取"先卸后验"的办法，即由卡车送货人员按不同的商品分别码放托盘；收货员接过随货同行单据，并用移动式计算机终端（如手掌机）查阅核对实送数量与预报数量是否相符。几辆卡车同时卸车，先卸毕的先验收，交叉进行，既可节省人力，又可加快验收速度；既便于点验，又有利于防止出现差错。

对易碎流质商品在卸车时，应采取"边卸边验"的方式，采取"听声响、看异状"等手段，以便发现问题、分清责任，这样既完成了数量验收又可附带完成质量验收。

从"数量"两字的含义来说,除了验收大件外,还需验收"细数"以及散装、畸形、零星等各种商品。细数是指商品包装内部的数量,即商品价格计算的单位,如"双"、"条"、"支"、"瓶"、"根"的数量。

数量验收在单据与货物核对时还有一种叫"规格验收",它是包含在数量验收范畴内的。例如商品包装上的品名、规格、数目。例如,洗衣粉核对牌名,同牌名不同规格的还要核对每小包的克数,以及包装的区别。

3)质量验收

由于交接时间短促和现场码盘等条件的限制,在收货点验时,一般只能用"看"、"闻"、"听"、"摇"、"拍"、"摸"等感官检验方法,检查范围也只能是包装外表。

在验收流质商品时,应检查包装箱外表收货有无污渍(包括干渍和湿渍);若有污渍,必须拆箱检查并调换包装。

在验收玻璃制品(包括部分是玻璃制作的制品)时,要件件摇动或倾倒细听声响,这种验收方法是使用"听"的方法,经摇动发现破碎声响,应当场拆箱检查破碎细数和程度,以明确交接责任。

在验收香水、花露水等商品时,除了"听声响"外,还可以在箱子封口处"闻"一下,如果闻到香气严重刺鼻,可以判定内部商品必定有异状。

即使开箱检查内部没有破碎,也至少是瓶盖密封不严,若经过较长时间储存或运输中的震动,香水、花露水等流汁商品肯定会外溢损耗。

在验收针棉织品等怕湿商品时,要注意包装外表有无水渍。

在验收有有效期商品时,必须严格注意商品的出厂日期,并按照连锁超市公司的规定把关,防止商品失效和变质。

4)包装验收

包装验收的目的是为了保证商品在运行途中的安全。物流包装一般在正常的保管、装卸和运送中,经得起颠簸、挤压、摩擦、叠压、污染等影响。在包装验收时,应具体检查纸箱封条是否破裂、箱盖(底)摇板是否粘牢、纸箱内包装或商品是否外露、纸箱是否受过潮。

3. 仓库管理员

(1)职责范围

- 熟悉物料品种、规格、型号、产地及性能,对物料标明标记,分类排列;
- 按规定做好出库验收、记账、发放手续,及时搞好清仓工作,做到账账相符、账物相符;
- 随时掌握库存动态,保持材料及时供应,充分发挥周转效率;
- 搞好安全管理工作,检查防火、防窃、防爆设施,及时纠正不安全因素。

(2)操作流程

1)接单

接收总部的接货通知单。

2)落实货位

接到通知单后,按照通知单上的货物种类、体积大小等安排货位。

3)验货点收

指挥装卸工卸货,并检验欲入库货物外包装的完好性、品名、规格、数量是否与入库凭证相符。

4)库内堆码

在货物运入仓库后,指挥装卸工进行堆码作业。堆码过程中特别要注意"五距"、种类和批次。

5)复核签收

对货物进行复核,在随货同行的入库单上大写签字,对于有问题的货物在入库单上注明。

6)残损处理

如果在收货过程中发现货物有残损问题应认真调查,分清责任。对于卸货过程中,由于卸货员不慎而导致包装破损的货物应重新进行包装;而对于由于厂商不慎而引起的货物残损,应将其退还厂商。

7)财务处理

建立台账、货卡,并保存入库单。

8)保管

货物入库后,负责货物在库保养和库区卫生工作,按规定每天如实记录温、湿度状况,参加每天的货物巡查工作,及时上报并参与处理各类仓储事故和各类突发事件。

9)接单

接收总部的送货通知单。

10)备车检查

联系运输员,备车并对车进行检查,看其是否清洁,有无防雨措施。

11)单货核对

核对送货通知单所列的内容是否与货物一致。如发现问题,则应及时纠正。

12)发货装车

指挥装卸工装车并清点数目,在装车时应注意不同品种,不同批次分开堆放。

13)复核余数

把货垛剩下的货物进行清点,核对余数与账目是否相符。

14)销账签证

在货车上销账,注明货物去向,在库存台账上销账。复核无误后开出门证;要求司机在出库单上签收,并记下司机的身份证号码,车辆牌号;如果货物是分批出库,应在台账、提货单上逐批做记录。

(3)储存作业的策略与方法

储存作业是要充分考虑最大限度的利用空间,最有效的利用劳力和设备,最安全和经济的搬运货物,最良好的保护和管理货物。

在选择储区位置时应考虑的问题是:根据货物的特性选储区,大批量选大储区,小批量选小储区,笨重体大的货物储于坚固的货架及接近发货区,轻量货物储于上层货架,相同和相似货物尽可能靠近储存,小而轻并且易于处理货物储于远储区,周转率低的货物储于远离进货、发货区及仓库较高区,周转率高的货物储于接近发货区及低储位。

良好的储存策略可以减少出入库移动距离,缩短作业时间,充分利用储存空间。一般常规的储存方法有:

1)定位储存

定位储存是指每一项货物都有固定的储位,货物在储存时只存放于固定的储位。

● 定位储存的适用条件

不同物理、化学性质的货物须控制不同的保管储存条件,或防止不同性质的货物互相影响;

a. 重要物品需重点保管;

b. 根据物品尺寸及重量安排储位;

c. 库房空间较大;

d. 多品种少批量货物的存储。

● 定位储存的优缺点

定位储存的优点是,储位能被记录、固定和记忆,便于提高作业效率;储位按周转率高低来安排,通常周转率高的货物储位安排在出入口附近,可以缩短出入库搬运距离;针对不同货物特性安排储位,可以将货物之间的不良影响降到最低。

定位储存的缺点是需要较大的储存空间,影响库房及设施使用效率。

● 定位储存的注意点

每项货物的储位容量必须大于其可能的最大在库量。

2)随机储存

随机储存是指根据库存货物及储位使用情况,随机安排和使用储位,每种商品的储位可随机改变。

● 随机储存的适用条件

通常随机储存适用于下列两种情况:

a. 库房空间有限,需尽量利用储存空间;

b. 商品品种类别少,批量或体积较大的货物。

● 随机储存的优缺点

随机储存的优点是由于储位可共用,储区空间的利用率高。

随机储位的缺点是增加货物出入库管理及盘点工作的难度;周转率高的货物可能被储放在离出入口较远的位置,可能增加出入库搬运的工作量;有些可能发生物理、化学影响的货物相邻存放,可能造成货物的损坏或发生危险。

● 随机储位的注意点

储位不易于记忆和管理,因此,需设立储存记录卡,将储存信息详细记录,以随时准备掌握库存货物的储位和数量,以提高出入库作业效率。

3)分类储存

分类储存是指所有货物按一定特性加以分类,每一类货物固定其储存位置,同类货物不同品种又按一定的法则来安排储位。

● 分类的因素

分类储存通常按以下几个因素分类:

a. 商品相关性大小;

b. 商品周转率高低;

c. 商品体积、重量;

d. 商品的物理或化学、机械性能。

● 分类储存的适用条件

分类储放主要适用于以下情况:

a. 商品相关性大,进出货比较集中;

b. 货物周转率差别大;

c. 商品体积相差大。

分类储存的优点是便于按周转率高低来安排存取,具有定位储放的各项优点;分类后储存区域再根据货物的特性选择储存方式,有助于货物的储存管理。

分类储存的缺点在于储位必须按各类货物的最大在库量设计,因此储区空间平均的使用效率仍然低于随机存储。

4)分类随机储存

分类随机储存是指每一类货物均有固定储位,但各储区内,每个储位的安排是随机的。

分类随机储存的优点是可接收分类储放和随机储放的部分优点。

分类随机储存的缺点是货物出入库管理特别是盘点工作较困难。

5)共同储存

共同储存是指在确定知道各货物进出仓库确定时间的前提下,不同货物共用相同的储位。共同储存在储存空间及搬运时间上较为经济,但在管理上相对复杂。

4. 盘点员

(1)职责范围

● 通过点数计数查明商品在库的实际数量,核对库存账面资料与实际库存数量是否一致;

● 检查在库商品质量有无变化,有无超过有效期和保质期,有无长期积压等现象,必要时还必须对商品进行技术检验;

● 检查保管条件是否与各种商品的保管要求相符合;

● 如堆码是否合理稳固,库内温湿度是否符合要求,各类计量器具是否准确等;

● 检查各种安全措施和消防设备、器材是否符合安全要求,建筑物和设备是否处于安全状态。

(2)操作流程

1)盘点前准备

盘点前准备工作是否充分,直接关系到盘点作业能否顺利进行,甚至盘点是否成功。盘点的基本要求是必须做到快速准确,为了达到这一基本要求,盘点前的充分准备十分必要,其准备工作主要包括以下内容:

● 确定盘点的程序方法;

● 配合财务会计做好准备;

● 设计印制盘点用表单;

● 结清库存资料。

2)决定盘点时间

决定盘点时间时,既要防止过久盘点对企业造成的损失,又要考虑配送仓库或配送中心资源有限的情况,最好能根据货品的性质制定不同的盘点时间,如 A 类主要货品每天或每周盘点一次;B 类货品每两周或三周盘点一次;C 类较不重要货品每月盘点一次即可。盘点日期一般会选择在财务决算前夕和营业淡季进行。

3)确定盘点方法

为得到尽可能正确的库存资料,盘点分为账面盘点及现货盘点。账面盘点又称为"永续盘点",就是把每天出入库货品的数量及单价记录在电脑或账簿的"存货账卡"上,并连续地计算汇总出账面上的库存结余数量及库存金额;现货盘点又称为"实地盘点"或"实盘",也就是实际去库内清点数量,再依商品单价计算出实际库存金额的方法。目前,国内大多数配送中心都已使用电脑来处理库存账务,当账面数与实存数发生差异时,有时很难断定是账面数有误还是实盘数出现错误,所以,可以采取"账面盘点"与"现货盘点"并行的方法,以查清误差出现的实际原因。

4)清理盘点现场

这项工作具体包括对厂商在盘点前送来的货物必须明确其数目;储存区在关闭前应通知各有关部门;整理储存场地,预先鉴定废品、不良品;整理、结清账卡、单据、资料,进行自行预盘,以便提早发现问题并加以预防。

5)盘点作业

在盘点时,应加强指导与监督。

6)盘点结果差异分析

盘点结束后,应对盘点结果进行分析,分析的思路是:

● 通过盘点,实际库存量与账面库存量的差异有多大(盘点数量误差＝实际库存数－账面库存数)?

● 这些差异主要集中在哪些品种?

● 这些差异对公司的损益造成多大影响?

● 平均每个品种的商品发生误差的次数情况如何?

● 当发现所得数据与账簿资料不符时,还应追查产生差异的原因是什么。

可能出现的原因有:由于记账员素质不高,使货品数目记录不准确;由于料账处理制度有缺陷,导致货品数目不准确;由于盘点制度的缺点导致货账不符;盘点所得的数据与账簿的资料所产生的差异不在容许误差范围内;盘点人员不尽责;产生漏盘、重盘、错盘等。

通过对上述问题的分析和总结,应找出在管理流程、管理方式、作业程序、人员素质等方面需要改进的地方,进而改善商品管理的现状,降低商品损耗,提高经营管理水平。

7)盘盈、盘亏的处理

货品除了盘点时产生数量的盈亏外,有些货品在价格上会产生增减,所以在经主管审核后,用更正表进行更正。

(3)操作方法

1)账面盘点法

账面盘点法是将每一种商品分别设立"存货账卡",然后将每一种货品的出入库数量及有关信息记录在账面上,逐笔汇总出账面库存结余数,这样随时可以从电脑或账册上核查货品的出入库信息及库存结余量。

2)现货盘点法

现货盘点法按盘点时间频率的不同又可分为"期末盘点"及"循环盘点"。期末盘点是指在会计计算期末统一清点所有货品数量的方法;循环盘点是指在每天、每周清点一小部分货品,一个循环周期将每种商品至少清点一次的方法。

● 期末盘点法

由于期末盘点是将所有货品一次点完,因此工作量大、要求严格。通常采取分区、分组的方式进行,其目的是为了明确责任,防止重复盘点和漏盘。分区即将整个储存区域划分成一个一个的责任区,不同的区由专门的小组负责点数、复核和监督,因此,一个小组通常至少需要三人分别负责清点数量并填写盘存单,复查数量并登记复查结果,第三人核对前二次盘点数量是否一致,对不一致的结果进行检查。等所有盘点结束后,再与电脑或账册上反映的账面数核对。

● 循环盘点法

循环盘点通常对价值高或重要的商品检查的次数多,而且监督也严密一些,而对价值低或不太重要的货品盘点的次数可以尽量少。循环盘点一次只对少量货品盘点,所以通常只需保管人员自行对照库存资料进行点数检查,发现问题按盘点程序进行复核,并查明原因,然后调整。也可以采用专门的循环盘点单登记盘点情况。

5. 拣货员

(1)职责范围

● 根据客户的订单要求,从储存的商品中将用户所需的商品分拣出来,放到发货场指定的位置,以备发货;

● 熟练操作拣货作业,认真完成每日的拣货作业任务;

● 做出拣货出库实绩总结和报告;

● 做好拣货设备的定期检查,对设备出现不良状况时及时向保养人员报告。

(2)操作流程

1)生成拣选资料

拣选作业开始之前,必须先行处理人工拣选作业的单据或信息。虽然有些配送中心直接利用顾客的订单或公司的交货单作为人工拣选指示,但因此传票容易在拣选作业中受到污损导致错误发生,同时无法标示产品的货位,所以必须将原始的传票转换成拣选单或电子信号,以便进行更有效率的拣选作业。

2)行走或搬运

进行拣选时,可以通过以下两种方式来使要拣取的货品出现在面前。

● 人至物方式

通过步行或搭乘拣选车辆到达货品储存位置的方式,该方式的特点是货品采取一般的静态储存方式,如托盘货架、轻型货架等,主要移动的一方为拣取者。

● 物至人方式

与上述方式相反,主要移动的一方为被拣取物,也能是货品,拣取者在固定位置内作业,无需去寻找货品的储存位置。该方式的主要特点是货品采用动态方式储存,加负载自动仓储系统、旋转自动仓储系统等。

● 无人拣取方式

拣取的动作由自动的机械负责,电子信息输入后自动完成拣选作业,无需人手介入。这是目前在拣选设备研究上致力的方向。

3)拣取

当货品出现在面前时,接下来的动作便是抓取与确认。确认的目的是为了确定抓取的物品、数目是否与指示拣选的信息相同。实际作业中都是读取品名与拣选单作对比。比较先进的方法是利用无线传输终端机读取条码由计算机进行对比,或采用货品重量检测的方式。准确的确认动作可以大幅度降低拣选的错误率,同时也比出库验货作业发现错误并处理来得更直接而有效。

4)分类与集中

由于拣取方式的不同,拣取出来的货品可能还需按订单类别进行分类与集中,拣选作业至此告一段落。分类完成的每一批订单的类别和货品经过检验、包装等作业然后出货。

(3)操作方法

拣货策略的决定是影响日后拣货效率的重要因素,因而在决定拣货作业方式前,必选对其可运用的基本策略有所了解,一般可做如下划分:

1)单一拣取

单一拣取是针对每一张订单、拣货员巡回于仓库内,将客户所订购的商品逐一由仓储中挑出集中的方式,是较传统的拣货方式。一般来说,单一拣取具有以下优点:作业方法单纯;前置时间短;导入容易且弹性大;作业员责任明确,派工容易、公平;拣货后不用再进行分类作业,适用于大量订单的处理。

其主要缺点有:商品品项多时,拣货行走路径加长,拣取效率降低;拣货区域大时,搬运系统设计困难。

2)批量拣取

批量拣取是将多张订单集合成一批,再依商品类别将数量加总起来,进行拣取,之后依客户订单作分类处理。此种方法的优点如下:适合订单数量庞大的系统;可缩短拣取时行走搬运的距离,增加单位时间的拣货量。其缺点如下:对订单的到来无法做即刻的反应,必须等订单累积到一定数量时才做一次处理,因此会有停滞的时间产生(只有根据订单到达的状况做等候分析,决定出适当的批量大小,才能将停滞时间减到最低)。单一拣取和批量拣取是两种最基本也是最主要的拣货方法,除这两项基本的拣货策略外,由此两策略引申出的拣货策略还包括下述五项:

● 复合拣取

复合拣取为订单别拣取及批量拣取的组合;可依订单品项数量决定哪些订单适于订单别拣取,哪些适合批量拣取。

● 分类式拣取

分类式拣取是指一次处理多张订单,且在拣取各种商品的同时,把商品按照客户订单分类放置的方式。如此可减轻事后分类的麻烦,对提升拣货效益更有助益,较适合每张订单量不大的情况。

● 分区、不分区拣取

不论是采用订单别或是批量别拣取,从效率上考虑皆可配合采用分区或不分区的作业策略。所谓分区作业就是将拣取作业场地作区域划分,每一个作业员负责拣取固定区域内的商品。而其分区方式又可分为拣货单位分区、拣货方式分区及工作分区。事实上在作拣货分区时亦要考虑到储存分区的部分,必须先针对储存分区进行了解、规划,才能使得系统整体的配合趋于完善。

● 接力拣取

接力拣取与分区拣取类似,先决定出拣货员各自分担的产品项目或料架的责任范围后,各个拣货员只拣取拣货单中自己所负责的部分,然后以接力的方式交给下一位拣货员。

● 订单分割拣取

当一张订单所订购的商品项目较多,或欲设计一个讲求及时快速处理的拣货系统时,为了使其能在短短时间内完成拣货处理,故利用此策略将订单切分成若干子订单,交由不同的拣货人员同时进行拣货作业以加速拣货的达成。订单分割策略必须与分区策略联合运用才能有效发挥长处。

三、仓储人员需要具备的基本素质

为了更好的完成仓储任务,需要对仓储人员提出一些具体的要求,并且在录用时应依据仓储工作人员的工作说明书进行招聘,在招聘完成后要进行一系列的培训,使录用人员具备仓储人员应具备的基本素质。同时在工作中应注意对仓储人员进行激励,并制定合理的薪酬体系,以提高仓储人员的工作积极性。

像所有的人力资源管理一样,仓储部门进行人员管理的第一步是进行工作分析,即分析仓储部门的工作职责。进行工作分析的方法有很多种,如工作实践法、观察法、面谈法、问卷调查法等。

企业通过工作分析可以得出该部门的工作职责及其工作人员需要具备的素质。仓储部门的工作职责主要有:保证货物进、出库有序、准确、准时;合理安排货位,做到货物码放整洁、清晰、便于操作,确保库存容量最大化利用;通过加强各项管理,提高提货人的满意度,积极维护与库房相关单位的公共关系,确保突发问题(或困难)的及时、顺利解决;积极寻找有效方法,提高库房各项资源的利用率,降低单位成本;积极寻找改善各项操作规程、管理工具的方法,使公司的服务更趋合理完善;与财务部定期进行对账。当然,作为仓储部门的管理人员还要负责安排库房各岗位人员的日常工作,对下属进行必要的岗位知识培训,同时对其工作进行激励与评估。

在各个流程种的具体岗位职责如下:

● 制定仓储计划。仓库主管应先了解仓库库场情况,包括货物入库期间、保管期间仓库的库容、设备、人员的变动情况,必要时对仓库进行清查,以腾出仓库。然后收集以上信息加以数据处理,制定出合理的仓储计划,合理利用仓储资源;

● 建立货物入库台账,每日严格进行货物入库记录及统计,随时了解仓库、人员的实际情况,同时,监督指挥入库管理员工作,帮助其顺利完成货物入库前准备、验收、堆垛、办理手续的工作流程。并合理调派搬运工、理货员,组织协调工作,提高其工作效率;

● 监督、指挥保管员做好货物的养护,严格控制库内温、湿度,注意货物的防潮、防霉、防腐蚀、防虫害等安全养护。同时还应注意仓库的清洁卫生。对一些特殊的货物除了正常的安全养护外还需要特别照顾,比如对货物进行油漆,涂刷保护涂料,除锈、加固、封包、密封等;

● 建立货物出库台账,每日进行货物出库记录及统计,随时掌握仓库及人员的实际情况。同时,监督指挥出库管理员工作,帮助其顺利完成货物出库前准备、理货、出库安排、装卸的工作流程。并合理调派搬运工、理货员,组织协调工作,提高其工作效率;

● 将每次货物入库的单账与财务部核对,以避免出错。

除此之外,仓储人员应具备的基本素质还有:具有丰富的商品知识、掌握现代仓储管理的技术、熟悉仓储设备、办事能力强、具有一定的财务管理能力、具有一般的管理素质等。

相关链接

仓储管理可以简单概括为八部曲关键管理模式

第一部曲:追。仓储管理应具备资讯追溯能力,前伸至物流运输与供应商生产出货状况,与供应商生产排配与实际出货状况相衔接。同时,仓储管理必须与物流商进行 ETD/ETA 连线追溯,分别是:ETD(Estimated to Departure)——离开供应商工厂出货的码头多少量?离开供应商外包仓库的码头多少量?第三方物流与第四方物流载具离开出发地多少量?ETA(Estimated to Arrival)——第三方物流与第四方物流载具抵达目的地多少量?抵达公司工厂的码头多少量?抵达公司生产线边仓多少量?与 VMI Min/Max 库存系统连线补货状况。

第二部曲:收。仓库在收货时应采用条码或更先进的 RFID 扫描来确认进料状况,关键点包括:在于供应商送货时,送货资料没有采购 VPO 号,仓库应及时找相关部门查明原因,确认此货物是否今日此时该收进;在清点物料时如有物料没有达到最小包装量的散数箱时,应开箱仔细清点,确认无误,方可收进;收货扫描确认时,如系统不接受,应及时找相关部门查明原因,确认此货物是否收进。

第三部曲:查。仓库应具备货物的查验能力,对于甲级物料(只有几家供应商可供选择的有限竞争市场和垄断货源的独家供应市场的A类物料)特别管制,严控数量,独立仓库,24小时保安监控;建立包材耗材免检制度,要求供应商对于线边不良包材耗材无条件及时补货退换;对于物料储存时限进行分析并设定不良物料处理时限。

第四部曲:储。物料进仓做到不落地或至少做到(储放在栈板上,可随时移动),每一种物料只能有一个散数箱或散数箱集中在一个栈板上,暂存时限自动警示,尽量做到储位(Bin - Location)管制,做到No Pick List(工令备捡单),不能移动!

第五部曲:拣。拣料依据工令消耗顺序来做,能做到依灯号指示拣料则属上乘(又称Pick to Light),拣料时最好做到自动扫描到扣账动作,及时变更库存信息告知中央调度补货。

第六部曲:发。仓库发料依据工令备拣单发料、工令、备料单与拣料单应三合一为佳,做到现场工令耗用一目了然,使用自动扫描系统配合信息传递运作。

第七部曲:盘。整理打盘始终遵循散板散箱散数原则。例如1种物料总数103个,是10箱(每箱10个)加3个零数,在盘点单上盘点数数方法应写成10箱×10个+3个=103个。对于物料要进行分级分类,从而确定各类物料盘点时间,定期盘点可分为日盘/周盘/月盘;日盘点搭配Move List(库存移动单)盘点;每月1号中午12点结账完成的目标要设定。

第八部曲:退。以整包装退换为处理原则,处理时限与处理数量应做到达到整包装即退或每周五下午3点整批退光,做到Force Parts(线边仓自动补换货)制度取代RMA(退料确认:Return Material Authorization)做法,与VMI Hub退货暂存区共享原则,要求供应商做免费包装箱供应。

第二节　仓储人员的绩效考评

话题引入

百胜集团的仓储绩效考评　大大提高存货周转能力

百胜集团有两个众所周知的品牌,必胜客和肯德基。肯德基的人流量非常大,因此,在每一个肯德基的分店里都要有专门的仓储人员。肯德基除了对前台、大厅、厨房的员工进行绩效评价外,每月会定时对各分店的仓储人员进行绩效评价,并作出排名,优秀的仓储人员会与优秀营业员一起将照片张贴于分区所有的店中以示鼓励。因此,在肯德基,不管客流量大小,货物的供应一定是及时的,也不会出现货品长期堆积的现象,保证了消费者在肯德基吃到的永远是最新鲜的鸡肉和汉堡,为肯德基迎来了大量的顾客。

知识梳理

一、仓储人员绩效评价

1. 绩效评价的含义与特点

绩效评价又称工作绩效评估或工作业绩评定,是指按照一定的标准,利用科学方法,分析、评价和传递有关员工工作行为和工作结果方面信息的过程。

绩效评价作为组织的一项制度,一般应该定期进行,每月、每季度或每年份对员工进行的绩效评价可以作为员工激励和薪金制度的标准。当然,组织中也一定存在着非正式的绩效考评,比如来自领导口头的表扬或批评。这样的非正式绩效考评对员工工作改进或提高也起着一定的作用,但是远不如正式的、采用科学方法和程序进行的绩效评价对企业或部门带来的影响大。

具体来说,员工绩效主要具有主要以下的基本特征:

(1)绩效具有多因性

绩效的多因性是指绩效的优劣不是取决于单一的因素,而是受到主、客观多种因素的影响。主要包括员工的积极性、技能、环境与机会,其中前两者是员工自身主观的影响因素,后两者则是客观的影响因素。其中主观因素占据主导地位,客观因素在一定程度上是不可控的,因此具有一定的偶然性。

(2)绩效的多维性

绩效是员工工作成果的总称,它涉及工作前、中、后等多个方面,因此绩效的多维性即需要从多个维度对员工工作业绩进行分析与考核。

(3)绩效的动态性

绩效的动态性是指员工的绩效水平会随着时间的推移而发生变化。因此在进行绩效评价时,管理者切不可从印象出发,以静止的观点来考察员工,要看到员工绩效的变化。

2. 仓储绩效评价的方法

有效的绩效评价需要合理的绩效评价系统。一个既要达到考评目的,又能被员工接受的评价系统需要具备几项要求:

(1)全面性与完整性

考评系统虽不能包罗万象,但是必须要包括影响工作业绩的各个方面,才能避免片面性。

(2)相关性和有效性

指考核的内容一定是与工作相关联的,个人生活习惯、癖好等不适合包含在考核内容中,以确保考核的必要效度。

(3)明确性与具体性

这是就考核标准而言的,考核标准需要可直接操作,即具有可测量性,如果含糊不清、抽象深奥,则很难投入使用。

(4)公正性与客观性

考核标准的制定和执行一定要科学、合理、客观、公正。而考评的民主性与制度的透明性往往是实现客观、公正的有效手段。

在绩效考评的同时,首先要明确四个基本问题:绩效考评的参与者是哪些人;采用什么样的方法进行考评;如何衡量和评价绩效和怎样组织实施考评。

仓储绩效评价的参与者主要包括仓储管理人员(主管)、人力资源部(人事部)专职人员、被考评者本人、考评者的同事同级以及与仓储部门相联系的外部人员。在绩效评价的过程中,根据不同的考评目的,有时需要几方面的人员共同对被考评者进行评价,有时只是部分人员对其进行评价,在日常生活中常见的是前三者的评价。

在绩效评价的对象确定的情况下,接着应当解决采用何种方法进行绩效评价的问题。绩效评价的方法有很多种,一般来说,在生产企业中,一线人员一般采用以实际产出结果为对象的考评方法;而从事管理或服务性工作的人员则采用以行为品质特征为导向的考评方法。因此,仓储人员的绩效评价一般来说是采用后者,即行为品质特征为导向的考评方法。

3. 绩效评价容易出现的误差

绩效评价在仓储管理中起着举足轻重的作用,但是由于考评方法和考评对象的多样性,绩效评价过程中出现这样或那样的问题是不可避免的,经常出现的误差主要有以下几种。

(1)分布误差

从理论上讲,员工工作绩效一般呈正态分布,即呈现中间多两头少的状态,但是在实际工作中经常出现非正态分布的情况,主要有以下三种:

● 宽厚误差

即大多数员工集中在优秀的范围之内。

● 严苛误差

指大多数员工为不合格或勉强及格。

● 集中趋势和中间倾向

就是我们平常说的平均主义,这种考评结果造成了管理的扭曲,形成"好人不好,强人不强,弱人不弱"的形式。

分布误差出现的主要原因就是绩效标准不够明确。

(2)晕轮效应

晕轮效应,又称"光环效应"、"成见效应"、"光晕现象",是指在人际相互作用过程中形成的一种夸大的社会印象,正如日、月的光辉,在云雾的作用下扩大到四周,形成一种光环作用。常表现在一个人对另一个人(或事物)的最初印象决定了他的总体看法,而看不准对方的真实品质,形成一种好的或坏的"成见"。所以晕轮效应也可以称为"以点概面效应",是主观推断的泛化、定势的结果。

这种强烈知觉的品质或特点,就像月亮形成的光环一样,向周围弥漫、扩散,从而掩盖了其他品质或特点,所以就形象地称之为光环效应。

这种误差主要是由于没有明确的评价标准或考评者没有严格按照评价标准来执行造成的。

(3)自我中心效应

自我中心效应表现为考评者按照自己理解的标准来评价,或按照自己认为恰当的标准来评价被考评者,从而偏离评价标准。具体有两种情况。

● 对比偏差

当考评者对下属进行考评时,如果按照自己心目中的假设,更倾向于不同表现的人进行比较时,就会产生对比偏差。如对B员工进行考察时,如果前一个被考评者A被认为是"差"的话,即使B表现平常,考评者也会给出很高的评分。

● 相似偏差

当考评者在评价过程中,更倾向于表现与自己心目中的模范相同的员工时,就会偏离评价标准,从而产生相似偏差。

小锦囊

为什么要对员工进行绩效考核?

1. 员工绩效考核的含义。绩效考核是指依据客观的标准,运用科学的方法测评员工对其职责的履行程度,以确定其工作成效的一种管理方法。

2. 员工绩效考核的目的。绩效考核的直接目的是判断员工的工作是否称职,并作为人力资源管理部门对其职务升降、工作调配、薪酬、培训、激励、个人发展乃至辞退等相关的管理工作的客观依据。

3. 员工绩效考核的作用。员工绩效考核的作用主要表现在以下几个方面:有助于员工认识并发挥工作潜能;有利于开展有针对性的员工培训;有利于因事择人按劳取酬;有利于企业人力资源的合理配置。

二、仓储管理指标体系

仓储活动担负着生产经营所需要的各种货物的收发、储存、保管保养、控制、监督和保证生产需要等多项业务职能,这些活动又都与生产经营及其经济效益有着密切的联系。仓储活动的各项考核指标是仓储管理成果的集中反映,是衡量仓储管理水平的标尺,也是考核和评估仓库各方面工作和各环节工作成绩的重要手段。所以利用指标考核的方法来加强仓储管理工作、提高管理业务和技术水平是十分必要的。

1. 仓储质量管理考核体系

质量是现代企业的核心竞争力中最根本、最基础的要素之一。仓储企业想要在长期激烈的竞争中处于不败地位,如何保证稳定高效的仓储服务质量,用有限的资源满足顾客无限的愿望和需求,是形成真正核心竞争力的关键所在。

质量管理是组织各项管理的内容之一。根据全面质量管理理论,物流企业要认识物流整体质量管理的重要性,树立现代企业物流整体管理思想。积极引进现代质量管理理论和技术,建立有效物流管理信息系统可以切实消除现代物流过程中的差错,提高质量管理水平。建立和完善现代企业物流质量管理体系、评估体系是现代物流质量管理的基础。针对所有客户的需求,实施并保持持续改进其业绩的质量管理体系可使企业获得成功。

现代仓储质量管理具有全员参与、全程控制、全面管理和整体发展的基本特点,仓储质量管理的主要内容包括:储存商品的质量保证及改善仓储服务质量、仓储工作质量和仓储过程质量。

具体来说仓储全面质量管理包括两个方面的内容:其一是加强仓储作业过程中的质量管理;其二是健全质量保证体系和质量管理组织系统。

仓储作业管理应全面开展仓储质量管理。仓库管理是由验收、保管保养、出库记账等环节组成。首先,要按照质量标准把好入库关,做好物资的入库验收,抓好数量、质量关;其次,要把好保管关,严格物资的出库手续,完善发放制度;最后,要严把出库关,建账立卡,做到账、卡、物三相符。

仓储质量指标是衡量企业仓储质量管理水平的指标。它既可以作为质量标准,又可以作为制定质量改进措施的依据。

库存量是指在统计期内的平均存货数量,反映了仓库的平均库存水平和库容利用程度,同时也反映了仓库的经营情况。其计算公式如下:

月平均库存量 = (月初库存量 + 月末库存量)/2

年平均库存量 = 各月平均库存量之和/12

账货相符率是指在货物盘点时,仓库货物保管账面上的货物储存量与相应库存实有数量的相互符合程度。

账货相符率＝账货相符比数/储存货物总比数×100%

通过此项指标的计算,可以衡量仓库账面货物的真实程度,反映保管工作的管理水平,也是避免货物遭受损失的重要手段。

收发货正确率是指表示仓库在某一时期内正确收发货物的程度,从反方向看,则表示已收发货差错率。此项指标反映收发货的准确程度,其计算公式为:

收发货正确率＝(期内吞吐量－发生收发货物差错的获取总量)/同期吞吐量

仓库的收发货物差错率应控制在0.005%以下。

货物损耗率是指保管期中,自然减量的数量与原来入库量的比率,该指标主要可用于反映货物保管与养护的实际情况。

货物损耗率＝货物损耗额/货物保管总额×100%

设备完好率设备完好是指处于良好状态、随时能投入使用的设备与全部设备的百分比。

设备完好率＝完好设备台日数/设备总台日数×100%

小锦囊

薪酬的概念

薪酬是指个人参与社会劳动从企业中得到的各种酬劳的总和,包括直接以货币形式支付给员工的劳动报酬;可以转化为货币形式的劳动报酬;工作本身带给员工个人的机会和满足感;以及工作环境带给员工的满意、方便、舒适和愉悦。前两项称为经济报酬;后两项称为非经济报酬。

这里需要指出的是,与薪酬概念相接近的另一个概念是工资。由于多年来的习惯,人们往往将它们混为一谈,只是称谓不同罢了。但事实上两者是不能互相替代的。用薪酬概念分析,工资只是薪酬的一部分,即直接以货币形式支付给员工的劳动报酬,其内涵远远小于薪酬。

薪酬的构成

薪酬主要由基本薪酬、辅助薪酬和福利构成,其中,基本薪酬和辅助薪酬组成直接薪酬(经济报酬),福利则是间接薪酬(包括经济报酬和非经济报酬)。

①基本薪酬。基本薪酬是以一定的货币定期支付给员工的劳动报酬,以员工劳动的熟练程度、复杂程度、责任及劳动强度为基准,按照员工实际完成的劳动定额或工作时间进行支付。基本薪酬是企业员工劳动收入的主体部分,也是确定其他劳动报酬和福利待遇的基础,通常由基本工资、年工资、职位工资、技能工资等几个部分组成。

②辅助薪酬。与基本薪酬相对应的是辅助薪酬,具体分为奖金、津贴、补贴以及分红等形式。在辅助薪酬中,又以奖金、津贴为主要形式。奖金是根据员工超额完成任务或以优异的工作绩效而计付的薪酬,鼓励员工提高劳动生产率,也可称为效率薪酬。津贴是为了补偿和鼓励员工在恶劣的工作环境下劳动而计付的薪酬,有利于吸引劳动者到脏、苦、险、累的岗位上工作。

③福利。福利是指组织为了吸引或维持骨干员工而支付的作为薪酬补充的若干项目,给予员工的各种形式的待遇,如住房、用车、带薪休假、节假日工资、工作午餐、医疗保健等。

2. 仓储效率管理考核体系

管理的目的是提高企业运行效率。在现代仓储管理中,效率管理已经越来越引起人们的关注,这是因为在仓储绩效管理中,作业效率的高低直接关系到成本的控制。效率的高低是在市场激烈竞争中决定企业成败的关键因素之一。

效率管理的核心在于提高效率。那么,究竟什么是效率呢?效率的含义是随着生产力的发展而发展的。一般意义上讲,效率是指投入与产出或成本与效益之间的对比关系,即劳动成果和劳动消耗与劳动占用之间的对比关系。因此,仓储效率就可以理解为在仓储作业过程中,仓储的经济成果与各种仓储资源之间的比例关系。仓储的经济成果表现为储存的质量完好的货物的数量。仓储作业中使用的资源既包括物资资源,又包括人力资源(一定数量仓储管理人员的劳动时间)。仓储效率管理是指为保证和提高仓储效率而进行的计划、组织、协调和控制的管理活动。

(1)仓储效率管理具体包括以下几个方面的内容

1)充分利用现有的仓储设备

首先,应对仓库、仓位、货架等各种设备实施科学、合理的规划,在保证货物质量、安全、进出方便的前提下,按照科学的方式堆码摆放货物,尽可能地提高仓库面积利用率和每平方米储存量,实现仓库货物储存量和仓库面积利用的定额管理。

2)提高仓储管理的劳动生产率

具体措施有:开展技术革新,进行技术改造,采用先进的机械化、电子化、自动化设备,改善劳动条件,减轻劳动强度,提高劳动生产率;开展职工培训,进行智力投资,提高从业人员的技能;改革仓储劳动组织,合理组织仓储各项作业;设计并建立合理的薪酬体系,激发从业人员的积极性和创造性。

3)建立完善的仓储管理体系

这要根据客户要求和管理经验制定科学合理的仓储计划,制定出仓储作业各个环节的作业标准和原则,并合理设置管理部门和机构,完善管理体系,加强经济核算及经济责任制。

4)采取多种经营,扩大仓储经营范围,盘活资产

仓储设施和设备的投入巨大,只有在充分利用的情况下才能获得收益,如果不能投入使用或者只是低效率使用,只会造成成本的加大。仓储企业应及时决策,采取出租、借用、出售等多种经营方式盘活这些资产。仓库还应充分利用自身条件,向多功能的物流中心方向发展,如开展流通加工、配送等业务,为客户提供更多的物流服务,提高资产设备的利用率。

5)降低经营管理成本

经营管理成本是企业经营活动和管理活动的费用和成本支出,包括管理费、业务费、交易成本等。加强该类成本的管理,减少不必要支出,也能实现成本降低。当然,经营管理成本费用的支出时常不能产出直接的收益和回报,但也不能完全取消,因此加强其管理是很有必要的。

(2)仓储效率指标

这是反映仓库容量、能力及货物储存数量的指标。核算这一类指标的作用在于从总量上掌握经济成果,衡量仓容的能力,促进保管人员挖掘潜力,采用先进的机具和先进技术,提高仓容使用效能。这类指标是仓储部门最基本的经济指标,其包括的具体指标如下。

1)计划期货物吞吐量

货物吞吐量也叫货物周转量,它是计划期内进出库货物的总量,一般以吨表示。计划指标

常以年吞吐量计算。计划期货物吞吐量的计算公式为：

计划期货物吞吐量 = 计划期货物总进库量 + 计划期货物总出库量 + 计划期货物直拨量

公式中的总进库量是指验收后入库的货物数量；出库量是指调拨计划、销售计划发出的货物数量；直拨量是指从港口、车站直接拨给用户或货到专用线未经卸车直拨给用户的货物数量。吞吐量是反映仓库工作的数量指标，是仓储工作考核中的主要指标，也是计算其他指标的基础和依据。

2）库房使用面积

库房使用面积 = 库房墙内面积 - 墙、柱、楼(电)梯等固定建筑物面积

单位面积储存量 = 日平均储存量/库房或货物使用面积

职工人数。该指标一般计算年或月的平均职工人数。

月平均人数 = 月内每日实际人数之和/该月天数

3）货物储存效率指标

仓库利用率是衡量和考核仓库利用程度的指标，可以用仓库面积利用率和容积利用率来表示。

仓库面积利用率 = 仓库的有效堆放面积/仓库总面积 × 100%

库房容积利用率 = 报告期平均库存量/库房的总容量 × 100%

仓库的面积利用率越大，表明仓库面积的有效使用情况越好。库房的容积利用率值越大，表明仓库的利用效率越高。

仓库利用率是反映仓库管理工作水平的主要经济指标之一。考核这项指标，可以反映货物储存面积与仓库实际面积的对比关系及仓库面积的利用是否合理，也可以为挖潜多储、提高仓库面积的有效利用率提供依据。

4）设备利用率

设备利用率包括设备能力利用率和设备时间利用率两个方面，可以分别用计算公式表示为：

设备能力利用率 = 报告期设备实际载荷量/报告期设备额定载荷量 × 100%

设备时间利用率 = 报告期设备实际作业时数/报告期设备额定作业时数 × 100%

其中，报告期设备额定载荷量和额定作业时数可以由设备的性能情况和报告期时间的长短计算得出。例如：报告期设备额定时数可以用报告期天数减去节假日停工天数再乘以每天的工作时间而确定。对于仓库来说，设备利用率主要是考核起重和搬运设备的利用效率。对于多台设备而言，设备利用率可以用加权平均数来计算。

5）劳动生产率

仓库的劳动生产率可以用平均每人每天完成的出入库货物量来表示，出入库量是指吞吐量减去直拨量。全员劳动生产率的计算公式可表示为：

全员劳动生产率 = 全年货物出入库总量/仓库全员年工日总数

当然，考核仓库劳动生产率也可以用仓库员工平均每日收发货物的笔数、员工平均保管货物的吨数等指标来评价。

6）货物周转速度

库存货物的周转速度是反映仓储工作水平的重要效率指标。在货物的总需要量一定的条件下，如果能降低仓库的货物储备量，则其周转的速度就越快。从减低流动资金占用和提高仓储利用率的要求出发，就应当减少仓库的货物储备量。但是，若一味地减少库存，就有可能影

响到货物的供应。因此,仓库的货物储备量应建立在一个合理的基础上,即要在保证供应需求的基础上,尽量地减低库存量,从而加快货物的周转速度,提高资金和仓储效率。

库存周转率的计算公式为:

库存周转率 = 该期间的出库总金额/该期间的平均库存金额

货物的周转速度可以用年周转次数和周转天数两个指标来反映。

货物年周转次数 = 全年消耗货物总量/全年货物平均储存量

货物周转天数 = 全年货物平均储存量/全年消耗货物总量

= 360/货物年周转次数

= 全年货物储存量/货物平均日消耗量

其中,全年货物消耗总量指报告年度仓库中发出货物的总量,全年货物平均储存量常采用每月月初货物储存量的平均数。货物周转次数越少,则周转天数越多,表明货物的周转越慢,周转的效率就越低,反之就越高。

3. 仓储成本、服务与安全管理考核体系

仓储成本是指企业在开展仓储业务活动中各种要素投入的以货币计算的总和。仓储成本是物流成本的重要组成部分,对物流成本的高低有着直接的影响。仓储成本分析对于物流企业来说,意义重大。

与库存成本不同,货物的仓储成本主要是指货物保管的各种支出,其中一部分是用于仓储设施和设备的投资与维护;另一部分则是用于仓储保管作业中支付仓储管理人员的工资和仓储环节中的能源消耗等。

资金成本则是指库存货物占用资金的机会成本,是总库存成本的主要构成部分,一般会占到总库存成本的80%左右,而仓储成本则约占20%。

仓储成本管理是仓储企业管理的基础,对控制和降低成本、提高经济效益有着重大的影响。但是,由于仓储成本与物流成本的其他构成要素,如运输成本、配送成本以及服务质量和水平之间存在效益背反的现象,因此降低仓储成本是在保证物流总成本最低和不降低企业的总体服务质量和目标水平的前提下进行的。

储存的成本指标主要的指有关储存的成本,还有一些效益指标,它可以综合反映仓库经济效益水平。具体来说,储存的成本指标包括以下一些指标。

(1)平均储存费用

平均储存费用是指保管每吨货物一个月平均所需的费用开支。货物保管过程中消耗的一定数量的活劳动和物化劳动的货币形式即为各项仓储费用。这些费用包括在货物出入库、存储和搬运过程中消耗的材料、燃料、人工工资和福利费、固定资产折旧、修理费、照明费、租赁费及应分摊的管理费等。这些费用的总和构成仓库总的费用。平均储存费用的计算公式为:

平均储存费用 = 每月储存费用总额/月平均储存量

平均储存费用是仓库经济核算的主要经济指标之一,它可以综合地反映仓库的经济成果、劳动生产率、技术设备利用率、材料和燃料节约情况和管理水平等。

(2)利润总额

利润是企业追求的目标,仓储型企业也不例外。利润总额是利润核算的主要指标,它表明利润的实现情况,是企业经济效益的综合指标。

利润总额 = 报告期仓库总收入额 - 同期仓库总支出额

= 仓库营业收入 - 储存成本和费用 - 税金 + 其他业务利润 + (-)营业外收支净额

（3）资金利润率

资金利润率是指仓库所得利润与全部资金占用之比,可以用来反映仓库的资金利用效果。

资金利润率＝利润总额/(国定资产平均占用额＋流动资金平均占用额)×100%

仓储活动本身就是向社会提供服务产品,所以服务是贯穿在仓储中的一条主线,仓储的定位、仓储的具体操作、对储存货物的控制都围绕着服务进行。仓储管理就需要围绕着服务定位,即为如何提供服务、改善服务、提高服务质量而开展的管理,包括直接的服务管理和以服务为原则的生产管理。

仓储的服务水平与仓储经营成本有着密切的相关性,两者互相对立。服务好、成本高、收费则高。仓储服务管理就是在降低成本和提高(保持)服务水平之间保持平衡。

仓储安全管理是仓库的安全指标,是用来反映仓库作业的安全程度,它主要可以用发生的各种事故的大小和次数来表示,如人身伤亡事故,仓库失火、爆炸和被盗事故、机械损坏事故等。这类指标一般不需计算,指是根据损失的大小来划分不同等级,以便于考核。

相关链接

制定评价标准的方法

在进行评价之前,评价标准的确定是重要的一项工作,评价标准的客观与否直接影响着评价结果的真实性。制定评价标准的方法主要有:

1. 关键事件法

关键事件法也称重要事件法,指管理人员通过把员工在工作中表现出的特别有效的行为和特别无效的行为记录到书面报告上,然后对员工在工作中的优、缺点进行评价并提出改进意见的一种绩效评价方法。

关键事件法对事不对人,以事实为依据,使研究的焦点集中在职务行为上,因为行为是可观察的、可测量的,同时,通过这种职务分析可以确定行为的任何可能的利益和作用。但是关键事件法操作起来比较费时,需要花大量时间去搜集那些关键事件,并加以概括和分类。此外关键事件的定义是显著的对工作绩效有效或无效的事件,这样以来就有可能遗漏了平均绩效水平,并且只能做定性分析,难以在员工之间做出比较。

2. 行为锚定业绩评定法

行为锚定评分法实质上是把量表评分法与关键事件法结合起来,关注员工行为的考核,同时兼顾员工行为对工作成果的影响。

行为锚定业绩评定表法的实施步骤是:首先是利用工作分析中关键事件法对工作进行记录和分析以确定工作中的关键行为,然后将这些行为划分为几个大的业绩维度。每个维度作为评价员工的一个标准。之后,由另外一组人员将关键行为或事件重新归入到已确定的不同的业绩维度当中去。如果同一关键事件有两组人员基本都划入一类,则其位置就大致确定了。同时还需要做的工作是对关键事件进行评定,依据对标准的贡献程度赋予一定的分值。最后,建立完整的考评体系,形成7～10个关键事件构成的"行为锚"(如下表9-1所示)。

表 9-1　某公司贷款助理员的行为锚定业绩评价表

货款交易

	10	准确无误地完成资信报告
及时准备准备好相关的文件	9	
	8	主动提供有关咨询和服务， 而不是等候顾各要求时才做
顾客称赞服务所提供的帮助	7	
	6	帮助顾客准备货款申请
准确地制作货款文书	5	
	4	主动准备好资信报告， 而不是被告诉才做
即使没有被询问也能为 顾客主动提供有关信息	3	
	2	不能够帮助其他银行参与货款活动
货款申请人抱怨贷款接待工作	1	

　　行为锚定业绩评定表法的优点主要有：将对工作中关键事件的确定作为基础制定行为标准，对绩效的计量更精确，考评的标准也就更明确；在提供给被考评人明确的考评行为标准的同时，可以得到被考评人良好反馈；考评工作的独立性较强。

　　行为锚定业绩评定表法的缺点在于被考评人的实际工作行为有可能同时具有不同分值所反映的工作行为，导致无法确定结论。

　　此外还有图表法、目标管理法等多种考评标准的设计方法，企业可以根据自身条件和具体情况选择合适的方法制定仓储绩效评价的标准来进行绩效评价。

本章要点回放

1. 仓储人员的职责
2. 仓储主要人员的具体任务
（1）接单员；
（2）进货员；
（3）仓库管理员；
（4）盘点员；

（5）拣货员。

3. 仓储人员需要具备的基本素质

4. 仓储人员绩效评价

（1）绩效评价的含义与特点；

（2）仓储绩效评价的方法；

（3）绩效评价容易出现的误差。

5. 仓储管理指标体系

（1）仓储质量管理考核体系；

（2）仓储效率管理考核体系；

（3）仓储成本、服务与安全管理考核体系。

每章一练

1. 仓储人员的职责是什么？

2. 仓储主要人员有哪几种？各有哪些主要任务？

3. 不同类型商品有哪些不同检验方法？

4. 仓储管理指标体系主要包括哪些内容，分别有什么意义？

5. 绩效管理的误区有哪些，应如何纠正？